포렌식
건설사고조사 가이드라인

Guidelines for Failure Investigation

KB077905

포렌식
건설사고조사 가이드라인

Guidelines for Failure Investigation

ASCE 저
신동훈, 김홍연, 이규환 역
안승룡, 최성규 감수

씨
아이
알

추천의 글 ㅣ

"건설사업의 모든 단계와 활동에 대한 경제성 향상, 생산성 제고, 품질 및 안전 확보 등을 목표로 각종 기술의 개발과 운영 방법 등을 학문적으로 연구하고 실무적으로 적용 및 관리하는 전문 분야"는 2021년 한국건설관리학회의 비전 및 전략 4.0에서 밝힌 건설관리의 정의로 학회의 정체성과 방향성, 그리고 추진전략을 명확히 하고자 한 회원들의 각고 노력의 산물이었습니다. 필자는 이 중 건설사업의 품질 및 안전 확보 문제를 '건설생산 체계의 효율화'에 못지 않게 중요하게 생각해왔는데, 그 이유는 건설사업의 품질과 안전의 확보 여부가 건설 과정 또는 운영 및 관리 중에 성능상의 문제 혹은 사고와 직간접적으로 영향을 미치는 경우가 많기 때문입니다.

그러나 건설사고가 발생하였을 때 그 원인과 책임소재를 밝히는 과정에서 많은 논란이 발생하는 경우를 볼 수 있습니다. 특히, 대규모 건설공사 중 인명피해와 재산피해는 물론 그 사고로 인한 시민의 불편이 크게 발생한 사고의 경우 사고원인 조사결과에 심각한 의문이 제기되기도 합니다. 이러한 논란은 원인조사의 기법, 절차, 분석, 조사자의 전문지식 등에 대한 문제 제기로 이어지기도 하여 전문가들은 물론 관련 산업 분야에 대한 불신이 확대되는 단초가 되기도 하며, 이러한 불상사가 현실에서는 흔치 않게 발생하고 있어 현재 우리나라의 사고원인조사 관련 기술과 제도 등의 개선이 필요하다는 목소리가 힘을 얻고 있으며, 정부는 물론 연구기관, 학계와 공기업 등이 사고조사 체계 마련 등을 위한 노력을 기울이고 있습니다.

본 서는 국제적으로 인정받고 있는 미국토목학회(ASCE)가 발간한 포렌식 사고조사(forensic investigation) 절차에 관한 가이드라인의 번역서로서, 학계, 공기업 및 건설사에서 근무하면서 쌓아 온 다양한 건설사고 조사 경험과 전문지식을 보유한 역자들이 번역하고 건설 분야 사업에 익숙한 법조계 전문가들의 감수를 받아 만든 책입니다. 역자들은 건설 분야의 전문지식과 경험을 토대로 원문의 내용을 정확하게 전달하면서도 최대한 우리말 표현을 사용하여 가독성을 높이기 위해 많은 노력을 한 것으로 보입니다. 뿐만 아니라 포렌식 엔지니어링, 포렌식 사고조사 및 관련 국내 법률 등 참고할 수 있는 자료들을 부록에 추가하여 관련 분야의 전문가들이 사고조사를 계획 또는 수행하는 데 사용하거나 학생 또는 일반인들이 포렌식 엔지니어링 분야의 입문서로 활용하여도 좋을 것으로 생각합니다.

"뿌린 대로 거둔다"라는 속담은 원인과 결과의 관계를 강조하는 금언으로 포렌식 엔지니어링의 기본 개념과 맥을 같이 하고 있습니다. 건설사업은 적절히 계획되고 실행될 때 성공적인 결과가 나타나고, 그렇지 않으면 부정적인 결과가 발생할 수 있는데, 포렌식 엔지니어링에서 사건을 철저히 조사하고 적절한 대응책을 마련할 경우 미래의 사건을 예방하고 더욱 발전하는 결과를 얻을 수 있으며, 본 서는 그러한 발전의 밑거름이 될 것입니다.

본 서를 통해 국내 건설 엔지니어들이 포렌식 엔지니어링 분야에 대한 이해의 폭을 넓히고, 보다 체계적이고 과학적인 포렌식 엔지니어링 전문가로 활동할 수 있는 토대를 제공하고, 실질적인 실패사례의 정리 및 축적을 통해 미래의 사고를 예방하는 데 기여할 수 있을 뿐만 아니라, 포렌식 엔지니어링이 전문 분야로서 발전하는 좋은 계기가 되기를 희망합니다.

2023년 4월
한국건설관리학회 회장   김경주

추천의 글 II

이 책은 모든 종류의 구조물에 대한 포렌식 조사 시 준수해야 할 조사절차에 관한 매뉴얼로 미국의 관행을 따르고 있다. 하지만 보편적인 원칙을 따르고 있기 때문에 현지 여건을 적절히 고려하면 다른 국가에도 적용할 수 있다.

또한 포렌식 사고조사의 경험이 풍부한 전문적인 엔지니어들이 참여하여 집필하였으며, 미국에서는 포렌식 엔지니어가 종종 소송절차에 참여하기 때문에 소송절차와 과정에서 어떻게 행동해야 하는지를 중요한 비중으로 다룬다.

사고는 자주 발생하기 때문에 논리적이고 체계적인 조사가 필요하다. 포렌식 엔지니어링은 사고 또는 구조물의 성능 문제를 조사하는 데 엔지니어링 원칙을 적용하며, 재판에서는 사고조사 결과에 대한 증언도 포함된다. 사고상황에 대한 민감성 때문에, 포렌식 조사자는 정상적인 계약을 통해 합당한 대가를 받고 전문적인 능력과 객관성을 가지고 조사하고 부적절하거나 과실행위에 대한 비난을 받지 않도록 스스로 주의를 기울여야 한다.

모든 사고가 치명적인 붕괴로 이어지는 것은 아니며, 사고에는 시설이나 시설의 일부가 계획대로 작동하지 않는 것도 포함된다. 간단히 말하면, 사고는 기대성능과 관측성능 사이의 허용되지 않는 오차이다. 사고를 조사하는 포렌식 조사자의 엄격함과 윤리적 행동의 중요성은 포렌식 엔지니어가 자신의 전문 분야에 해당하는 조사에만 참여해야 한다는 것과 함께 강조되고 있다.

이 책에는 사고조사와 관련된 많은 체크리스트가 있는데, 이것은 포렌식 조사를 처음으로 접하는 사람들에게 유용한 정보일 뿐 아니라 경험이 풍부한 실무자에게도 많은 도움이 될 것이라 생각한다. 또한, 증거 목록으로 사용되는 자료를 기록하고 저장하는 방법에 대해서도 기술하고 있다.

포렌식 조사자는 실내시험과 현장시험을 수행하기 위해 샘플을 채취하고 시험을 수행한다. 그 후, 시험결과 분석을 통해 의견과 결론을 도출하기 위한 가설을 수립한다. 포렌식 조사자는 모든 가능성에 대해 열린 마음을 유지하고 편견을 갖지 않도록 노력해야 한다.

포렌식 사고조사 기술로 사용되는 레이저 스캔, 원격탐사, 드론을 이용한 사진촬영, 해석을 위한 컴퓨터 모델링 기술들이 빠르게 변화하고 있다. 최신 컴퓨터 저장장치나 검색 시스템을 잘 활용하는 것도 사고조사에서 중요한 요소로 권장하고 있다.

보고서는 의뢰인, 변호인, 배심원, 판사 등 관련 당사자들이 문서를 이해할 수 있도록 쉽고 보편적인 언어를 사용하여 작성해야 한다. 포렌식 사고조사 보고서는 조사 범위와 조사 결과를 문서화하고 조사 결과에 대한 의견과 권고사항을 작성하여 분쟁해결을 위한 소송과정에서 증언할 수 있는 근거를 제공하는 것이 목적이다. 포렌식 조사보고서의 결과에 따라 조사자의 평판이나 경력, 향후 과업수행 대가가 달라지기 때문에 매우 신중하게 작성해야 한다.

포렌식 엔지니어링 보고서의 구성은 장과 절의 제목과 함께 자세하게 설명되어 있다. 결론은 의견과 권고사항으로 구분되며, 이들 의견이 서로 다른 목적을 가지고 있다는 점에 주목해야 한다. 부록에는 영국 구조공학회(ISstructE, Institution of Structural Engineers)의 행동강령과 유사한 미국토목학회(ASCE) 윤리강령이 수록되어 있으며 둘 다 포렌식 엔지니어링 보고서의 기초를 뒷받침한다.

이 책에서는 사고조사를 전문적으로 수행하고 행동하는 방법에 대한 포괄적인 지침을 제공하여 의뢰인이 답변을 찾고 법원이 의사결정을 하는 데 도움을 받을 수 있도록 하였다. 또한, 포렌식 조사자가 보호받을 수 있는 방법에 대해서도 기술하고 있다. 이 책을 통해 포렌식 엔지니어링에 대한 많은 의문을 해소할 수 있으며 많은 공학 기술자들이 포렌식 사고조사에 참여하도록 권장할 수 있다. 우리가 안전, 신뢰성 및 품질을 향상시킬 수 있는 것은 사고로부터의 학습을 통해서만 가능하다.

Alastair Soane
영국 구조안전(Structural Safety) 이사, 공학박사

서문

포렌식 엔지니어링은 붕괴되거나 설계기준에서 제시한 성능에 미달하는 빌딩, 교량 및 기타 구조물에 대한 공학적인 조사, 붕괴 또는 성능 저하의 원인에 대한 의견제시, 재판에서 전문가 증언을 수행하는 전문적인 엔지니어링 분야이다. 포렌식 엔지니어링은 공산품, 소비재, 모든 유형의 기계류 및 차량과 관련된 고장 또는 파괴나 사고와 관련된 상황에도 적용된다. 그러나 본 지침서에서는 주로 토목 및 건축 분야에 대한 포렌식 엔지니어링을 다루었다.

1995년 미국토목학회(ASCE)[1]는 포렌식 엔지니어링 기술위원회(TC)[2]를 포렌식 엔지니어링 분과(FED)[3]로 확대·설치하였다. 그 후, FED와 사고조사 지침작성 분과위원회[4]는 건설 관련 사고조사를 위한 포렌식 엔지니어의 역할과 책임에 대한 지침을 개발하는 과제를 수행하였다. 그 결과, ASCE는 1989년『사고조사 지침』초판을 출간하였다. 이후 2012년『포렌식 엔지니어링 실무(제2판)』에는 주의기준, 법률포럼, 윤리강령 및 비즈니스 시 고려사항 등『사고조사 지침』에서 다루지 않았던 포렌식 엔지니어링과 관련된 내용들을 추가하였다.

1989년『사고조사 지침』의 초판이 발간된 이후 표준 및 설계기준, 건설안전 규정, 조사 및 분석 도구, 분쟁해결 규칙 및 절차 등에 대한 내용이 지속적으로 개정되었다. 이러한 노력으로 포렌식 엔지니어링 분야가 지속적으로 발전하여 보편화되고 조직화되었으며 실무에서의 사용이 활성화되었다. ASCE는 1989년 출판된『사고조사 지침』에 대한 지속적인 개정작업을 통해 2018년『포렌식 사고조사 지침(제2판)』을 출간하였다.

---

1   ASCE : American Society of Civil Engineers
2   TC : Technical Council of Forensic Engineering
3   FED : Forensic Engineering Division
4   TC : Task Committee on Guidelines for Failure Investigation

옮긴이의 글

조선 정조 5년(1781년) 10월 22일에 경상도 지역에 홍수가 나서 몇 개 마을이 물에 잠기는 수재해가 발생하자 신하 권엄이 정조대왕에게 상소를 올렸다(『조선왕조실록』 정조실록 12권).

> "영남(嶺南)의 몇몇 고을이 풍수(風水)에 표탕(漂蕩)되었으니, 그 재해(災害)가 때아닌 때 발생한 천둥친 변고 정도뿐만이 아닙니다. (중략) 숲은 드문드문 있고 산은 모두 민둥산이어서 습기가 만연(蔓衍)되어 있고 흙은 모두 모래로 되어 있는 탓으로, 비가 오거나 바람이 부는 것이 혹 갑작스럽거나 급하게 닥쳐오면 높은 곳은 무너져 내릴 형세가 있고 낮은 곳은 끊어져 터질 걱정이 있어, 그로 인한 재해가 누차 발생하고 있는데, 민물(民物)이 손상을 받은 것이 금년 가을에 이르러 극도에 달하였습니다. 이는 오로지 나무를 기르는 정사를 엄히 신명(申明)하지 않은 데 연유된 것으로, 한결같이 비와 바람의 재해로만 돌려서는 안 되는 것입니다. 진실로 원하건대, 도신(道臣)에게 신칙시켜 여러 고을에 효유(曉諭)하여 벌목(伐木)을 금하고 식목(植木)을 많이 하여 민둥산이 되어 씻겨 내려가는 걱정이 없게 하고 시내에 제방을 쌓고 터진 곳을 막아서 견고하고 완벽하게 하는 방책을 더욱 힘써서 한 번의 노고로 영원한 평안을 누리는 효험이 있게 하소서"

권엄은 이와 같이 반복되는 수재해의 원인이 늦가을에 쏟아진 불가항력적인 자연의 힘(태풍) 때문만이 아니라 그 지역 산의 취약한 토질 특성에 더하여 무분별한 벌목으로 민둥산으로 방치한 관리소홀 때문임을 지적하고 대안을 제시할 줄 알고 백성의 안전을 도모할 줄 아는 전문가형 관리였다.

2021년 우리나라 1인당 국민소득은 34,984달러로 한국전쟁 직후인 1953년 67달러의 522배, 국민총생산(GDP)은 2,071조 원으로 44,000배 이상 급증하여 전후 70여 년 만에 세계 11번째의 경제 부국으로 성장했다. 이와 같은 경이로운 경제성장과 번영은 경부고속도로, 포항제철, 댐, 항만, 공항, 산업단지, 원자력 발전소 등의 사회기반시설 건설이 밑받침되었기에 가능했다. 급속한 경제성장과 함께 사회기반시설의 계획, 설계 및 시공, 운영 및 유지관리 등 시설물의 전 생애주기에 걸쳐 관련제도와 기술도 함께 많은 발전이 이루어졌다. 그런데 효자 노릇을 톡톡히 해온 이들 사회기반시설의 건설 중 또는 건설 후에 다양한 사고가 발생하여 발주처와 시공사, 정부와 민간 사이에 사고의 원인과 책임을 두고 법적 다툼을 벌이는 경우가 끊이지 않고 있다. 그때마다 건설 엔지니어들은 사고 발생 자체로 사회적 비난의 대상이 되어 왔다.

아이러니하게도 심각한 건설사고는 해당 분야의 기술뿐만 아니라 제도와 규정이 한 단계 더 발전하고 성숙해지는 계기가 되기도 한다는 것이다. 이러한 사고를 통한 발전과 성숙은 사고 발생의 원인, 과정 및 결과를 과학적으로 명백히 밝혀내고, 개선방안을 찾아내기 때문에 가능할 것이다. 실제로, 1976년 미국 아이다호주의 티턴(Teton)댐 붕괴사고의 원인이 기초지반 및 댐체 내 심벽에서의 파이핑 현상 때문이었던 것으로 밝혀져 그 후에 건설되는 필댐의 경우 파이핑에 충분히 저항할 수 있도록 하는 설계기준이 마련되었으며, 지진시 지반 액상화로 인하여 수많은 구조물 붕괴 또는 손상을 겪은 후 기초지반 보강공법과 내진설계법이 개발되었고, 국내에서는 1994년 성수대교 붕괴와 1995년 삼풍백화점 붕괴 등의 대형 건설사고 이후, 시설물의 안전에 관한 특별법이 제정되고 국가 중요시설물에 대한 안전진단을 담당하는 안전진단 전문기관으로 국토안전관리원이 설립되어 사회기반시설의 건설 및 유지관리 기술 및 체계가 크게 성장하는 계기가 되었다.

또한, 2008년에 국토교통부의 「건설사고조사위원회 운영규정」이 제정된 이후 수차례의 제·개정을 거쳐 2019년부터는 「건설사고조사위원회 운영규정」과 「중앙시설물 사고조사위원회 운영규정」이 적용되고 있고, 이들 운영규정에 따라서 주요 건설사고 또는 시설물 사고에 대하여 전문가들로 구성된 조사위원회의 조사가 이루어지고 있다.

이 책은 미국토목학회(ASCE)의 9개 기술그룹 중 하나인 포렌식 엔지니어링 분과(FED)가 2018년에 발행한 『Guidelines for Failure Investigation(2nd ed.)』의 한국어판 번역서이다. 이 책의 목적은 포렌식 사고조사의 과정에 대한 이해와 조사 전문가들에게 효과적이고 종합적인 사고조사의 필수단계를 설명하고 관련 참고자료를 제시하는 데 있다. 따라서 포렌식 엔지니어링의 정의, 포렌식 엔지니어의 역할과 책임, 조사의 계획, 조사 및 분석의 세부 기술(자료 수집, 시험 프로토콜의 개발, 데이터의 분석과 해석, 보고서의 작성 방법)뿐만 아니라 포렌식 엔지니어의 윤리강령이 수록되어 있어 포렌식 조사에 참여하는 전문가 또는 전문가 증인이 실무적으로 매우 유용하게 참고할 수 있다. 포렌식 엔지니어가 보다 수준 높은 사고조사 보고서를 작성하는 데 다양한 건설 사고조사 사례가 큰 도움이 될 수 있는데, 이에 대해서는 또 다른 번역서인 『포렌식 지반공학』(씨아이알, 2022)을 참고할 수 있다. 또한 저자들이 주지한 바와 같이 이 책은 포렌식 사고조사의 원칙과 체계에 대하여 포괄적으로 소개하고 있으므로 개별 사고마다의 특성에 맞는 환경 및 조건에 대해서는 별도의 고려가 필요하다. 정조 5년에 발생한 수재해의 원인과 대책을 정확하게 제시했던 권엄과 같이 전문가적 역량과 더불어 종합적인 사고와 분석능력이 필요하다.

모쪼록 이 책이 우리나라의 건설 또는 시설물 사고나 품질 또는 성능저하의 원인조사 기술에 관심이 있는 엔지니어들에게 좋은 나침반이 되기를 바란다.

이 책을 처음부터 끝까지 꼼꼼하게 검토해주시고 기술적 조언을 아끼지 않은 한국건설관리연구원의 최성규 박사님과 토목인들에게 익숙치 않은 법률 부분을 꼼꼼히 감수해주신 한국수자원공사의 안승룡 변호사님께도 진심으로 감사를 표한다.

마지막으로, 이 책의 출간을 위해 힘써주신 씨아이알 김성배 대표님과 최장미 선생님, 그리고 출판부 여러분께 감사드린다.

2023년 4월
역자 일동

서론

오늘날 우리가 현대적인 토목 및 건축 구조물 속에 살 수 있게 된 것은 엔지니어들의 공이 크다고 할 수 있다. 엔지니어링 설계, 건설기술, 재료과학 분야에서 이루어진 지속적인 발전은 매우 인상적이다. 이러한 발전은 우리가 건설한 모든 구조물이 설계대로 기능할 것이라는 대중의 기대와 함께 이루어져 왔다. 댐의 치명적인 붕괴, 정전, 지붕의 누수는 우리에게 구조물이 항상 의도한 대로 또는 설계한 대로 가능한 오랫동안 기능하는 것이 아니라는 것을 상기시켜 준다. 이러한 사고는 구조물의 사고조사를 위한 물리적 증거의 검토와 분석에 과학지식과 방법론을 더하는 포렌식 엔지니어링의 발전으로 이어졌다.

포렌식 전문 엔지니어의 급증과 지난 30년 동안 이 주제에 대하여 출판된 방대한 양의 연구 성과는 현대 토목 및 건축 구조물이 매우 복잡하고 사고 가능성이 크다는 것을 보여준다. 이러한 구조물의 복잡성 때문에 논리적이고 조직적이며 체계적인 접근방법으로 사고조사를 해야 한다. 이 지침서의 목적은 학생들을 위한 포렌식 조사과정의 소개뿐만 아니라 숙련된 조사 전문가에게 참고자료 및 사고조사 지침을 제공하는 것이다. 모든 조사에 적합한 정형화된 조사방법은 없지만, 효과적으로 사고조사를 하기 위한 공통적인 절차들이 있다. 본 지침서에서는 제한된 조사과정이 아닌 종합적인 사고조사의 기본단계들을 자세히 설명하였다. 본 지침서에서 기술한 사고조사 과정은 토목 및 건축 구조물의 사고에 중점을 두고 있지만 다른 유형의 사고조사를 수행하는 데에도 적용할 수 있다.

포렌식 엔지니어는 전통적인 소송이나 대안적 분쟁해결의 전문가로 참여할 수 있다. 따라서 본 지침서는 포렌식 엔지니어에게 필요한 자격과 책임에 대한 개요를 제공하고 소송 과정에서 전문가 증인으로서 포렌식 엔지니어의 역할에 대하여 기술하였다. 부록 C에는 법적 절차에 익숙하지 않은 엔지니어를 위하여 기본적인 법률용어를 간략하게 설명해 놓았다.

　본 지침서의 범위는 포렌식 엔지니어링 사고조사 분야에 대한 포괄적인 소개로 국한한다. 각각의 사고조사에는 개별적인 특징이 있다. 조사자는 환경, 재료특성, 적용된 설계절차 및 시공법을 고려해야 한다. 예를 들어 콘크리트는 시멘트로 제조되고, 강재는 압연하여 만들며, 벽돌은 구워서 만들고, 목재는 성장한 나무에서 얻는다. 콘크리트 및 조적조는 균열이 생기고, 강재는 부식되며, 목재는 물, 곰팡이나 곤충에 장기간 노출되면 품질이 저하된다. 조사자들은 이러한 차이점 때문에 재료의 특성 및 파괴 구조에 차이가 생긴다는 것을 알고 있을 필요가 있다. 미국토목학회의 포렌식 조사위원회는 앞으로 구조 및 지반공학적 사고, 건물 외벽 및 시공과 관련된 사고조사에 대한 기술적인 세부사항을 포함하는 별도의 지침을 개발할 예정이다.

차례

01
포렌식 엔지니어의
역할과 책임

02
조사계획 및 조정

01

포렌식 엔지니어의 역할과 책임

포렌식 엔지니어의 역할과 책임

1.1 개요

포렌식 엔지니어링(forensic engineering)이란 무엇인가? 미국토목학회(ASCE)에서는 다음과 같이 정의하였다.

> 포렌식 엔지니어링은 사고나 기타 구조물의 성능문제를 조사하기 위해 공학적 원리를 적용하는 것이다. 포렌식 엔지니어링은 필요한 경우 법원이나 사고조사 공청회에서 조사 결과에 대해 증언하는 것도 포함한다.[1]

일반적으로 'failure(사고)'¹라는 단어는 인명피해를 입을 수 있는 치명적인 구조적 붕괴(collapse)를 의미한다. 치명적인 붕괴 또는 그와 유사하게 심각하거나 극적인 사고는 언론에 보도가 된다. 그러나 토목공학적인 사고는 구조적인 것뿐만 아니라 지반, 환경, 시공 및 기타 공학 분야에서도 많이 발생할 수 있다. 미국토목학회는 사고를 다음과 같이 정의함으로써 포렌식 엔지니어링의 범위를 확장하였다.

---

1   고장, 사고, 불량 또는 파괴라는 의미가 있으며 본문에서는 사고로 통일하였다.

사고는 시설물 전체가 붕괴되는 경우와 같은 재앙적인 사고뿐만 아니라 구조물 또는 구조물 일부가 발주자, 설계자 또는 시공자가 의도한 대로 성능을 발휘하지 못하는 경우를 포함한다.[1]

제럴드 레오나즈(Gerald Leonards)는 더 간단하게 "사고는 기대성능과 실제성능 사이에 발생하는 허용되지 않는 오차"[2]로 정의하였다. 그의 정의는 구조, 재료 또는 공정 프로세스의 결함뿐만 아니라 시공 품질수준과 구조물의 사용한계상태를 포함할 정도로 매우 광범위하다. ASCE 7-10²에서는 풍하중에 대한 사고를 다음과 같이 정의하였다.

사용한계상태(serviceability limit state)는 건물 구성요소의 국부적 손상, 열화, 변형으로 인해 건물 또는 부속 구조물의 기능이 손상된 상태를 말한다. 일반적으로 사용한계상태는 안전과 직접 관련된 문제는 아니지만, 풍하중에 의한 층간변위로 건물벽에서 마감패널이 떨어지는 경우, 심각한 경제적 손실을 초래할 수 있다.[3]

사용한계상태는 구조물에 대한 발주자 또는 사용자의 기대 수준을 포함하며, 일반적으로 발주자, 사용자, 설계자 또는 시공자 사이의 계약 문제다. 이러한 성능문제는 누수, 과도한 처짐, 진동, 균열, 풍화 및 부식이 포함될 수 있다.[4, 5] 결과적으로 인공 구조물, 조립품 또는 구성요소의 파괴에는 눈에 띄는 지붕 붕괴에서부터 창문 누수, 구조물의 과도한 변형으로 인한 누수, 마감재 균열 또는 바닥 높이의 과도한 기울어짐과 같은 비교적 단순한 사용성 문제에 이르기까지 다양할 수 있다. 사용한계상태에서 언급한 사고의 정의를 사용하면 사고가 드문 일이 아니지만, 다행히도 치명적인 구조적 붕괴는 드물다.

---

2   ASCE 7-10 : Wind Loads

포렌식 엔지니어링은 원고와 피고 사이의 소송이라는 대립적인 환경에서 수행되는 법적 절차의 관점에서 볼 수도 있다. 그러나 대부분 조사에서 포렌식 엔지니어는 사고의 원인을 규명하고 문제를 해결할 방법을 찾아내며 조사자가 발견한 결과에 대한 보고서를 제공하는 역할만을 수행한다. 소송에 연루된 경우에도 대부분의 분쟁은 재판받기 전에 해결되는데, 제기된 소송의 약 90%가 재판에 넘겨지기 전에 포기하거나 재판 전에 합의가 이루어진다.[6, 7] 안타깝게도, 소송의 내용이 공개되지 않기 때문에 신뢰할 수 있는 자료는 제한적이다. 포렌식 엔지니어가 소송과정에서 전문가 증인으로 소환될 수 있고 전문서비스를 제공할 수 있는 자격이 있다는 점은 포렌식 엔지니어와 설계 엔지니어의 차이점이다.

1.2 사고조사의 필요성

포렌식 조사는 사고원인을 파악하여 적절하게 보수설계를 하거나 구성요소, 조립품 또는 구조물의 성능이나 수명을 개선하기 위해 수행될 수 있다. 또한, 포렌식 조사는 동일한 사고가 재발하지 않도록 하고, 소송과정에서 책임소재를 가리는 데 도움을 주기 위해 수행한다. 소송과정에서 포렌식 전문가의 업무에는 사고의 원인이나 사고를 둘러싼 사실의 결정과 책임 당사자를 식별하는 일도 포함된다.

포렌식 엔지니어가 소송과정에서 전문가 증인으로 참여하는 경우가 증가한다는 것은 우리 사회의 기술 전문성이 높아졌음을 의미한다. 보험사, 지방정부, 제조사, 의뢰인, 변호인[3]들은 모두 포렌식 엔지니어의 지식과 전문성에 대한 도

---

3   변호인(attorney) : 'attorney at law'를 줄여서 보통 attorney라고 한다. 정확히 구분하면 '법정 대리인'이란 뜻이 된다. 즉, 재산의 상속·양도, 유언장 작성, 법정에서의 변호·고소 등을 하는 사람이다. 하지만 보통 법률에 해박한 변호사가 이를 담당하므로 자연히 lawyer와 동의어로 쓰인다.

움을 받고자 한다. 조사 범위나 의뢰인의 사건의뢰와 관계없이, 포렌식 엔지니어의 주된 역할은 증거를 찾아내고 평가하는 것과 사실관계를 이용하여 사고에 대한 원인을 규명하는 것이다.

사고가 발생하면 피해 당사자들의 이해관계가 달라진다. 사고의 규모에 따라 관련 당사자가 증가할 수 있다. 2007년 미네소타주 미니애폴리스의 I35-W 교량과 같은 공공구조물의 붕괴나, 1981년 캔자스시티 하얏트 리젠시 호텔의 현수식 복층 연결통로와 같은 민간구조물이 붕괴된 경우, 붕괴가 왜 일어났는지에 대한 대중의 관심이 많았다. 시민들은 안전이 제대로 보장 및 유지되고 있다는 확신을 얻고자 하는 욕구가 있다. 연방, 주 및 지방정부는 간혹 공공 또는 민간시설의 사고를 조사하거나 공익과 관련된 엔지니어링 조사를 수행하기 위해 포렌식 엔지니어를 고용한다. 또한, 이들은 고장 또는 성능이 저하된 설비를 교체하기 위한 조사를 위해 포렌식 엔지니어를 고용하기도 한다.

영국의 과학자 험프리 데이브(Humphry Dave)는 "나는 성공보다 실패로부터 더 많은 것을 배웠다."[8]라고 하였다. 이 말은 구조물의 사고와 관련된 포렌식 엔지니어링에 확실히 적용된다. 실수의 반복을 막는 데 초점을 맞춘 포렌식 조사는 법규, 설계기준, 설계방법 및 시공관행 등에 많은 변화를 가져왔다. 이러한 변화를 가져온 사고사례를 들면, 성 프란시스 댐 붕괴, 뉴 런던스쿨 폭발사고(설계기준 개정 및 전문 엔지니어링 면허제 강화), 실버 브리지 붕괴(국가 교량검사 표준 제정), 로마 프리에타 지진(설계기준 변경), 하버 케이 콘도미니엄 붕괴(특별검사를 요구하는 플로리다 주법 제정), 이즈 브리지(Eads bridge) 및 브루클린 브리지(Brooklyn bridge) 건설 중 사망사고(케이슨 잠수병 예방기준) 등이 있다.[9-15]

엔지니어가 시공 환경을 지속적으로 개선하기 위해서는 사고로부터 배워야 한다. 이러한 목적을 달성하기 위해서는 사고조사 결과를 요약 정리하여 전문가들이 이용할 수 있도록 해야 한다. 미국토목학회를 비롯한 여러 기관에서 이러한 사고사례 연구에 대한 다양한 출판물을 발행하고 있다.[2, 16-22] 안타깝게도 소송과정에서 발생하는 비밀유지 계약 때문에 사고사례에 대한 정보가 공개되지 않는 경우가 많다. 이러한 계약에서는 일반적으로 비공개 또는 비밀을 요구하거나 소송 당사자들이 상대방에게 피해를 주거나 폄하하지 않도록 요구할 수 있다. 누구도 공식적인 사고조사 과정에서 자신의 명성이 손상되거나 시설물의 안전성이나 사용성이 의심받기를 원하지 않는다. 따라서 사고에 대한 상당수의 정보가 공개되지 않는다. 소송 당사자는 아니지만, 포렌식 엔지니어는 통상 비밀유지 계약을 준수하도록 요구받으므로 정보공개에 신중해야 하며 타인을 비난하는 주장을 해서는 안 된다. 비밀유지 계약이 체결되지 않은 경우라도 포렌식 엔지니어는 반드시 "엔지니어는 악의적으로 또는 거짓으로, 직간접적으로 다른 엔지니어의 직업적 평판이나 신분 등에 해를 끼치거나 다른 전문가의 조사작업을 무분별하게 비판해서는 안 된다."[23]라는 미국토목학회의 윤리강령 규범을 준수해야 한다. 미국토목학회 윤리강령은 부록 B에 소개하였다.

1.3 포렌식 엔지니어링 조사절차

건설공사에서 사고유형이나 사고를 일으키는 원인은 사실상 무한하지만, 일반적인 사고조사 절차에는 다음과 같이 다섯 가지 기본적인 단계가 있다.

1. 조사계획 및 조정
2. 자료수집
3. 시험 프로토콜 개발
4. 자료분석 및 해석
5. 의견제시 및 결론

사고의 특성과 규모 및 조사 방법에 따라 조사 결과에 영향을 주지 않는 범위에서 5단계 조사 절차 중 일부를 변경하거나 확장 또는 생략할 수 있다. 구조물 일부에서 발생한 사소한 하자의 경우, 조사자 한 명이 몇 시간 내에 조사를 완료할 수도 있다. 그러나 심각한 구조물 붕괴의 경우, 사고원인 규명에 필요한 전문 분야별 조사팀의 협업으로도 조사를 완료하는 데 수년이 걸릴 수 있다. 대부분 사고는 여러 가지 원인이 결합하여 발생하는데, 이러한 사고조사에는 여러 명의 포렌식 엔지니어가 필요하다.

다음 장부터는 사고조사의 다섯 가지 기본단계를 상세히 다루었으며 포렌식 조사자가 특정 사고조사 시나리오를 구성하고 조정하는 방법에 관하여 기술하였다. 각 장의 개요는 다음과 같다.

제2장: '조사계획 및 조정'에서는 의뢰인의 첫 만남부터 사고현장 답사까지 포렌식 조사의 일반적인 단계를 설명하였다. 포렌식 조사자는 자신이 과업을 수행할 수 있는 시간, 참여 인력의 구성 능력 및 사고에 대한 전문지식 등이 있는지를 확인해야 한다. 사고가 엔지니어 자신의 전문 영역이 아닌 경우에는 해당 과업을 수행해서는 안 된다. 또한, 조사자는 객관적인 의견을 제시하는 데 방해될 수 있는 이해충돌 관계가 있는지, 제3자로 하여금 편향성 제기 우려가 있는지 확인해야 한다. 조사 범위와 예산은 의뢰인의 조사 목적, 예산 및 사고로 인한 경제적 손실 규모에 따라 결정되는 경우가 많으므로 상호 간에 합의가 되어야 한다. 한정된 예산이라도 포렌식 조사는 성실하게 이루어져야 하며, 발견된 증거를 근거로 결론을 도출해야 한다. 조사 결과에 대한 의견(opinion)은 합리적인 수준의 기술적 명확성에 기초하여 제시되어야 한다.

제3장: '자료수집'에서는 사고와 관련된 정보와 자료를 수집할 수 있는 참고문헌과 방법들에 대해 설명하였다. 사고에 대한 중요한 정보는 현장의 자료수집, 프로젝트 문서, 시설물 인허가 기록, 컨설팅 자료, 문헌조사 및 목격담 등을 조합하여 수집할 수 있다.

제4장: '시험 프로토콜(protocol)의 개발'에서는 사고조사를 위한 시험의 필요성을 설명하고 시험수행 시 고려할 사항을 다루었다. 시험을 할 경우에는 적절한 시험표준과 통계적으로 유의한 샘플수집에 기초하여 시행되어야 한다. 시험결과에 대한 분석이 가설을 검증하고 파괴원인에 대한 결론을 도출하기 위한 확실한 근거가 될 수 있도록 올바른 시험 프로토콜을 개발하는 것이 매우 중요하다. 사고조사를 위한 명확한 방향을 알 수 없는 경우, 여러 가설을 시험하고 검증하는 데 큰 비용이 들어갈 수 있다. 따라서 시험결과를 바탕으로 가설의 수용 여부를 판단하는 것은 가용한 예산의 규모뿐만 아니라 조사자의 경험과 기술에 달려 있다.

제5장: '자료분석 및 해석'에서는 사고현장, 프로젝트 문서, 문헌조사 및 목격자로부터 수집한 정보 등을 이용하여 과학적 방법에 기초한 사고의 가설을 구성하는 방법을 다룬다. 과학적 방법은 문제를 파악하고 관련 자료를 수집하여 자료로부터 가설을 구성하며, 구성된 가설을 실증적으로 검증하는 과정을 말한다. 가설이 허용 가능한 수준의 신뢰성을 가진 것으로 확인되면 결론으로 제시할 수 있다. 그러나 경우에 따라, 조사 결과가 신뢰하기 어려운 수준일 수도 있다. 어떠한 경우든지, 적절하고 철저한 조사를 통해 공정성을 확보하여 조사 결과의 타당성에 의문이 생기지 않도록 해야 한다.

제6장: '포렌식 엔지니어링 보고서'에서는 조사 결과, 조사의견 및 결론을 제시하는 방법에 대해 기술하였다. 보고서의 유형은 조사 범위에 명시된 대상 및 의뢰인과의 계약에 따라 달라진다. 보고서의 유형은 사건의 복잡성과 의뢰인이 원고인지 피고인지에 따라 상당히 달라질 수 있지만 일반적으로 포괄적인 내용을 담은 서면보고서가 요청될 수 있다. 단순한 사건의 경우에는 구두보고만으로도 의뢰인이 취해야 할 적절한 조치를 결정하는 데 충분할 수 있다. 조사가 법적 분쟁의 일부인 경우, 조사자는 보고서, 메모 및 기타 조사 결과들이 연방 증거규칙(rules of evidence)을 적용받는다는 사실을 알고 있어야 한다. 보고서에

는 조사 결과에 대한 의견을 포함하여 조사과정과 결과에 대해 서술적이고 도해적인 내용들이 제공되어야 한다. 보고서에는 프로젝트 이력, 사고에 대한 설명, 설계 시 고려사항, 사고원인에 대한 해석방법 및 원인분석, 가정 또는 결론, 경우에 따라 보강대책에 대한 권고사항 등이 포함된다.

1.4 조사책임자

1.4.1 전문 분야에 대한 지식

이제 포렌식 엔지니어링도 전문적인 공학 분야의 하나로 성장하였다. 따라서 중대한 사고조사의 경우, 조사책임자(principal investigator)에게 사고조사에 대한 확실한 기술적 지식과 폭넓은 경험은 필수 조건이다. 조사책임자는 필요한 기술, 다분야 팀과 함께 협업할 수 있는 능력, 타 분야의 공학적 개념에 대한 이해 및 관련된 기술문제에 대한 이해를 바탕으로 복잡한 기술적인 문제들을 관련자들에게 전달할 수 있는 능력이 있어야 한다. 사고의 원인을 결정하는 것은 소송결과에 영향을 미치기 때문에 조사책임자는 소송절차 및 관련법을 잘 알고 있어야 한다. 간혹, 조사책임자는 소송과정에서 전문가 증인으로 증언하도록 요청받는 경우도 있다.

포렌식 엔지니어링 표준 가이드(ASTM E2713-11)[4]는 포렌식 엔지니어가 갖추어야 할 기술적 능력을 배양하는 데 좋은 참고자료이다.[24] 이 표준 가이드에는 포렌식 엔지니어링 실무자에게 일반적으로 요구되는 다섯 가지 자격을 다음과 같이 제시하고 있다.

---

4   ASTM E2713-11 : Standard Guide to Forensic Engineering

1) 전문대학 또는 대학 프로그램에서 학사, 이학사 또는 공학석사 학위를 취득한 자

포렌식 전문가의 신뢰성과 이들이 밝힌 조사 결과에 대한 의견은 학력과 직결되기 때문에 전문가들은 정식으로 포렌식 실무 전문교육을 받아야 한다.

2) 한 가지 이상의 분야에서 주 정부가 승인한 기술사 자격

미국에서는 주마다 개별 법률 및 규칙에 따라 기술사(PE, Professional Engineer) 자격증을 발급한다. 일반적으로 주 정부마다 규정이 약간씩 다르지만 공인 전문 기술사가 되기 위한 자격요건을 다음과 같이 정하고 있다.

a) 전문대학 또는 대학 프로그램이나 주에서 그와 동등하다고 인정하는 학위 프로그램에서 공학사 학위를 취득해야 한다.

b) 6시간 동안 진행되는 기사(FE, Fundamentals of Engineering) 시험에 합격해야 한다.

c) 과업 책임자로 4년 이상의 실무 엔지니어링 경험이 있어야 한다(즉, 책임담당). 경력에 대한 상세한 이력 및 해당 분야 전문가의 추천서가 필요하다.

d) 8시간의 기본이론 및 실무시험에 합격해야 한다.[25]

전문 기술사가 되기 위한 요구 자격의 엄격성으로 인해, 기술사 자격증은 엔지니어가 조사와 관련된 기술 분야에서 검증된 학력과 업무 경험이 있음을 나타낸다. 따라서 전문 엔지니어링 면허는 포렌식 엔지니어의 신뢰도에 필수적이며, 사고조사를 통해 피해시설에 대한 보강대책 수립이 필요한 경우에는 의무적으로 보유하고 있어야 한다.

사고가 발생한 주에서 엔지니어가 기술사 자격증을 취득한 경우, 전문가로서의 신뢰도와 전문가 증인으로서 증언에 부여되는 비중이 높아진다. 필수조건은 아니지만, 사건 수임 측면에서는 여러 주에 등록하는 것이 포렌식 엔지니어에게 유리하다. 여러 주에 등록하기 위해서는 미국공학협회(NCEES, National Council of Examiners for Engineering and Surveying)의 자격증을 취득하는 것이 좋다.

3) 하나 이상의 기술지식 분야 전문가 인증

'전문가 인증'은 단순히 인증자격만을 얻는것이 아니라 높은 수준의 연구나 경력을 인정받는다는 것을 의미한다. 따라서 포렌식 엔지니어는 본인의 전문분야에서 전문가로 인정받을 수 있는 활동을 해야 한다. 전문가들은 최신기술과 연구동향에 정통하도록 단기 기술교육이나 세미나에 참석하여 최신정보를 습득할 수 있도록 최선을 다해야 한다. 이러한 기술교육 과정이나 세미나 참여는 전문 엔지니어링 면허를 위한 지속적인 보수교육의 일부로 요구될 수 있다.

대학 강의경력, 기술자문위원 활동 또는 학회나 협회에서 발표한 경험은 전문가로서 엔지니어의 신뢰도를 높이는 역할을 한다.

전문가가 전문 분야에서 논문이나 기고문을 발표한 실적이 있는 경우, 특정 분야의 전문가로 인정될 가능성은 더 커진다. 발표 실적의 형식에는 전문학회의 기술논문, 기술관련 잡지의 기고문, 학술발표회 논문, 전문서적이나 전문 매뉴얼 출판 등으로 광범위하다. 발표된 실적의 주제는 학문적일 수도 있고 실무적일 수도 있다.

4) 실무 또는 관심 분야의 전문학회나 협회 활동

관련 분야의 전문학회나 협회의 회원가입과 참여는 포렌식 엔지니어가 해당 분야의 전문가로 자리를 잡는 데 도움이 된다. 미국토목학회, 미국기술사협회(NSPE, National Society of Professional Engineers), 미국콘크리트협회(ACI, American Concrete Institute), 기타 전문 또는 기술협의회의 회원자격이 중요하다. 이들 학회나 협회는 연구를 지원하고 기술정보를 보급한다. 전문가 그룹에 적극적으로 참여한다는 것은 해당 전문가가 최신 기술동향에 대해 잘 알고 있음을 나타낸다. 이러한 활동에는 관련 분야 회의, 컨퍼런스, 전시회뿐만 아니라 전문학회에서 발행하는 논문집 또는 출판물의 심사나 편집위원 활동이 포함된다.

전문학회의 기술위원회에 적극적으로 참가하여 동일 분야의 전문가들과의 토론을 통해 자신의 전문지식을 높일 수 있으며 이는 자신이 속한 전문분야에서 리더라는 것을 시사한다. 포렌식 엔지니어가 되기 위해서는 미국포렌식엔지니어학회(NAFE, National Academy of Forensic Engineers), 미국토목학회 포렌식 엔지니어링 위원회 또는 다른 전문협회가 설립한 포렌식 위원회와 같이 포렌식 전문가로 인정하는 협회 또는 위원회의 회원자격이 필요하다. 이는 단순한 회원가입이 아닌 적극적으로 참여하여 활동한다는 것을 의미한다.

5) 한 가지 이상 기술 분야에서의 상당한 경험

기술 분야의 전문성은 해당 분야의 설계, 시공, 조사, 교육, 전문활동 및 저술경험이 기초가 될 수 있다. 사고와 관련된 포렌식 조사는 각각의 상황이 매우 유사한 것처럼 보이지만 각기 독특한 특성이 있다. 따라서 조사자는 조사에 포함될 수 있는 다양한 재료특성, 설계절차 및 시공방법에 대한 명확한 이해가 있어야 한다. 주요 건설재료(콘크리트, 강재, 석재, 목재)의 강도, 강성, 인성 및 열화방식은 서로 다르다. 이러한 차이로 인해 각각의 재료는 독특한 거동 및 파괴 메커니즘을 나타내는데, 조사자는 이를 인지해야 한다. 재료특성, 건설자재, 설계절차 및 시공방법에 대한 다양한 참고자료들이 있다. 참고할 수 있는 권장 도서 목록은 부록 E에 수록하였다.

특정 전문 분야 외에도 조사자는 자신의 전문 분야와 관련된 다른 엔지니어링 분야나 엔지니어링이 아닌 분야에 대한 지식도 있어야 한다. 전문가는 설계기준, 시방기준 및 설계에 사용되는 공학적 모델링을 포함하여 추론 및 해석에 대한 이해능력을 갖추기 위해 노력해야 한다. 구조물이 어떻게 거동하고 왜 파괴되는지에 대한 직관적인 이해능력을 키워야 한다.

1.4.2 전문가의 자질

모든 엔지니어는 전문 엔지니어로 활동하는 관할지역 또는 미국토목학회나 미국기술사협회와 같은 학회 또는 협회에서 제공하는 윤리강령에 따라 실무 경험을 쌓아야 한다. 미국토목학회의 윤리강령에는 포렌식 엔지니어뿐만 아니라 전문가 증인을 포함한 모든 엔지니어를 위한 윤리강령에 대한 지침이 포함되어 있다. 유능한 포렌식 엔지니어가 되려면 소송과정에서 신뢰할 수 있는 전문가 증인이 되어야 한다. 신뢰할 수 있는 포렌식 엔지니어는 조사 시 공정성과 객관성을 유지하여 조사 결과로 인하여 고소나 탄핵(impeachment)을 피할 수 있는 자질이 있어야 한다. 이러한 자질에는 객관성, 비밀유지, 정직성 및 도덕성[5]이 포함된다. 또한, 유능한 포렌식 엔지니어는 조사와 관련된 모든 당사자가 이해할 수 있도록 구두나 서면으로 효과적인 의사소통을 할 수 있어야 한다. 이러한 당사자에는 의뢰인, 조사와 관련된 전문가, 변호사, 중재인, 판사나 배심원 등이 포함될 수 있다.

1) 객관성

포렌식 엔지니어는 사고조사와 소송과정 전반에 걸쳐 객관성을 유지해야 한다. 과업을 수락하는 순간부터 의뢰인에게 제공하는 조언과 조사 결과에 대한 의견을 제시하는 과정까지도 객관성을 유지해야 한다. 대부분의 경우, 전문가는 특별한 이해관계가 있는 의뢰인과 관계를 맺는다. 포렌식 엔지니어는 객관적인 방식으로 사실과 의견을 의뢰인에게 알리고 의뢰인과 의뢰인의 변호인이 필요로 하는 정보를 제공할 수 있어야 한다. 포렌식 엔지니어는 의뢰인의 사건을 돕기 위해 자신의 도덕성을 절대 훼손해서는 안 된다. 일단 사건이 마무리되면 의뢰인은 떠나지만, 전문가의 도덕성과 평판은 계속해서 따라다닌다.

---

5   데이터의 정보가 변경되거나 훼손되지 않도록 하는 원칙을 말한다.

조사의 신뢰성을 유지하고 법정에서의 탄핵을 막기 위해서는 이해충돌로 여겨질 수 있는 상황을 피하는 것이 필수적이다. 이해충돌이 제거되면 조사 중 편견에 대한 비난과 법적 분쟁과정에서 받던 의심이 해소될 수 있다. 소송 당사자와의 연관성, 프로젝트와의 관련성 및 편견이 잠재적 이해충돌에 해당할 수 있다. 오해로 발생한 이해충돌이나 편견은 실제 충돌만큼이나 전문가에게 피해를 줄 수 있다.

객관성은 조사를 수행하기 전에 사고원인에 대한 선입견을 갖지 않는다는 것을 의미한다. 조사자가 다양한 공학 및 포렌식 엔지니어링 조사 경험이 있다고 하더라도 조사 초기에 본인의 경험에 의존하여 의견을 개진하는 것은 피해야 한다. 이러한 태도는 과거에 수행한 것과 유사한 사건에 대한 사고원인을 추정하려고 할 때 특히 중요하게 작용한다. "나는 이것을 전에 해본 적이 있다"라는 태도는 피해야 할 흔한 오류이다. 다양한 사고 메커니즘과 원인을 고려할 때 합리적인 가설을 모두 탐색하기 전에 내린 결론은 잘못된 결과를 초래할 수 있다. 경험은 조사자가 사고 증상을 인식하는 데 도움이 될 때 가장 유용하지만 성급하게 조사 범위를 결정하는 선입견을 만들 수도 있다.

2) 비밀유지

조사 결과는 의뢰인이나 의뢰인의 변호사가 전문가에게 지시할 때까지 비밀 유지가 되어야 한다. 포렌식 엔지니어는 사고원인과 관련하여 조사 범위를 벗어난 의견을 제시해서는 안 된다. 그러한 경우, 그 증언이 소송과정에서 수용되지 않는 결과를 초래할 수 있다. 또한, 기자들과 접촉할 때는 각별한 주의를 기울여야 한다. 어떠한 경우에도 포렌식 엔지니어는 소송이 종결되기 전에 조사 결과에 대한 비밀유지와 관련하여 변호사의 조언을 따라야 한다. 또한, 계약서상의 비밀유지, 불이익 또는 비공개 조항으로 인해 비밀유지 기한은 소송이 끝난 후까지도 연장될 수 있다.

3) 정직성과 도덕성

포렌식 엔지니어는 사고조사기간 내내, 그리고 전문가 증인으로서 원고와 피고 사이의 대립적 상황에서 조사를 받는 동안에도 항상 변함없이 정직성과 도덕성을 유지해야 한다. 포렌식 엔지니어로서 윤리적 자세의 핵심은 '전문가가 제공하는 의견은 누가 그를 고용하든 간에 동일해야 한다'라는 전문가에게 가장 중요한 격언에 기초한다. 도덕성은 포렌식 엔지니어가 자신의 전문 분야를 벗어난 지식이 필요한 과업은 거절해야 함을 의미한다. 그러나 포렌식 엔지니어는 필요한 전문지식을 갖춘 전문가들로 구성된 조사팀의 일원으로는 참여할 수 있다.

4) 의사소통 기술

전문가는 기술적 배경지식이 거의 또는 전혀 없는 사람들로 구성된 의뢰인, 판사 또는 배심원들이 명확하게 이해할 수 있는 언어로 말하고 쓸 수 있어야 한다. 전문가가 작성한 서면보고서나 구두진술은 사실이나 의견을 전달하기 위해 전문용어가 필요한 경우를 제외하고는 가능한 한 일반인들이 이해할 수 있는 단어를 사용해야 한다. 포렌식 엔지니어링이나 전문가 증언의 본질상 조사보고서에는 특정한 기술용어의 사용이 필요하다. 이러한 경우, 전문용어에 대한 정의, 사례 또는 설명을 제시하는 것이 도움이 된다.

1.5 소송과정에서 포렌식 엔지니어의 역할

포렌식 엔지니어의 서비스 범위는 사고원인 조사, 복구방안 권장 또는 소송준비나 전문가 증언 등이다. 법원에서 전문가 증인으로 인정받기 위한 법적요건이 있는데, 미국 「연방증거규칙 702-전문가 증인의 증언」[6]에 의하면 전문가 증인의 역할은 다음과 같다.

> 지식, 기술, 경험, 훈련 또는 교육으로 전문가의 자격을 갖춘 증인은
> 다음과 같은 경우에 의견제출 또는 직접 증언 등의 형식으로 증언할
> 수 있다.
>
> a) 전문가의 과학적, 기술적 또는 기타 전문지식이 사실심리관(trier of
>   fact)이 증거를 이해하거나 문제가 되는 사실을 결정하는 데 도움이
>   되는 경우
> b) 증언이 충분한 사실 또는 자료에 근거한 경우
> c) 증언이 신뢰할 수 있는 원칙과 방법의 결과물인 경우
> d) 전문가가 사건의 사실 파악을 위해 원칙과 조사방법을 신뢰성 있
>   게 적용한 경우[26]

사실심리관은 제시된 정보가 소송과정에서 중요한지를 결정하는 개인 또는
그룹으로서 일반적으로 판사 또는 배심원단을 의미한다. 보통 법원에서는 포렌
식 엔지니어가 관련 교육과 경험을 갖추면 전문가 증인으로서 자격이 있다고
본다. 그러나 상대측 변호인은 증인의 자격에 대하여 항상 이의를 제기할 수
있다. 법원은 전문가의 자격에 따라 전문가의 증언을 허용할지 또는 그 증언이
분쟁 중인 사안과 관련이 있는지를 결정하는 '수문장(gatekeeper)'7 역할을 한다.
포렌식 엔지니어에게 전문가로서 충분한 자격을 갖추었는지에 대한 질문은 잔
인한 과정일 수 있는데 특히, 자신의 전문성에 대해 자부심을 가진 포렌식 엔지
니어에게는 더욱 그렇다.

6　United States Federal Rules of Evidence 702(2016)
7　사회적 사건이 대중매체를 통하여 대중에게 전달되기 전에 미디어 기업 내부의 각 부문에서
　취사선택하고 검열하는 직책을 말한다.

포렌식 분야에 진출하고자 하는 전문가는 법원에서 전문가 증인으로 활동할 때 직면하는 책임과 스트레스가 매우 크다는 것을 충분히 인지해야 한다. 조사 결과에 대한 질문과 조사자의 능력과 공정성에 관한 질문은 일부 엔지니어들에게는 큰 불쾌감이 될 수가 있다. 따라서 유능한 엔지니어들은 소송에 관여되는 것을 싫어하기 때문에 포렌식 엔지니어가 되거나 사고조사에 참여하는 것을 꺼리는 경향이 있다.

사고조사에 참여하는 포렌식 엔지니어는 소송과정의 엄격함과 요구사항에 대처하는 방법을 배워야 한다. 이는 중요한 자료들을 완벽하게 문서화하고 조사초기에 법정에서 증언할 수 있는 자료를 철저히 준비해야 한다는 것을 의미한다. 그것은 또한 포렌식 엔지니어가 유능한 조사팀에서 충실하게 준비된 자료를 가지고 가장 타당성 있는 사고원인조사 결과보고서를 작성해야 한다는 의미이기도 하다. 조사책임자는 사고의 유형 또는 규모와 조사예산을 기준으로 특정 사고조사의 절차를 조율한다. 결국, 사고조사 결과의 유효성은 조사책임자의 최종 판단에 달려 있다고 할 수 있다.

일반적으로 사고는 작용과 반작용, 구성요소 및 힘 등의 복잡한 조합으로 인하여 발생하기 때문에 사고원인이 한 가지인 경우는 거의 없다. 포렌식 전문가가 수집한 자료와 사고원인이 매우 유사할 수 있지만, 그러한 자료나 사고원인에 대해 전문가의 의견이 다른 경우도 많다. 포렌식 전문가는 자료를 이해하고 분석하는 데 상호 간에 의견 차이가 존재할 수 있음을 인정해야 한다.

미국토목학회가 발간한 『포렌식 엔지니어링 실무지침(Guidelines for Forensic Engineering Practices)』에는 소송과정에서 포렌식 엔지니어의 역할과 책임에 대한 내용이 자세하게 기술되어 있으므로 필요한 경우 참조할 수 있다.[27]

1.6 결론

포렌식 엔지니어링은 사고조사에서부터 소송과정에 이르기까지의 광범위한 서비스가 포함된다. 따라서 자격을 갖춘 포렌식 전문가는 설계, 재료, 시공 및 운영 등 조사대상 시설물의 성격과 유형에 정통한 전문 자격이 있으면서 경험이 풍부한 엔지니어여야 한다. 포렌식 전문가는 설계기준, 시험방법, 계약 및 경제성에 대해서도 잘 알고 있어야 한다. 또한, 포렌식 엔지니어는 필요한 수준의 교육을 이수하고 전문학회에서도 활동해야 한다. 객관성, 편견이 없는 사고, 비밀유지, 정직성, 도덕성 그리고 원활한 의사소통 능력과 같은 특성은 포렌식 조사자에게 요구되는 기본적인 자질이다.

성공적인 조사계획 수립 및 실행에는 포렌식 엔지니어와 다양한 관련 분야 조사팀이 수행하는 일련의 협업 및 절차가 포함된다. 사고조사에서 일반적으로 적용되는 기본적인 조사단계는 제2장에서 자세하게 설명하였다.

참고문헌

[1] ASCE. 2017. "Forensic engineering." Accessed December 5, 2017. http://www.asce.org/forensic-engineering/.

[2] Feld, J., and K. Carper. 1997. *Construction failure*. 2nd ed. New York: Wiley.

[3] ASCE. 2014. *Minimum design loads for buildings and other structures*. ASCE/SEI 7-10. Reston, VA: ASCE.

[4] Griffis, L. G. 1993. "Serviceability limit states under wind load." *Eng. J.* **30** (1): 1–16.

[5] Ferguson, P. M., J. E. Breen, and J. O. Jirsa. 1988. *Reinforced concrete fundamentals*. 5th ed. New York: Wiley.

[6] Williams, J. M., IV. 2018. "What are the odds of a case going to trial?" Accessed January 10, 2018. http://legalteamusa.net/civllaw/2013/01/03/what-are-the-odds-acase-is-going-to-trial/.

[7] Hirby, J. 2018. "What percentage of lawsuits settle before trial? What are some statistics on personal injury settlements?" Accessed January 10, 2018. http://thelawdictionary.org.

[8] Accessed January 12, 2018. https://www.brainyquote.com/authors/humphry-day.

[9] Rogers, J. D. 2006. "Lessons learned from the St. Francis Dam failure." *Geo-Strata* 6(2), 14–17.

[10] Rozzelle, R. 2012. *My boys and girls are in there: The 1937 new London school explosion*. College Station, TX: Texas A&M University Press.

[11] Witcher, T. R. 2017. "From disaster to prevention: The silver bridge." *Civil Eng. Mag. Arch.* **87** (11): 44–47.

[12] FEMA. 2016. "The importance of building codes in earthquake: Prone communities." https://www.fema.gov/media-library/assets/documents/22851.

[13] Bumpous-Hooper, L. 1986. "Few heed lessons of harbour cay." *Orlando Sentinel*, March 27.

[14] NBS (National Bureau of Standards). 1981. *Investigation of construction failure of harbour cay condominium in Cocoa Beach, Florida*. NBSIR 81-2374. Washington, DC: NBS.

[15] McCullough, D. G. 2012. *The great bridge: The epic story of the building of the Brooklyn Bridge*. New York: Simon & Schuster.

[16] Delatte, N. J. 2009. *Beyond failure: Forensic case studies for civil engineers*. Reston, VA: ASCE.

[17] Bosela, P. A., P. A. Brady, N. J. Delatte, and M. K. Parfitt, eds. 2012. *Failure case studies in civil engineering, structures, foundations and the geoenvironment*. Reston, VA: ASCE.

[18] Carper, K., ed. 2000. *Forensic engineering*. 2nd ed. Boca Raton, FL: CRC Press.

[19] Janney, J. R. 1986. *Guide to investigation of structural failures*. Reston, VA: ASCE.

[20] Kaminetzky, D. 1991. *Design and construction failures: Lessons from forensic investigations.* New York: McGraw-Hill.

[21] Petroski, H. 1992. *To engineer is human.* New York: Vintage Books.

[22] Levy, M., and M. Salvadori. 1992. *Why buildings fall down: How buildings fail.* New York: Norton.

[23] ASCE. 2017. "Code of ethics." Accessed December 7, 2017. https://www.asce.org/code-of-ethics/.

[24] ASTM. 2011. *Standard guide to forensic engineering.* ASTM E2713-11. West Conshohocken, PA: ASTM.

[25] ASCE. 2014. *Guide to professional engineering licensure for the construction engineer.* Reston, VA: ASCE.

[26] LII (Legal Information Institute). n.d. "US federal rules of evidence: Rule 702." https://www.law.cornell.edu/rules/fre/rule_702.

[27] Kardon, J. B., ed. 2012. *Guidelines for forensic engineering practice.* Reston, VA: ASCE.

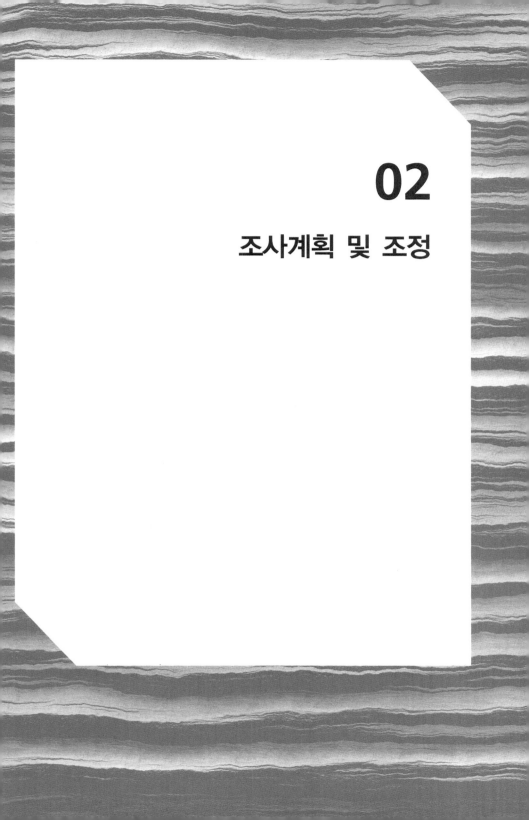

02

조사계획 및 조정

조사계획 및 조정

2.1 개요

사고조사 계획을 수립할 때는 조사의 목적과 조사 시 장애요소를 명확하게 파악하고 신중하게 조사준비를 해야 한다. 사고조사는 조사 범위와 필요한 자원에 따라 크게 달라질 수 있지만 대부분 조사에는 몇 가지 공통된 요소가 있다. 복잡한 조사는 일반적으로 여러 단계로 구성되지만 간단한 조사는 현장답사와 관찰, 그리고 결과의 요약만으로도 충분할 수 있다. 조사에 필요한 단계를 개략적으로 설명하고 단계별 모니터링 방법을 수립하는 것만으로도 조사계획의 목표를 달성할 수 있다.

포렌식 엔지니어는 가능한 한 빨리 의뢰인 또는 법률 대리인과 면담하여 그들의 요구와 조사 범위를 결정해야 한다. 이러한 결정을 통해 초기조사 및 전체 조사에 대한 목표를 설정할 수 있다. 조사 범위를 정확히 이해하면 조사인력 배치, 견적서 작성, 프로젝트 조사, 필요한 문서요청을 효율적으로 할 수 있으며, 프로젝트의 조사계획 및 조정에 도움이 될 수 있다.

본 장에서는 이러한 공통요소 중 일부를 다루었으며 첫 의뢰인 면담, 계약서 작성, 초기 조사계획 및 조사 그리고 필요한 경우 초기 현장답사까지 포함된 조사단계에 관하여 기술하였다.

2.2 초기의 프로젝트 계획 수립

대부분의 사고조사 프로세스는 의뢰인의 전화나 이메일 등을 이용한 의뢰 요청으로 시작한다. 사고조사를 의뢰 받는 경우에는 의뢰인의 직위와 권한, 의뢰인이 누구인지 또는 그들이 대표하는 당사자와 다른 이해당사자의 신원을 확인하는 것이 중요하다. 포렌식 조사보고서가 완료되면 의뢰인 또는 다른 당사자 중 누구에게 청구서를 송부해야 하는지 확인하는 것도 중요하다. 최근의 붕괴사고와 관련한 안전문제, 시간에 따라 증가하는 재산피해 또는 증거소멸 등과 관련된 문제로 의뢰인과 시급하게 면담해야 할 수도 있다. 인명피해와 관련된 안전문제가 해결된 것을 확인한 후에는 전문성, 시간, 예산 및 인력 측면에서 조사의 범위와 요구사항을 파악해야 한다.

사고조사의 유형과 함께 사고조사와 관련된 구조물의 형식이나 기타의 구조적 요소를 이해해야 한다. 이는 조사자나 포렌식 조사회사가 의뢰인이 요청한 서비스를 수행하는 데 필요한 기술적 전문성이나 인력을 보유하지 못했을 수도 있기 때문에 매우 중요한 사항이다. 예를 들어, 조사자가 방수 시스템이나 포스트 텐션 콘크리트 시스템과 관련된 엔지니어링 서비스를 제공한 경험이 없거나, 조사 범위가 조사자 또는 소속회사가 제공할 수 있는 것보다 더 많은 자원을 필요로 할 수 있다. 조사자 개인이나 회사의 조사역량이 부족한 경우, 조사의뢰를 거절하거나 조사역량이 있는 팀의 일원으로 참여해야 한다. 의뢰인과 상담을 통해 관련 분야에 경험이 있는 다른 전문가나 회사를 추천하여 의뢰인이 최고의 서비스를 받을 수 있도록 할 수는 있다.

2.2.1 이해충돌

포렌식 조사는 주로 이해당사자 간의 분쟁상태에서 이루어지기 때문에 포렌식 조사자는 프로젝트에 참여하기 전에 이해충돌 관계를 확인해야 한다. 이해충돌 확인의 첫 번째 단계는 포렌식 조사자 또는 소속회사가 사고와 관련된 프로젝트를 수행했는지 확인하는 것이다. 조사자나 소속회사의 누구라도 프로젝트에 참여했다면 이해충돌 관계가 될 가능성이 크다. 필수조건은 아니지만, 조사에 참여하기 전에 프로젝트에 대한 검토를 통해 이해충돌 관계를 확인해야 한다.

또 다른 이해충돌은 프로젝트와 관련된 한 명 이상이 이해당사자들과의 개인적 또는 사업적 관계에서 발생할 수 있다. 일단 이 문제와 관련된 당사자들이 누구인지 확인되면 이들 당사자가 과거에 수행한 프로젝트를 확인하여 이해충돌이 있는지를 파악해야 한다. 관련 당사자를 위해 프로젝트를 수행한 경험이 이해충돌에 해당하지 않는 경우도 많지만, 조사자와 의뢰인 모두가 이해충돌 관계가 있는지를 확인하기 위해 과거에 참여했던 프로젝트를 파악하는 것은 중요한 일이다. 이러한 검토를 통해 이해충돌 관계가 있는 조사자가 조사에 참여하면 의뢰인의 이익에 반하는 견해를 밝힐 수도 있다는 문제점을 파악할 수 있다.

2.2.2 예비조사

조사자가 의뢰인이나 변호인(legal counsel)[1] 사이에 수용불가한 이해충돌이 없다고 판단되면, 초기 프로젝트 계획수립에 착수할 수 있다. 프로젝트에 대한 예비조사는 현장의 항공사진에 대한 검토나 그 프로젝트와 관련된 문서 또는 사진 등의 검토를 포함할 수 있다. 뉴스에 나올 정도의 붕괴사고가 발생한 경우에는 사고조사를 시작하는데, 언론보도의 역할이 클 수 있다. 프로젝트의 위치, 건물 규모와 높이, 접근성, 일정 제한 등에 대한 현황 파악은 프로젝트의 계획수립에 상당한 도움이 될 수 있다. 이러한 현황조건을 파악하는 것이 조사에

---

1   Counselor : 'counselor at law'의 줄임말로 법정 소송 사건을 처리하고, 법률 문제에 대해서 조언을 해주는 lawyer, 즉 '법정 변호사'를 칭하는 말로 재판을 진행할 때 판사는 변호인을 'Counselor!'라고 부른다.

필요한 인력과 예산을 결정하는 데 도움이 된다. 간단히 말해서, 조사와 관련된 프로젝트와 붕괴 상황에 대해 많이 알수록 조사준비를 효율적이고 철저하게 할 수 있다.

2.2.3 업무범위 및 인력구성

포렌식 엔지니어가 여러 유형의 조사를 수행할 수 있지만 일부 프로젝트는 현장시험 또는 실내시험과 같은 특정 전문지식이나 외부 전문가 또는 기관의 협업이 필요하다. 특히, 소송 목적으로 조사업무를 하는 경우, 충분하게 조사인력을 확보해야 한다. 조사팀의 자질은 정확한 조사를 위해 필수적인 요소이며 각 팀원의 자격현황이 이력란에 제시되어야 한다.

조사 범위를 이해하는 것은 전반적인 조사계획뿐만 아니라 인력의 배치 및 초기의 예산추정에도 필수적이다. 조사 범위에 영향을 미치는 요인에는 관련된 시설물의 규모와 수, 조사 중인 구조물의 파괴특성, 그리고 의뢰인이 요구하는 문서나 보고서 수준 등이 있다. 포렌식 엔지니어는 조사과정의 초기에 의뢰인과 이러한 조건을 논의해야 하며 가능한 한 조사 범위를 정확하게 파악하도록 노력해야 한다. 조사가 시작된 후에도 조사 범위가 변경되는 일은 흔하다. 포렌식 엔지니어는 변경사항과 그것이 프로젝트 예산에 미치는 영향에 대하여 의뢰인과 논의해야 한다.

포렌식 엔지니어는 의뢰인과 일정 및 최종보고서 제출일을 논의해야 한다. 이러한 일정에는 전문가 증인 지정, 포렌식 보고서 제출, 예정된 청문회 또는 증언이 포함될 수 있다.

2.2.4 현장상태 및 인명 안전문제

포렌식 엔지니어는 가능한 한 신속하게 공사일정과 사고증거를 찾기 위하여 현장의 상태를 파악해야 한다. 이러한 내용은 의뢰인과의 첫 번째 면담에서 수행하는 것이 바람직하다. 조사과정 초기에 발생할 수 있는 문제점들을 의뢰인에게 질문하고 충분히 소통하는 것은 성공적인 조사를 위해 매우 중요하다. 이러한 질문에는 다음과 같은 내용이 포함될 수 있다.

- 인명안전에 대해 알려진 문제가 있는지?
- 사고현장에 대한 접근제한이나 시간제한이 있는지?
- 현장상태가 바뀌기 전에 증거가 변화, 이동 또는 손상을 초래할 수 있는 시간이 있는지?
- 증거를 외부로 옮겨 보관해야 하는지?

보존해야 할 증거가 있는 경우, 포렌식 엔지니어는 조사작업을 조율하거나 지원해야 한다. 프로젝트에 이미 참여하고 있는 유자격의 안전의식이 높은 시공자와 함께 작업하는 것이 때로는 안전하게 현장에 접근하여 증거를 적절하고 안전하게 보존하는 가장 좋은 방법이기도 하다.

심각한 사고나 건물붕괴는 인명피해를 수반할 수 있으며 붕괴된 구조물의 구조적 불안정성은 조사환경을 위험하게 할 수 있다. 일반적으로 구조물 붕괴 후 시간이 지남에 따라 현장여건이 급격히 변할 수 있기 때문에 붕괴 직후의 현장 관찰 및 계측은 붕괴의 원인을 찾는 데 매우 중요한 정보를 제공한다. 그러나 구조작업이나 안전문제로 인해 조사팀의 접근이 제한될 수도 있다.

조사 시 안전문제를 고려해야 하는 최근에 발생한 붕괴사고가 아니라면, 조사자가 조사를 시작하기 전에 이미 현장상태가 크게 훼손되었을 수 있다. 또한, 현장은 이미 보수·보강이 되었거나 증거가 제거되었을 수 있다. 따라서 소송과정에서는 정밀조사를 하기 전에 현장이 제대로 보존되었는지 확인해야 한다.

2.2.5 견적서

의뢰인은 흔히 조사를 시작하기 전에 예상 비용에 대한 견적서를 요청한다. 초기에는 조사가 완료될 때까지의 조사 범위를 알 수 없는 경우가 많지만, 포렌식 엔지니어는 해당 시점에 가용한 정보를 바탕으로 정확한 견적서를 제공하도록 노력해야 한다. 견적서에는 조사에 필요한 시간, 필요한 특수장비(예: 붐 리프트, 기타 장비 대여 및 운전자)의 비용, 타사 전문가 활용 또는 시험비용 등이 포함된다. 여러 단계의 작업을 수행해야 하는 프로젝트의 경우, 추정 예산의 범위가 명확하게 정의되어야 한다. 조사에는 필요할 수 있지만 견적에 포함되지 않은 추가작업을 기록하는 것도 필요하다. 예를 들어, 추가적인 현장시험 또는 실내시험이 필요할 수 있는데, 초기 견적서에 포함되지 않은 경우, 이러한 업무가 견적서에 포함되지 않았다는 것을 의뢰인에게 명확하게 알려야 한다.

경우에 따라, 의뢰인이 조사 중에 발생하는 추가조사를 위해 충분한 예산을 확보할 수 있도록 예비비를 포함한 견적서를 제공하는 것이 적절할 수 있다. 의뢰인은 사고조사에 필요한 조사항목을 결정하는 데 예상 견적서를 참고할 수 있다. 의뢰인은 조사비용이 손해가 발생할 정도로 크거나 예산에 비해 너무 큰 경우 포렌식 조사를 하지 않을 수도 있다. 따라서 포렌식 엔지니어는 예상 견적서 작성 시 조사에 필요한 정확한 예산과 포렌식 조사에서 일반적으로 발생하는 추가조사를 위한 약간의 예비비를 포함하여 합리적인 예산을 수립해야 한다.

공식적으로 견적서를 요구하지 않는 프로젝트도 포렌식 엔지니어가 수행한 유사한 프로젝트에 근거하여 대략적인 예산 범위를 추정할 수 있다. 각각의 조사마다 특징이 있고 이전 프로젝트에서는 하지 않은 조사가 필요할 수 있으므로 이전 조사를 기반으로 추정 예산을 산정할 때는 주의가 필요하다. 충분한 예산이나 조사시간이 부족한 경우, 조사 결과의 신뢰성이 떨어질 수 있다는 점을 의뢰인에게 알리는 것도 중요하다. 통계분석에 필요한 데이터나 현장 및 실내시험이 제한될 경우, 조사 결과가 부정확할 수 있고 조사 결과의 신뢰성에 대하여 이의가 제기될 수 있다.

2.3 계약

　엔지니어링 설계계약과 포렌식 엔지니어링 계약 간에는 유사점과 차이점이 있다. 설계계약과 유사하게 포렌식 조사자는 조사를 시작하기 전에 의뢰인과 계약을 체결한다. 일반적으로 프로젝트에 특화된 계약으로 구성되지만, 개별 조사에 대한 특정 계약 대신에 포괄적인 일반 서비스 계약이 있을 수 있다. 포렌식 조사를 위한 계약에는 포렌식 조사자와 의뢰인 모두에 대한 계약요건이 포함되어야 한다. 특히, 조사자의 과업범위와 비용이 계약서에 포함되어 있어야 한다. 일반적으로 계약에는 시간당 요율 계약, 정의된 과업 범위에 대한 고정비용계약 또는 시간당 비용과 고정비용을 혼용한 계약이 있다. 조사 또는 소송결과에 따라 결정되는 수수료 계약은 비윤리적이며 고려해서는 안 된다. 사건의 결과는 엔지니어의 보상과 관련이 없어야 한다.

　엔지니어링 설계의 계약과 포렌식 엔지니어링 계약 간의 주요 차이점은 엔지니어링 설계는 개략도면 또는 개념도면에 의해 과업범위와 결과물이 상당히 잘 정의될 수 있지만, 포렌식 조사의 범위는 조사가 진행되기 전까지는 완전히 알 수 없다는 점이다. 포렌식 조사계약은 조사자가 합리적인 비용을 받아야 할 필요성과 의뢰인이 조사비용을 알고 관리해야 할 필요성을 동시에 다루어야 한다. 조사자나 의뢰인 어느 쪽도 경제적 피해가 발생하는 것을 원하지는 않는다.

　포렌식 조사에서는 추가조사가 발생할 가능성이 크기 때문에 일반적으로 시간당 '경비 및 재료비' 방식의 비용계약이 선호된다. 이를 통해 계약서의 수정이나 보완없이 협약에 따라 업무범위를 변경할 수 있다. 따라서 미국에서는 시간당 계약이 매우 일반적이다. 그러나 일부 프로젝트의 경우, 의뢰인의 요구에 따라 고정비용 또는 비용 초과금지 계약을 할 수 있다. 고정비용 계약으로 진행되는 포렌식 조사의 경우, 포렌식 엔지니어는 과업범위가 확대(scope creep)되지 않도록 조사 범위를 신중하게 결정하고 고정비용 금액에 도달했을 때 발생하는 일부 부가 서비스에 대한 청구방법을 계약서에 명시해야 한다. 명확하게 계약서를 작성해야 과업 종료 후 의뢰인과 청구서로 인해 논쟁이 발생하는 것을 방지할 수 있다.

시간당 비용계약과 고정비용 계약 사이의 합리적인 절충안은 특정 업무범위에 대한 예산 추정치를 시간과 비용을 기준으로 계약을 하는 것일 수 있다. 이를 통해 의뢰인은 과업과 관련된 비용을 이해하는 동시에 조사자가 업무범위를 더 잘 이해할 수 있도록 하고 필요한 추가업무에 대한 유연성을 제공할 수 있다. 포렌식 엔지니어와 의뢰인 간에 충분한 의사소통을 통하여 계약방식에 관계없이 발생하는 추가비용이나 추후 예상되는 비용에 대하여 양측의 입장이 일치하도록 상호 간에 노력해야 한다.

계약서에는 과업을 시작하기 전에 받아야 하는 선지급 비용이 포함되는 경우가 있다. 이는 보수를 받지 못하고 과업을 수행하는 엔지니어를 보호하고, 의뢰인이 비용을 지급할 의도 없이 엔지니어를 활용하거나 엔지니어를 고용하는 것을 방지하기 위한 것이다. 포렌식 엔지니어는 의뢰인과의 신뢰관계에 따라서 선지급 비용을 면제하거나 조정할 수 있다.

계약서에는 포렌식 엔지니어에 대한 지급조건(지급에 필요한 기간 및 미지급 금액과 관련된 이자 비용)과 포렌식 엔지니어와 의뢰인 사이에 발생할 수 있는 모든 분쟁에 대한 해결조건이 명시되어야 한다. 이러한 조건에는 포렌식 엔지니어가 생성한 문서의 소유권, 조사 중에 수집된 샘플의 관리, 의뢰인이 요구하는 결과물, 포렌식 엔지니어와 의뢰인 간의 과업종료시기 등이 포함될 수 있다. 변호인에게 표준 계약서를 검토하도록 하는 것이 좋다.

2.4 초기 문서수집 및 조사

문서수집과 검토는 포렌식 조사의 필수적인 업무이며 문서수집에 관한 자세한 내용은 제3장에서 다루었다. 그러나 특정 유형의 문서는 현장답사 전이나 조사 초기에 매우 유용하게 사용할 수 있다.

현장을 답사하기 전에 가용한 모든 시공 관련 문서를 검토하는 것이 조사에 도움이 된다. 조사자는 이러한 검토를 통하여 건축, 구조 및 기계 시스템의 설계에 관한 내용을 파악할 수 있으며, 건물의 배치상황과 구체적인 세부사항, 전기·수도 등의 연결상태, 골조부재 또는 기타 관심 요소에 대한 설계상황에 대해서도 이해할 수 있게 된다. 시공 관련 문서는 현장조사 중 '현장지침'으로 매우 유용할 수 있으며 조사와 계측위치를 정하기 위한 정보를 제공해준다.

조사 중인 건물이나 조사항목과 관련된 모든 보고서는 조사 초기에 수집해야 한다. 엔지니어, 건축가 또는 기타 공인 전문가가 작성한 보고서는 조사자에게 매우 유용할 수 있다. 이러한 보고서를 통해 조사자는 우려사항이나 분쟁항목을 더 잘 이해할 수 있으며 이미 수행된 조사 결과나 측정 데이터, 분석내용 등 조사와 관련된 중요한 정보를 얻을 수 있다.

조사자는 사전조사 결과를 참고하여 현장답사 전에 도움이 되는 다른 문서를 찾을 수도 있다. 예를 들어, 특정 항목을 조사하려면 관련 법규와 표준에 명시된 요구사항 또는 제품설명서에 명시된 요구사항을 이해해야 한다. 관련 법규, 표준 및 제품설명서는 프로젝트가 구성될 당시 사용된 문서일 수도 있다. 이러한 관련 문서의 검토를 통해 조사에 필요한 자료의 일부를 얻을 수도 있으며, 현장조사의 내용이나 현장 및 실내시험 종류에도 영향을 미칠 수 있다.

2.5 초기 현장답사 또는 조사

대규모 프로젝트나 의뢰인이 조사 범위에 대한 의문을 갖고 있는 프로젝트에서는 초기 현장답사가 조사 범위에 대한 정보를 수집하는 데 매우 중요하다. 이러한 현장답사에는 단순히 현장을 관찰하기 위한 답사에서부터 정밀조사를 위한 현장답사에 이르기까지 다양하다.

2.5.1 초기 현장답사 준비 및 인력구성

초기 현장답사의 목적은 현장에 '눈'을 맞추고, 전반적인 현장조건을 관찰하는 것이며, 일부 예비 문서작업이나 시험 또는 자료수집을 포함할 수 있다. 일반적으로 예비 현장답사의 목적은 사전조사를 통해 정밀조사 계획의 수립을 돕기 위한 목적으로 시행한다. 따라서 초기 현장답사에 필요한 인력은 정밀조사에 필요한 인력에 비해 소규모일 수 있다. 대부분의 경우, 초기 현장답사는 일반적인 '실사'로 구성되며 조사자 한 명으로도 충분할 수 있다.

초기 현장답사에 필요한 조사계획은 일반적으로 정밀조사에 필요한 계획보다 규모가 작지만, 초기 현장답사도 전체 조사계획의 일부로 진행이 된다. 따라서 조사자는 현장조사의 장애요인이 무엇인지 파악할 수 있도록 조사준비를 해야 한다. 현장을 답사하기 전에 항공사진, 현장 및 건물 배치계획, 기타 가용한 문서를 검토하는 것이 좋다.

2.5.2 정보수집

최초 현장답사에는 현장에 대한 약간의 문서작업뿐만 아니라 접근제한 또는 조사 시 제한사항에 대한 평가도 포함된다. 현장 또는 구조물에 대한 접근제한은 조사 시 사용되는 장비뿐만 아니라 자료수집 및 시험방법 선정에 영향을 줄 수 있다.

사다리나 붐 리프트와 같은 장비를 사용할 수 있는지 여부도 최초 현장답사 시 고려되어야 한다. 장비운반, 접근제한 및 조사일정 제한사항 등을 현장 관리 직원(일반적으로 사업자의 대리인 또는 현장 관리자)과 협의해야 할 수도 있다. 일부 조사작업은 업무시간 이후나 교통량이 적은 시간대에 수행해야 할 수 있다. 문이 잠겨 있어 보안허가나 경비의 허락이 있어야만 접근할 수 있는 지역이 있을 수 있다. 현장 접근에 대한 제한사항은 조사계획 수립 시 고려되어야 하며 최초 현장답사 시에 서로 협의해서 해결해야 한다.

최초 현장답사 시에는 안전문제나 조사 프로토콜도 고려해야 한다. 현장에 안전하지 않은 상황이 존재할 때는 즉시 해결해야 한다. 현장에 존재하는 불안전한 조건에는 구조물 붕괴, 화재로 손상된 건물, 쉽지 않은 현장 접근성, 거푸집 또는 위험 물질에 대한 노출, 붕괴된 건물 전면에서 낙하하는 벽돌 등이 있다. 조사대상지역 주변에 매우 불안정한 상황이 존재하는 경우, 현장조사 중에 안전하게 접근할 수 있도록 최초 현장방문 시에 충분한 조치를 해야 한다. 이를테면, 추락방지 시설을 설치하거나 적절한 환기를 제공하거나 조사할 지역에 전기 배선이나 손상된 가스라인이 없는지 확인할 필요가 있다. 조사 중 다치거나 불필요하게 조사가 지연되는 것을 방지하기 위해서는 최초 현장답사 시, 이러한 항목을 확인하는 것이 중요하다.

2.5.3 조사 범위의 평가 및 의뢰인 보고

초기 현장답사의 주 목적은 조사를 수행하는 데 필요한 업무범위를 파악하는 것이다. 현장을 답사하고 나면 조사자는 업무범위를 재평가하여 시험, 조사 또는 샘플링 범위와 특성을 결정할 수 있다. 이를 통하여 향후, 자료수집을 위한 현장답사나 문서검토 계획 및 실행에 이르기까지 훨씬 더 효율적으로 조사를 할 수 있다.

초기 현장답사의 또 다른 장점은 현장의 상황과 추가 조사계획에 대하여 의뢰인과 서로 정보를 주고받을 수 있다는 점이다. 조사자는 의뢰인이 요구하는 경우, 최초 현장답사에서 얻은 조사 결과를 브리핑할 수 있다. 이 브리핑은 의뢰인과의 대화나 서면 예비보고서의 형식을 취할 수 있다. 조사자가 조사 범위를 정확히 파악하면 조사에 필요한 시간과 관련 비용을 더욱더 정확하게 추정할 수 있다.

03

자료수집

CHAPTER
03 / 자료수집

3.1 개요

대규모 건물의 붕괴사고나 창문 누수와 같은 단순 사고조사에는 한 가지 공통점이 있다. 무엇이 잘못되었는지 파악하기 위해 자료를 수집하고 분석한다는 것이다. 포렌식 엔지니어링 조사에서 수집된 자료는 구조물 거동에 영향을 미친 환경적인 요인, 사고의 원인 및 사고상황을 파악하는 데 사용된다.

자료[1]는 의미 있는 정보를 얻기 위해 수집, 정리, 검토 및 분석하는 가공되지 않은 원시자료이다. 정보에는 구조물에 작용하는 물리적인 힘과 특성, 주변 환경 또는 사고에 관한 내용이 포함될 수 있다. 또한, 사고에 대한 정보를 얻거나 결정을 내리기 위해 분석하는 사실적 정보가 포함된다. 조사자료는 측정, 관찰, 시험, 분석 또는 문서, 연구나 인터뷰를 통해 얻을 수 있고 인쇄물이나 숫자, 전자신호, 그래프, 도표, 그림, 물리적 또는 디지털 모델, 사진이나 구두 등으로 전달될 수 있다.

일반적으로 자료는 정량적 또는 정성적 자료로 분류한다. 정량적 자료는 물리력, 중량, 치수 등과 같이 개별적인 숫자의 형태로 나타낸다. 정성적 자료는 아이디어, 색상, 냄새, 느낌(젖은 느낌 또는 느슨한 느낌 등) 또는 목격자 진술과 같이 서술적이거나 감각적인 정보이다.

---

1   자료(정보/데이터)

3.2 현장조사

일반적으로 포렌식 조사를 위한 자료수집은 최초 현장을 답사하기 전에 시작된다. 긴급하게 사고현장을 파악해야 하는 사고의 경우, 사고현장에 대한 즉각적인 확인이 필요하다. 왜냐하면, 현장조건은 인명구조, 보강 또는 철거, 부재에 대한 노출 또는 일부 긴급 복구 등으로 인하여 빠르게 변할 수 있기 때문이다. 시설물에 대한 기본정보는 초기에 의뢰인과의 접촉을 통해 얻어야 한다. 사고 후 며칠 또는 몇 달 후에 조사가 시작되는 긴급하지 않은 조사의 경우, 현장을 답사하기 전에 제공된 문서나 인터넷 조사 등을 통해 자료를 수집할 수 있다.

3.2.1 자료수집 방법

상황이 빠르게 변화하는 사고조사 현장에서는 레이저 스캐닝, 사진 및 비디오 촬영과 같은 신속한 자료수집 수단이 매우 유용하게 활용된다. 시설물에 대한 접근이 제한되거나 위험한 곳에서는 시료채취나 물리적 측정이 불가능하거나 안전이 보장되지 않을 수 있다. 광학 측량, 레이저 거리측정 또는 육안 측정(예: 벽돌, 창, 조인트 간격과 같은 알려진 치수에 대한 측정)과 같은 거리 측정 방법을 사용할 수 있다.

3.2.2 레이저 스캐닝 및 드론 촬영

원거리 측정을 위한 방법에는 3차원 레이저 스캐닝과 항공 드론 촬영이 있다. 두 가지 방법 모두 기술적으로 크게 발전하였고 비용도 훨씬 저렴해졌다.

가장 일반적인 유형의 3차원 레이저 스캐너는 회전식 레이저를 사용하여 수백만 개 점까지 상대 거리를 측정하여 정지된 물체나 주변 환경을 측정하는 장치이다. 이러한 점 데이터를 컴파일하여 피사체와 전체 환경을 구현하기 위한 대표적인 3차원 모델인 포인트 클라우드를 생성한다. 일반적인 스캐너는 내장된 GPS(Global Positioning System), 경사계, 고도계, 나침반 및 카메라를 활용하여 대상을 정확하게 표현할 수 있다.

모델링 소프트웨어를 이용하면 서로 다른 위치에서 촬영한 여러 개의 스캔결과를 조합하여 모든 각도에서 탐색할 수 있는 강력한 모델을 구축할 수 있다. 스캐너는 수백 미터 이상의 거리를 측정할 수 있는 성능을 보유해야 하며 측정 오차는 밀리미터 이내로 정확해야 한다. 한번 스캔하는 데 약 5~15분이 소요되므로 현장 환경을 빠르게 보존할 수 있으며 후에 측정 및 검사 목적으로도 활용할 수 있다. 여러 가지 종류의 스캐너가 있으므로 조사환경에 가장 적합한 스캐너를 선택해야 한다.

무인항공기시스템(UAS, Unmanned Aircraft System), 즉 드론은 높은 시야에서 건물과 주변환경을 촬영하는 데 점점 더 많이 사용되고 있다. 카메라는 일반적으로 드론 하부에 장착되어 원격으로 조작할 수 있다. 드론에 장착된 카메라는 지상에서는 불가능했던 항공사진(전체보기 또는 높은 고도에서의 상세보기)을 찍을 수 있는 강력한 장비이다. 또한, 레이저 스캐너, 3차원 카메라 및 열화상 카메라를 드론에 부착하여 정밀한 측정을 할 수도 있다.

미국연방항공청(FAA, Federal Aviation Administration) 규정에 따르면 드론 운영자는 미국연방항공청 면허를 취득해야 상업적 목적으로 드론을 활용할 수 있다. 드론 운영자에 대한 미국연방항공청의 요구사항은 다음과 같다. 드론 운영자는 작업을 하는 동안 드론이 시야를 벗어나서는 안 되며, 공항 근처에서는 허가 없이 제한된 영공 내에서 드론을 작동할 수 없고, 자기 거주지에서 드론을 사용하려면 주변의 부동산 소유자로부터 허가를 받아야 한다. 드론에 관한 새로운 법률과 규정이 시행됨에 따라 현재의 법적기준도 변화되고 있다. 포렌식 또는 상업적 목적으로 드론을 사용하려면 해당 지역 및 연방법과 미국연방항공청 규정을 충분히 숙지해야 한다.

3.2.3 데이터 샘플링

구조물의 사고원인을 조사하기 위한 검사나 시험을 위한 샘플링 등의 자료 수집은 전체 구조물 중 일부분에서 이루어진다. 샘플링은 물리적 측정 또는 구조물의 대표성 있는 위치에서의 샘플채취를 의미한다. 한정된 수의 샘플을 가지고 전체적인 특성을 파악하고자 할 때는 통계적 기법이 사용된다. 조사된 샘플을 이용하여 사고나 하자와 관련된 상태나 거동을 추정할 수 있다. 전체 구조물의 특성을 정확하게 나타내려면 샘플의 수, 위치 및 분포에 부적합한 편향성 (disqualifying bias)이 없어야 한다. 샘플링 절차는 ASTM 또는 기타 관련 표준(예: ASTM E122)에 정의되어 있다. 조사자는 사고조사와 관련된 자료를 얻을 수 있도록 샘플링의 목적을 이해해야 한다.

데이터의 편향은 거의 모든 샘플링에 존재한다. 단순히 랜덤추출법(random sampling)이 편향을 피하는 가장 효과적인 방법일 수 있다. 그러나 공장에서의 품질관리용 데이터 수집과 같은 상황에서는 랜덤추출법이 가능할 수 있지만 이미 구축된 구조물에서의 시료채취나 계측은 거의 항상 제약조건(접근성, 장애물 등)에 의해 제한받는다. 구축된 시설물이나 구조물의 특성을 정확하게 반영하지 못한 데이터가 획득되는 것을 막기 위해서는 데이터의 편향 특성을 정확히 이해하여 의뢰인에게 전달해야 한다. 즉, 구조물의 접근 가능한 구역에서 시행된 시험, 샘플링, 탐색, 관찰이 구조물의 전체 구역 또는 관심구역의 특성을 합리적으로 반영하는지 평가할 필요가 있다.

샘플링 방법은 제4장에서 자세하게 설명하였다.

3.2.4 소규모 조사에서의 자료수집

구조물에 경미한 손상이 발생한 경우에는 제3장에서 설명하는 수준의 자료수집, 처리 및 보관 과정이 필요하지 않을 수 있다. 수집 및 처리되는 자료의 양은 재산상 손실 또는 리스크의 크기에 따라 결정되는 사고조사 예산과 조사 범위에 상응해야 한다. 리스크는 상당한 재정적 노출을 나타내기보다는 잠재적으로 사람의 안전에 위험을 초래할 가능성이 있는 상태를 나타낸다. 조사 범위와 관계없이 현장에 대한 기본적인 정보는 수집해야 한다. 자산개요, 자산의 물리적 상태와 이력, 사고현장의 주변환경, 손상 또는 하자 특성 등을 확인하고 기록해야 한다. 조사자의 조사 결과 및 의견을 뒷받침하는 자료(예: 사진, 현장 메모, 계산, 분석)를 수집하거나 기록하고 향후의 검증을 위해 관리되어야 한다.

3.3 자료유형

사고와 관련된 문서 및 정보수집에서 얻은 자료는 개별적이고 가공되지 않은 정보를 나타내는 원시자료이므로, 사고원인 분석에 사용하기 위해서는 종합(synthesization)과 평가가 필요하다. 처리된 자료는 원시자료에서 모아진 유용한 정보이다. 사고와 관련된 자료에는 구조물 세부사항, 현장조건, 원본 계약문서, 기상기록, 현장 및 구조물의 점검기록, 엔지니어링 기록, 시공기록, 시공상세도, 목격자 인터뷰 및 시(市)에서 보관하고 있는 구조물 기록 등이 포함될 수 있지만 이에만 국한되는 것은 아니다. 자료의 형식에는 전자파일, 디지털 사진, 도서, 스케치, 메모, 비디오 기록 또는 음성기록 등이 포함된다.

사고조사를 위한 자료수집 단계에는 1) 자료수집, 2) 정보식별 및 검증, 3) 정보평가, 4) 정보처리가 있다. 수집된 자료는 해당 자료에서 추출할 수 있는 정보만큼만 유용하고 관련성이 있다. 자료로부터 소송에 활용하기 위해 정보를 추출하려면 자료출처와 자료가 수집된 조건(시간, 날짜 및 상황)을 문서화해야 한다.

수집된 자료는 사고원인과 관련된 정보 가운데 극히 일부만을 나타낼 수 있으므로 수집된 자료와 관련 정보의 연관성을 평가하는 것이 중요하다. 수집된 증거자료를 입증하고 보존하기 위해서는 수집, 처리, 보관 등의 체계적 시스템이 갖추어져 있어야 나중에 검토하거나 향후 법적 증거로 제출할 수 있다.

3.4 자료의 보존과 유지

자료의 처리, 전송 및 저장매체는 기술이 발전함에 따라 끊임없이 변화하고 있다. 문서와 정보는 컴퓨터나 USB와 같은 전자 저장장치로 인해 종이가 필요 없는 경우가 많다. 예를 들어, 이제는 모든 문서가 PDF(Portable Document Format)와 같은 전자문서로 되어 있는 것이 일반적인 관행이다. 전자 검색기능이 있는 컴퓨터용 문서는 자료수집, 전송 및 검색기능을 크게 향상시켰다.

사고 조사자와 증언 전문가는 정보처리 및 발표와 관련된 최신의 프로토콜에 정통해야 한다. 수집된 자료의 품질관리를 위해서는 관련이 없거나 신뢰할 수 없는 자료는 식별하여 폐기해야 한다. 사고이론을 수립하는 데 사용된 원래 추론과정을 재현할 수 있도록 자료처리 절차는 문서로 만들어져야 한다. 자료 수집, 유지관리 및 준비에서 고려해야 할 요소는 다음과 같다.

1. 자료출처
2. 자료검증
3. 자료보존
4. 증거물의 관리기록
5. 자료수집 시기

포렌식 조사과정에서 자료를 이용하여 의견을 개발하고 제시할 때는 수집된 증거자료의 정확성과 신뢰성이 내포된다. 수집된 자료와 파생된 포렌식 정보의 유효성 및 품질을 보장하는 것이 조사자의 책무이다.

3.5 문서자료

포렌식 엔지니어링 조사팀은 가용한 관련 문서를 모두 찾아야 할 수도 있고 일부 문서만을 제공받을 수도 있다. 어느 쪽이든 조사팀은 문서를 검토할 책임이 있다. 시설물의 설계, 시공, 운영 및 유지관리와 관련된 문서는 사고조사의 기초가 된다. 프로젝트를 계획하고 진행하는 동안에 생성되는 문서는 프로젝트의 이력에 대한 대략적인 정보를 제공하며 기술적인 문제나 절차상의 오류를 평가하고 식별하는 데 매우 도움이 된다. 프로젝트 문서는 다음과 같은 정보를 제공할 수 있다.

1. 시설물의 개발, 설계 및 시공이력
2. 유지관리 및 보수와 관련된 사고 전후 시설물의 상태
3. 원설계 대비 실제 사용 및 사고 발생 전후의 시설물 사용조건
4. 기타 사고에 직·간접적으로 영향을 줄 수 있는 요인

프로젝트와 관련된 문서의 원본은 사고를 초래한 원인을 식별하고 사고에 대한 책임을 확인하는 데 도움이 될 수 있다. 경우에 따라, 소송과정에서 사고가 발생한 프로젝트와 관련된 문서는 다른 당사자가 사용할 수 있도록 제공될 수도 있다. 의뢰인의 변호인은 '증거개시절차²'라고 하는 소송절차를 통해 다양한 당사자에게 특정 문서를 요청한다. 조사와 관련된 모든 문서를 체계적으로 수집할 수 있도록 포렌식 엔지니어는 문서요청 시 의뢰인의 변호인이 사용할 목록을 준비해야 한다. 여기에서는 포렌식 조사에 도움이 될 수 있는 프로젝트 수행 중에 일반적으로 생성되는 문서의 개요를 설명한다.

---

2   증거개시(discovery) : 형사소송법상 허용되는 제도로 피고인 또는 변호인이 검사에게 공소 제기된 사건에 관한 서류 또는 물건의 목록과 공소사실의 인정 또는 양형에 영향을 미칠 수 있는 서류 등의 열람 등사 또는 서면의 교부를 신청할 수 있는 제도

3.5.1 계약문서

계약문서에는 계약설계도면, 계약시방서, 시공계약서, 계약일반조건, 특별·추가조건, 조달기록, 건축계약서, 기성금 지급증명서, 현장의 변경내용 및 변경요청서, 정보 게시판, 시공상세도 등이 포함될 수 있다. 다음은 일반적인 계약문서의 체크리스트이다.

계약설계도면
- 건축
- 구조
- 현장/토목
- 기계
- 전기
- 배관
- 소방
- 인테리어 디자인
- 조경설계

계약시방서
- 일반조건
- 특별조건
- 추가조건
- 시방서의 기술 부문

계약

- 건축주 - 건축가 계약
- 건축가 - 엔지니어 계약
- 건축주 - 원도급자 계약
- 건축주 - 건설관리자 계약
- 설계 및 시공 계약

계약조항

- 시공문서에 대한 부록
- 자료요청서(RFI, Request for Information) 및 회신을 포함한 공지문
- 현장 작업지시서
- 계약에 대한 설계변경
- 계약문서의 변경을 승인하는 서신
- 건축공사계약(building agreements)

시공상세도

시공자가 프로젝트 구성요소의 제작과 조립을 정확하게 표시하기 위해 작성하며 일반적으로 공사 시작 전에 설계전문가에게 검토받는다. 시공상세도에는 다음과 같은 종류가 있다.

- 건축 시공상세도
- 구조 시공상세도
- 기계 시공상세도
- 전기 시공상세도
- 배관 시공상세도
- 소방 시공상세도

구조계산

건축사, 엔지니어 및 분야별 컨설턴트가 수행한 프로젝트 관련 조사내용이나 구조계산서는 설계과정에 대한 대략적인 개요를 제공한다. 구조물 설계 중에 기록한 메모나 수학적 계산 그리고 그래픽 디자인도 수집할 수 있다. 이러한 자료들은 다음과 같다.

1. 설계기준: 프로젝트를 설계할 당시에 적용된 설계기준을 입수
2. 엔지니어링 해석: 토목, 구조, 기계 및 전기공학 분야의 엔지니어 및 검수 엔지니어(engineer of record)가 확인한 해석결과, 도면, 스케치, 메모 및 검토 결과
3. 건축해석: 검수 건축사(architect of record)가 프로젝트 설계용으로 준비한 삽화, 구조계산, 대안설계, 검토결과 및 메모
4. 설계-시공 해석: 포스트텐셔닝 설계, 프리캐스트 콘크리트 문서, 토공 및 지보공, 기계 및 전기 시스템을 포함하여 설계-시공 기반으로 하도급자가 준비한 도면, 구조계산서, 메모 및 검토결과
5. 특수분야 엔지니어링 검토: 연직 이송시설, 수문학적 문제, 전문 엔지니어가 설계한 지붕 트러스와 같은 '사전 설계' 항목에 대하여 분야별 컨설턴트가 수행한 계산 및 검토결과

프로젝트 일정

프로젝트의 일정은 프로젝트가 진행되는 동안 개발되고 수정된다. 프로젝트 일정은 일반적으로 프로젝트의 타당성 분석 단계에서부터 시작되어 공사가 완료될 때까지 진행된다. 프로젝트 일정은 서술적 일정, 바 차트(bar chart), CPM(Critical Path Method) 또는 PERT(Project Evaluation Review Technique) 등 다양한 형식으로 나타낼 수 있다.

1. 설계일정: 다양한 설계단계의 시작 및 완료를 나타내는 것으로 건축사, 엔지니어 또는 건설관리사업자(construction manager)가 작성한 일정표
2. 시공일정: 건설관리자 또는 원도급자가 생성하는 일정 및 주기적 업데이트 일정으로 시작부터 완료 시까지 공사의 진척과 일정 지연 등을 나타냄
3. 설계 및 시공일정: 설계와 시공 사이의 관계를 나타낸 것으로 발주자, 건설사업관리자 또는 원도급자가 생성한 일정. 일반적으로 패스트 트랙 공법[3] 또는 설계/시공 일괄 프로젝트에서 작성함

컨설팅 보고서

컨설팅 보고서는 건축사 또는 엔지니어가 작성한 보고서를 전문가가 보완하여 작성한다. 일반적으로 설계착수 전에 작성되며 프로젝트의 실행 가능성이 반영된다. 이러한 보고서에는 다음과 같은 내용이 포함된다.

1. 교통량 조사보고서: 프로젝트 현장의 시공 전후의 교통량 조사보고서
2. 계획보고서: 인구통계 및 프로젝트에 대한 기본계획보고서
3. 타당성 조사보고서: 통상 회계법인에서 준비하는 마케팅 및 경제성 조사
4. 설계조사: 최적의 프로젝트 범위를 결정하기 위해 건축사가 준비하는 설계 대안이며, 대체 부지를 고려할 수도 있음
5. 일정/진행보고서: 초기일정 및 일정의 주기적인 업데이트를 포함하여 컨설턴트가 작성한 보고서로 건설공사 시 발생할 수 있는 예정공정 및 진행상황을 나타냄
6. 지반공학 관련 조사: 지반조사, 프로그램 해석(예: 유한요소 및 다양한 수치

---

3   패스트 트랙(fast track)은 단어 뜻 그대로 트랙을 빨리 돈다는 뜻으로, 설계완료 후 시공을 하는 일반적인 공사와 달리, 설계를 1단계로 하고 공사를 진행하면서 2단계 설계를 병렬로 진행하는 방식이다.

해석방법), 기초설계 및 지반처리에 대한 권장사항을 나타내는 조사

7. 매설물 조사: 매설물의 위치 및 크기, 하수관로의 흐름조사, 상수관로의 압력시험, 가스 및 전력구의 위치를 나타내는 보고서

8. 전문가 검토: 설계나 시공 시 발생하는 기술적 문제에 대해 제3자의 의견을 받기 위한 외부 전문가의 보고서

3.5.2 시공 중 및 준공 후 문서

기성금 지급증명서

기성금 지급증명서 양식은 보통 매월 원도급자가 작성하며 작업 진행 상황과 청구 및 지급된 금액을 표기한다. 이것은 프로젝트의 주요 하도급자에게 지급된 금액을 나타낸다. 다른 조달기록도 사용할 수 있다.

준공도면

대부분 프로젝트에서 준공도면의 작성은 강제사항은 아니다. 설계 및 시공팀은 다음과 같은 몇 가지 형식을 이용하여 준공도면을 작성할 수 있다.

1. 프로젝트 시공 중 원설계의 수정사항을 나타내기 위해 복사본 표지의 테두리를 적색으로 표시함

2. 변경설계 사항이 포함된 원본 설계문서 또는 직접 변경된 사항이 표시된 인쇄본

전자기록물

1. 시공과정 녹화 영상파일

2. 시공과정의 디지털 사진

3. 현장 항공사진

4. 현장지도

5. 웹 기반 현장 위성 이미지

6. 프로젝트 관리 및 문서 배포를 위한 플랫폼[4]

시험보고서/제품인증서

프로젝트의 설계 및 시공 중에 작성된 시험보고서에는 건설자재의 품질, 시공시스템, 장비, 설치 절차 또는 현장 및 매설물의 상태를 기록한다. 시험보고서에는 다음과 같은 내용이 포함된다.

실내시험보고서

1. 기초지반보고서: 지반조사 해석

2. 풍동시험: 구조물의 모형에 대한 풍동시험 보고서

3. 목재 수종 분석시험

4. 실내 토질역학 시험: 삼축압축시험, 직접전단시험, 압밀시험

5. 구조용 강재시험: 용접, 볼트 연결부 및 재료특성에 대한 시험

6. 콘크리트 재료시험: 슬럼프, 온도측정, 압축강도, 큐브형 공시체 강도시험, 인장강도시험 및 탄성계수시험

7. 콘크리트 배합시험: 시멘트의 양과 품질을 나타내는 보고서 및 슬럼프 시험

8. 용접사 자격증: 용접사의 인증기준에 의한 능력 검증

9. 구조물 재하시험: 구조부재에 대한 재하시험보고서

10. 포스트텐셔닝 보고서: 텐던의 긴장력 등

11. 압력시험: 배관(물, 화학약품, 공기 등 이송)에 규정 압력을 가하여 부품 및 연결부의 누수상태 확인시험

---

4   '플랫폼'이란 다른 서비스들이 내 서비스를 쉽게 활용할 수 있게 하도록 해주는 인터넷 기반의 기술 환경이다.

12. 플로우 시험: 하수관망의 흐름시험

제품인증서

1. 구조용 강재 제품인증서
2. 철근 제품인증서
3. 포스트텐셔닝 텐던 제품인증서
4. 포틀랜드 시멘트 제품인증서
5. 콘크리트 조적 단위 강도 및 내화등급 인증서
6. 용접 전극 인증서

현장보고서 및 설계변경

현장보고서는 프로젝트의 설계와 시공에 책임이 있는 다양한 당사자들이 작성
한다. 보고서는 발주자를 대표하여 시공자, 감독관 또는 전담 직원이 매일 작
성하거나 건축사 또는 엔지니어의 현장보고서와 같이 주기적으로 작성할 수
있다.

1. 공사담당자 : 건축사 또는 현장대리인의 일일보고서
2. 상주 엔지니어: 설계사의 상근기술자가 작성한 일일보고서
3. 건설사업관리자: 일지 및 보고서
4. 공사감독관: 일지
5. 현장/시공 점검보고서: 엔지니어가 작성한 토목, 구조, 기계 및 전기 분야에
   대한 정기보고서
6. 건축사의 현장보고서: 건축사가 작성한 정기보고서
7. 토질보고서: 다짐시험, 성토재료 선정 및 포설, 시공 중 측정한 지반 및 암
   반 지지력 또는 표준관입시험 결과

비디오 녹화기록

중요한 프로젝트에서는 시공 중 비디오 촬영을 한다. 사진과 같이 동영상은 시공과정이나 방법에 대해 유용한 정보를 제공할 수 있다.

점검보고서

점검보고서는 설계 및 시공팀의 직원이나 외부 전문가가 작성한다. 일반적으로 작업의 품질과 진행상황을 정기적으로 보고하는 정부기관이나 금융기관에서도 보고서를 작성한다.

1. 시공점검보고서: 지역 건설당국이 작성한 보고서
2. 대출기관 보고서: 건설사 및 대출기관이 보유한 독립적인 엔지니어링 회사가 작성한 보고서
3. 발주자 검사보고서: 발주자가 보유한 엔지니어 또는 특별 검사관이 작성한 보고서

프로젝트 관계자 간 문서수발 기록

프로젝트 당사자 간의 연락내용에는 프로젝트 시작부터 공사 이후까지 생성된 항목이 포함되어야 한다.

1. 발주자/개발자 간 문서
2. 발주자/컨설턴트 간 문서
3. 발주자/시공자 간 문서
4. 컨설턴트/시공자 간 문서: 건축사, 엔지니어 및 건설사업관리자
5. 동료 컨설턴트 간 문서: 건축사/엔지니어
6. 전송기록: 관련자 전부
7. 메모: 관련자 전부

8. 예비설계 및 설계기간 중 회의록

9. 전화기록: 관련자 전부

10. 입찰 전, 시공 전 및 시공 중 회의록

11. 이메일 기록: 관련자 전부

3.6 독립적인 조사 및 조사자료

3.6.1 기상기록

기상기록은 기상청이나 기상 데이터베이스를 관리하는 웹 사이트에서 얻을 수 있다. 공사 착수일부터 사고 발생일까지의 기상기록을 요청할 수 있다. 이용할 수 있는 기상자료에는 온도, 습도, 강수량 및 강수 유형, 풍속과 풍향, 대기 탁도가 포함된다. 이 자료는 노스캐롤라이나 내슈빌 국립기후센터의 국립해양대기청(NOAA, National Oceanic and Atmospheric Administration)에서도 얻을 수 있다. 그 외에 기상 관련 웹사이트에서 다양한 기상자료를 유료로 이용할 수 있다. 국내의 기상 관련 데이터는 기상청 기상자료 포털[5] 등에서 제공받을 수 있다.

3.6.2 유지관리 및 보수기록

자료조사에는 시설물이나 장비의 유지관리, 보수, 재시공 기록 등이 포함될 수 있다. 이러한 자료로부터 문제가 발생한 프로젝트와 관련된 정보뿐만 아니라 원설계 및 시공 시 계획과 다른 용도로 변경된 항목이나 구조물의 구성요소 또는 세부사항에 대한 정보를 얻을 수 있다.

---

5   기상자료개방포털(data.kma.go.kr)

3.6.3 건축부서의 허가, 위반 및 공문서

관공서의 건축허가에 필요한 문서에는 프로젝트의 설계, 시공 및 개발과 관련된 정보가 있다. 문서에는 건축허가 승인 당시 허가부서에 제출된 기록이 포함되며 소유권, 설계팀, 시공자, 공사비용, 공사범위 및 건설공사의 계약문서 등이 포함된다.

건축물의 붕괴원인 조사 시 다음과 같은 문서를 조사한다.

1. 건축허가서
2. 기초시공허가서
3. 부지개발허가서
4. 상하수도 사용허가서
5. 점용증명서
6. 위반 및 작업중지명령서
7. 점검보고서

3.6.4 인터넷 검색

인터넷에서 얻을 수 있는 정보에는 방송보도, 과거의 자료, 일반적인 정보(예: Wikipedia) 및 신문기사 등이 포함될 수 있다. 그러나 대부분 자료는 검증되지 않았거나 검토를 거치지 않았기 때문에 인터넷 자료를 그대로 사용하는 것에는 주의가 필요하다. 또한, 인터넷 자료는 시간 및 출처와 같은 중요한 정보가 제공되지 않을 수 있으므로 정보의 신뢰성이 떨어질 수 있다.

인터넷 정보를 사용할 때 고려해야 할 사항은 윤리적이고 합법적으로 자료를 사용해야 한다는 점이다. 조사자는 자료의 표절, 비윤리적 사용 또는 신뢰할 수 없거나 입증되지 않은 정보의 사용을 피해야 한다. 인터넷에서 얻은 인증되지 않은 정보를 사용하면 조사관의 신뢰도가 떨어질 수 있다.

3.6.5 이력 정보 및 시각적 문서

사고조사팀은 현장상황 때문에 일정 기간 동안 현장에 접근하지 못하는 경우가 많다. 현장상황이나 인명 구조작업 때문에 증거가 훼손되거나 소실될 수 있으며 보수나 긴급한 현장 안정화 조치로 인하여 사고의 원인과 관련된 정보를 정확하게 파악하기 어려울 수도 있다. 사고 발생 전의 구조물 상태뿐만 아니라 사고 당시의 상태를 재현하기 위해서는 되도록 사고 이전의 자료를 많이 수집해야 한다.

사진, 동영상과 같은 시각적인 정보는 언론, 지방정부 및 보험사 등에서 구할 수 있다. 다음은 사고조사 시 포렌식 조사팀에서 사용할 수 있는 그래픽 증거자료의 체크리스트이다.

1. 텔레비전
2. 신문
3. 보험사
4. 건물주 또는 관리자
5. 경찰서
6. 소방서
7. 민방위 구조대
8. 지역 건물 검사관(local building inspectors)
9. 이웃 주민들
10. 웹 기반 위성 또는 거리 뷰 이미지

3.6.6 문헌검색

구조물 사고에 대한 과거의 기록, 사고조사 기술 및 사고예방을 위한 방법론에 관한 방대한 양의 출판물이 있다. 조사 중인 사고 유형과 유사한 자료의 수집 및 검토는 사고에 대한 자료를 제공하고 유사한 사고를 기반으로 한 사고 프로파일을 개발하고 사고가설을 개발하는 데 도움이 된다.

토목구조물 사고와 관련한 문헌검색을 돕기 위하여 부록 E에 참고문헌 목록을 제시하였다. 참고문헌 외에도 관련 문헌에 대한 다른 출처는 다음과 같다.

1. 전문학회: 관련 전문학회에서 붕괴사고와 관련된 참고문헌을 구할 수 있다.
2. 무역관련협회: 무역관련협회에서는 붕괴사고에 관한 기사가 실린 잡지, 저널 및 소식지를 발행한다. 이러한 출판물에는 색인이 포함되어 있어 문헌검색에 도움이 된다.
3. 학술대회 및 심포지엄 간행물: 사고조사 절차가 소개된 간행물을 조사할 수 있다.
4. 도서관: 대부분의 대학 도서관에는 붕괴사고와 관련된 문헌들이 있다. 또한, 붕괴사고와 관련된 문헌을 검색할 수 있도록 온라인 서비스를 제공하기도 한다.

3.7 목격자 진술

포렌식 사고조사에서 목격자 진술은 사고의 원인을 파악하는 데 매우 중요하다. 경우에 따라 법원에서 목격자에게 증언하도록 지시할 수 있으며, 이때 목격자 진술의 신뢰성은 매우 중요하다. 조사자의 입장에서 목격자의 고의적인 위증도 문제이지만 증인의 기억 오류도 증인 진술의 신뢰성을 떨어뜨리는 원인이 될 수 있다. 목격자 진술은 비디오 녹화나 음성 녹음을 통해 문서화해야 진술의 인과관계를 뒷받침하는 증거로 사용할 수 있다. 조사자는 기록된 정보와 기록 당시의 상황을 비교하여 증언의 진위를 반드시 확인해야 한다.

3.8 디지털 기록

대부분의 전자기록은 디지털 형식으로 수집되며 보호 및 백업되고 네트워크에 파일로 저장할 수 있다. 그러나 컴퓨터 하드디스크나 메모리 장치(예: USB[6] 또는 PCMCIA[7])는 수명이 제한되어 손상될 수도 있다. 중대한 사고조사와 관련된 자료는 영구적으로 보존해야 하므로 디지털 저장장치의 내구성과 신뢰성을 파악해야 한다. 컴퓨터 또는 네트워크 하드디스크 드라이브 오류나 이동식 메모리 장치의 손상으로 인하여 자료손실이 자주 발생한다. 디지털 기록을 장기간 안정적으로 보존하기 위해서는 전문적인 문서 보존기관의 서비스를 받을 필요가 있다. 포렌식 엔지니어는 신뢰할 수 있는 자료 저장장치를 확보하고 조사에서 수집된 자료를 관리 및 보관할 수 있는 충분한 디지털 복제 및 정보기술을 지원받을 수 있어야 한다.

---

6   USB(Universal Serial Bus) : 범용직렬버스
7   PCMCIA(Personal Computer Memory Card International Association 기술표준을 말한다.

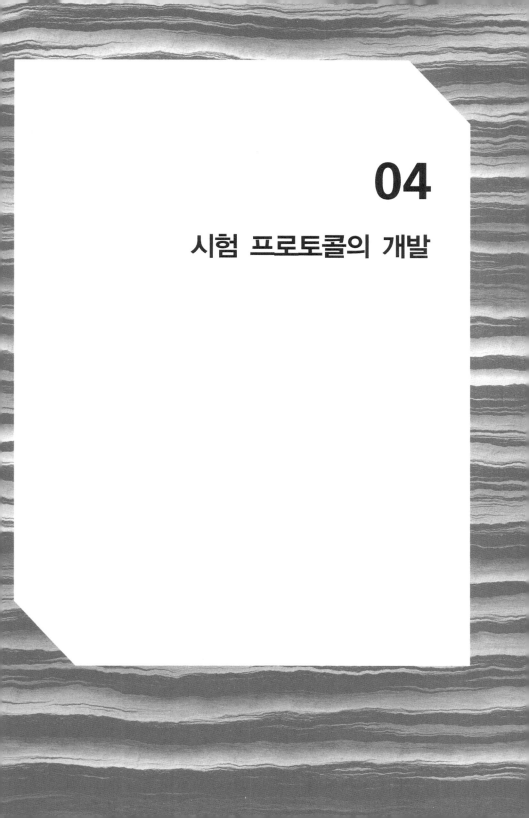

04

시험 프로토콜의 개발

CHAPTER
04 / 시험 프로토콜의 개발

시험의 목적은 사고의 원인을 설명하는 데 필요한 구체적인 정량적 정보를 수집하는 데 있다. 인적 요인에 의해 사고파괴가 일어나는 경우도 있지만, 본 장에서는 구조물 사고의 결과를 초래할 수 있는 기술적 요인을 다루었다. 사고에 대한 기술적 영향의 평가는 시험 프로토콜[1]을 통해 달성된다. 조사 중 고려해야 할 시험에는 파괴 및 비파괴 시험, 실내시험 및 모의시험뿐만 아니라 여러 가지 다른 시험도 포함될 수 있다. 사고에 영향을 미친 원인을 찾는 데 필요한 관련 시험방법, 샘플링 프로토콜 및 자료수집 방법을 결정하는 것은 조사자의 책임이다.

4.1 시험의 필요성 평가

초기 조사단계에서 조사자는 효과적인 시험 프로토콜을 통해 답변이 가능한 질문이 무엇인지 파악해야 한다. 프로토콜은 과학 및 실제적 요소들(예: 타이밍, 접근성, 통계적 관련성, 평가대상요소 또는 조건에 대한 샘플링의 잠재적

---

1   프로토콜(protocol)은 '약속', '규약', '협약' 등을 의미하는 단어로, 네트워크 분야 외에도 여러 분야에서 통용된다. 상호 간 원활한 교류, 소통, 통신을 위해 서로 동일하게 어떠한 설정/규칙을 정한다는 뜻이다. 본문에서는 시험 계획서, 시험기준의 의미를 말한다.

영향)을 모두 고려해야 한다. 이 단계에서 조사자는 시험의 목적, 시험일정 및 예산 등에 대해 발주자, 변호인 및 의뢰인과 상의하여 결정해야 한다.

시험 프로토콜 개발은 1) 시험의 목적(즉, 어떤 정보가 필요한가)과 2) 시험을 통해 얻고자 하는 특성 또는 요소(예: 강도, 강성, 열화의 정도, 시공방법, 물의 침투)를 정의해야 한다. 만약, 필요한 파라미터를 시험으로 결정해야 하는 경우, 정확한 시험방법을 결정해야 한다. 경우에 따라 통계적으로 유의한 샘플에 대해 시험하고 모집단에 대한 결론을 도출하는 방법보다 한 가지 시험방법을 이용하여 파라미터를 구하고 결론을 도출하는 방법이 더 적절한 경우도 있다. 예를 들어, 벽 조립체 시험을 통하여 고정장치(fastener)의 설치간격이 벽 조립체의 전단저항력을 기준 설계값 이하로 감소시키는지는 확인할 수 있다. 벽 조립체가 설계기준을 충족하는지 확인하기 위해서 통계적으로 유의한 수만큼의 벽 조립체 샘플들을 시험할 필요는 없다. 이러한 경우, 조사자는 시험의 목적이 고정장치가 신뢰할 만한 수준으로 전단응력을 감소시키는 것인지, 아니면 실제 시공된 조립체가 설계기준에 상응하는 안전율을 갖지는 않더라도 설계기준 요건의 만족 여부를 단순히 검증하는 것인지를 이해하는 것이 중요하다. 샘플링을 위한 현장답사 전에 샘플링 계획이 적절한지 충분히 검토하는 것이 필요하다. 샘플링 계획은 프로젝트 관련 문서검토, 초기 현장답사, 사고조사와 관련된 사진자료 등을 통해 수립할 수 있다.

시험 프로토콜을 개발할 때 시험결과에 가변성이 있다는 점을 고려해야 한다. 특히, 제품에 결함이 있는 경우, 제품의 품질시험 결과와 품질기준의 차이에 대하여 의뢰인이 의문을 갖는 경우에는 이해당사자가 조사 중에 수행되는 샘플링이나 시험과정에 참관하는 것이 필요할 수 있다. 또한, 제품의 특성을 결정하기 위해 한 가지 이상의 시험방법에 따라 시행하는 경우도 있다. 전문가나 조사자가 시험에 대하여 교육받지 않았거나 필요한 시험시설이 없는 분야에 대한 시험은 독립적인 제3의 기관에 의뢰하여야 한다. 또한, 시험 프로토콜에 대하여 검토하는 것도 필요하다. 이러한 고려사항은 전문가 증인의 증언이 다우버트(Daubert) 기준 또는 프라이(Frye)[2] 기준을 위반하지 않았는지 확인하기 위해 필요하다. 다우버트 기준과 프라이 기준은 전문가 증언의 인용 가능성에 영향을 미치는 법적 판단 기준이다. 연방증거규칙 제702조에 따라 재판관이 전문가 증언의 인용 가능성을 결정할 때 다음의 네 가지 과학적인 요구사항을 충족해야 한다.

1. 가설의 검정 여부
2. 파악 또는 내재된 시험결과의 오차율
3. 사용된 방법론의 피어리뷰 및 출판 여부
4. 방법론의 일반적 수용 가능성 등

이 기준의 의도는 전문가가 자신의 의견을 제시할 때 검증되지 않았거나 단순히 추측 데이터에 의존하지 않도록 하는 것이다. 상대측 변호인이 위의 네 가지 기준을 충족하지 못하면 재판관은 시험결과를 인용하지 않거나 전문가 증인이 사건에서 배제될 수 있다.

2　다우버트 기준과 프라이 기준 : 미국 법률 역사에서 무고한 피고인들이 법적 소송에서 전문가들의 증언을 바탕으로 감옥에 보내진 사례가 여러 번 있었다. 이것은 지난 몇 년간 뜨거운 논쟁의 주제였다. 1923년 이래로 프라이 기준은 법정에서 과학적 증거의 일반적인 인용의 목적으로 수행되어 왔다. 그러나 1993년 대법원이 프라이 테스트가 과학적 증거의 일반적인 수용으로 충분하지 않다고 판결하면서 시스템은 충격에 빠졌다. 다우버트 대 머럴 다우 사건은 프라이가 더 이상 과학적 증거로 인정되기에 충분하지 않다는 것을 의미하며, 과학적 증거의 인용 가능성에 관한 한 다우버트 검사가 프라이를 대체한다는 것을 의미한다.

▌프라이(Frye) 기준

미 연방 법원의 과학적 증거의 허용성에 관한 최초의 논의는 1923년 프라이 소송(프라이 vs. 미국)까지 거슬러 올라간다. 살인죄로 기소된 이 사건의 피고는 본인의 무고를 증명하기 위해 거짓말 탐지기를 사용한 전문가 증언을 제시했다. 사건을 맡은 미연방 항소법원은 피고가 제출한 거짓말 탐지 결과와 그 전문가 증언을 과학적인 것으로 인정할 것인지 판단하게 되었다. 판결문에서 법원은 과학적 증거를 받아들이는 기준이 이 증거가 속하는 전문 분야에서 '일반적으로 수용된 이론(generally accepted theory)'에 부합하는 것인지의 여부에 따라 결정되어야 한다고 명시했다.

과학적 원칙이나 발견이 실험적인 수준에서 입증 가능한(demonstrable) 수준으로 넘어가는 시점을 정의하는 것은 어렵다. 법정은 이 애매한 지점 어딘가에 있는 원칙들의 증명력을 알아내야 하며, 잘 알려진 원칙과 발견에서 추론된, 즉 그 증거가 속하는 특정한 분야에서 충분한 일반적 승인을 얻은 전문가 증언을 허용하여야 한다 (Frye v. United States, 293 F. 1013(D.C. Cir. 1923)).

이에 따라 법원은 해당 거짓말 탐지기가 과학계 내에서 충분히 일반적 인정을 받지 못했다는 근거를 들어 피고가 요청한 전문가 증언을 허용하지 않았다. 이 판례 이후, 관련 학계의 일반적 승인을 기준으로 과학적 증거의 수용성을 판단하는 방식은 프라이 기준(Frye standard)으로 불리게 되었다.

법조계 전문가들에게 프라이 기준은 합리적이면서도 상대적으로 간편한 도구였다. 프라이 기준은 판사가 아닌 해당 증거를 다루는 전문가 집단이 그 지식을 일반적으로 승인하는지의 여부만을 확인하기에, 판사가 해야 할 일은 과학자들에게 "그 지식이 일반적으로 통용되는 것입니까?"라고 묻는 것뿐이었다(김희균, 2012). 이 기준은 과학적 지식을 판단하는 일에 부담을 가지고 있었던 법조인들 사이에서 환영받았고, 연방법원이 과학적 증거를 판단하는 주요한 방식으로 자리 잡게 되었다.

▌다우버트(Daubert) 기준

다우버트 판결은 상대적으로 유연한 기준의 필요성이 제기되는 맥락에서 판사의 역할을 재정의함으로써 등장하게 되었다(Mueller, 2002). 다우버트를 비롯한 이 사건의 원고들은 선천적인 수족 변형 기형아로 태어났는데, 이들은 이 장애가 어머니가 임신 중에 복용한 벤딕틴(Bendectin)이라는 구토 방지제 때문이라고 주장하며 이 약의 제조사인 다우 케미컬을 고소했다. 원고는 그 근거로 벤딕틴의 화학 구조식 분석

자료, 동물 실험 자료, 역학조사 결과의 재분석 자료 등을 제출했는데, 이들은 모두 학계에서 흔히 인정되는 사실은 아니었다. 따라서 다우버트 사건의 초심과 항소심은 이러한 과학적 증언을 프라이 기준을 적용해 배제하였다.

이에 원고는 과학적 증거의 수용성을 성문화한 연방증거규칙(Federal Rules of Evidence)을 근거로 법정이 그들의 증거를 받아들일 것을 상고했다. 연방증거규칙에 따르면 증거의 수용성을 판단하는 데에 있어서 학계의 일반적 승인은 결정적 판단 기준으로 명시되어 있지 않았다. 오히려 이 규칙은 사건과 관련이 있는 과학적인 증거라면 충분히 법정에 들어설 자격이 있다고 규정하고 있기 때문에 프라이 기준에 의한 증거의 배제는 이 법에 어긋난다는 주장이었다. 법원의 입장에서는 지난 70년간 지켜온 프라이 기준과 성문화된 연방증거규칙 사이의 우선순위를 명시해야 할 상황에 놓였다(Foster and Huber, 1999).

이에 대법원은 연방증거규칙이 프라이 기준을 대체한다고 명시하며 원고의 증거를 재평가할 것을 원심에 요구했다(Daubert vs. Merrell Dow Pharmaceuticals, Inc., 509 U.S. 579 (1993)). 다수 의견을 대표하여 블랙먼(Harry Blackmun) 판사는 판결문에서 과학적 증거의 수용성은 프라이 기준이 아닌 연방증거규칙에 의거해야 하며 이가 요구하는 관련성(relevance)과 신뢰성(reliability)이 그 새로운 기준이 되어야 한다고 썼다. 관련성과 신뢰성을 보장할 수 있는 방법은 특정 과학적 증거가 과학적 방법을 따랐는지를 따지는 것인데, 판결문은 이를 판단하기 위해 다음과 같은 가이드라인을 제공했다.

① 특정 과학 지식이 반증 가능한지를 따진다.
② 동료 평가와 출판을 거쳤는지를 확인한다.
③ 측정 기법의 알려진 오류율을 감안한다.
④ 전문가 집단 내에서 일반적인 인정을 받았는지를 확인한다.

판결문은 이 네 가지 요소가 그 어느 것도 결정적인 것이거나 필수적인 것이 아님을 명확히 했다. 즉, 과학적 증거의 허용성은 연방증거규칙이 언급하듯 판사가 '관련성'과 '신뢰성'의 요소를 두루 고려하여 이가 '과학적 방법론'을 따랐는지에 따라 종합적으로 내려야 하는 판단이지 이 가이드라인을 일률적으로 적용해 내리는 기계적인 판단이 아니라는 것을 강조했다.

다우버트 판결은 판사들이 과학적 증거를 대하는 방식에 변화를 불러왔다. 프라이 기준하에서는 전문가 집단의 수렴된 의견에만 의존하던 허용성 문제가 다우버트 기준에서는 판사의 적극적인 지적 판단을 필요로 하는 문제로 바뀌게 된 것이다(Saks and Faigman, 2005).

이에 따라 다우버트 기준을 적용하는 판사는 더 이상 과학적 증거의 허용성에 대한 판단을 손쉽게 과학계로 위임할 수 없게 되었다.

오히려 판사들은 과학적 지식을 직접 이해하고 이들의 신뢰성과 관련성을 가이드라인에 따라 상세히 검토하여 그 수용성을 결정하는 '수문장(gatekeeper)'의 역할을 맡게 되었다.

출처: 김성은, 박범순 (2015), 수문장의 딜레마: 다우버트 기준 도입 이후 과학과 법의 관계 변화, 과학기술학 연구, 15(1), 215-244.

4.2 시험에 적용할 수 있는 표준

대부분 산업에는 해당 분야의 시험에 적용되는 표준이 있다. 표준을 만드는 대표적인 단체로 미국재료시험학회(ASTM), 미국도로교통협회(AASHTO, American Society of State Highway and Transportaton Officials), 미국목재보호협회(AWPA, American Wood Protection Association)가 있다. 표준은 지역에 한정되어 사용될 수도 있다. 예를 들어, 유럽표준은 유럽지역에서 과업을 수행할 때 사용한다. 이들 시험방법 중 일부는 승인시험에 적합하고, 일부는 현장시험에 적합하며, 일부는 평가 및 비교 목적을 위한 시험에 적합하다. 조사자는 조사과정에서 사용된 시험이 어느 곳에 적용되는지를 정확히 알아야 한다. 조사 시 선택한 시험 결과가 의문사항에 답하는 데 적합해야 한다. 나중에 적절한 시험이 아니라고 판단되는 시험을 할 수도 있지만(예: 사고원인에 대한 새로운 정보가 밝혀진 경우), 조사자는 의뢰인에게 도움을 주기 위해 과도하게 많은 시험을 해서는 안된다. 시험 프로토콜은 당면한 기술적 문제를 해결하기 위한 것이지 의뢰인의 입장을 뒷받침하기 위한 것은 아니다.

4.3 시험자의 자격

대부분 시험은 관련 산업표준에 따라 시행되어야 한다. 대부분 산업표준에는 시험자의 자격에 대한 기준을 제시하고 있다. 따라서 산업표준 기준에 따라 자격을 갖춘 시험자가 시험을 수행해야 한다.

4.4 시험장비의 검·교정

시험에 사용되는 장비는 해당 표준 및 시험장비 제조업체의 요구사항에 따라 검·교정을 해야 한다. 장비를 검·교정할 때에는 시험 결괏값의 정밀도를 고려해야 한다. 장비의 검·교정 범위는 측정 결괏값의 정밀도에 따라 분류되어야 하며 원하는 정밀도를 얻을 수 있도록 검·교정해야 한다. 샘플의 측정값을 비교할 목적으로 사용하는 것이 아니라면 교정되지 않은 장비를 사용한 시험은 피해야 한다. 사고조사에는 검·교정된 시험장비를 사용해야 한다.

4.5 파괴검사와 비파괴검사

조사자는 샘플링을 통한 파괴검사(현장 및 실내시험)의 효과에 대해 검토해야 한다. 시료채취 등의 파괴검사를 할 수 없는 경우에는 비파괴검사를 고려해야 한다. 예를 들어, 바닥 장선(floor joist)[3]에 과도한 변형이 발생하여 분쟁이 발생한 경우, 탄성계수를 측정할 수 있는 비파괴검사를 통해 사고조사에 필요한 정보를 얻을 수 있다.

---

3   바닥 장선은 수평부재로 벽체 위에 올려지며 상부의 하중을 벽체에 전달하는 기능을 한다.

파괴검사와 비교하여 비파괴검사를 통해서만 결정할 수 있는 특성이 있다. 내부 구성요소가 적절히 부착되었는지는 파괴시험으로 인한 손상 없이 방사선 촬영을 통한 비파괴시험으로 확인할 수 있다. 실내시험을 위해 샘플링을 하는 경우에는 샘플의 식별, 문서화, 취급, 라벨링, 목록화, 운반 및 보관에 적절한 절차를 따라야 한다.

확인시험(proof testing)은 기준이 되는 값과 비교하여 간단한 합격 또는 불합격 기준이 필요한 경우에 적절할 수 있다. 구조부재의 극한강도를 알 필요 없이 파손 여부를 판단하기 위해 구조부재에 하중을 가하는 것은 확인시험의 한 예이다. 건물 창호나 건물 외벽에 대한 방수시험도 확인시험의 한 종류이다. 이 경우, 문제는 침투하는 물의 양이 아니라 누수 여부가 된다. 파괴 또는 비파괴 검사나 확인시험의 종류와 관계없이 시험에 주의를 기울이면 분석 및 보고서를 작성할 수 있으며 궁극적으로 법정에서의 논쟁에 충분히 대응할 수 있는 결과를 얻을 수 있다.

4.6 현장 및 실내시험

대부분의 비파괴검사는 현장 또는 구조물이 있는 위치에서 시행되며 파괴검사는 구조물에서 샘플을 채취한 후 실험실로 운반하여 시행된다. 그러나 예외적인 경우로 현장에서 시행되는 접착제 도포재료에 대한 인장시험과 같은 파괴시험과 태양 반사율 측정과 같이 실험실에서 이루어지는 비파괴시험이 있다.

4.6.1 현장시험

현장시험은 조사 중인 요소의 특성을 결정하는 데 사용할 수 있으며 구조물, 지반, 시공 및 기타 사고에 대해 시행할 수 있다. 건물 외벽의 기능적인 특성(벽면, 지붕 등의 방수처리와 단열 등)은 친환경 건축물 인증시험(LEED, Leadership in Energy and Environmental Design) 또는 기타 인증시험으로 측정할 수 있다. 가장 일반적인 현장 지반조사에는 표준관입시험과 콘관입시험이 있다. 지하탐사에 사용되는 대표적인 지구물리학적 조사기법에는 탄성파 탐사, 표면파 및 전자파 탐사(예: 지표투과레이더)가 있다.

구조부재의 경우, 레이더 또는 전자기 기술을 이용하여 콘크리트 내의 철근을 찾을 수 있으며, 재하시험을 실시하여 구조적 거동을 결정할 수 있다. 구조적 재하시험은 구조시스템 또는 구조요소의 하중 전달능력을 검증하기 위해 수행될 수 있다. 구조물의 일부가 파손된 사고조사에서는 파손된 구조물과 유사한 손상되지 않은 구조물에 대하여 현장재하시험을 시행할 수 있다.

이러한 현장시험은 구조물 내 힘의 분포, 설계 또는 실제 하중재하조건에서의 응력-변형률 및 응력 범위, 해석으로 실제 구조물의 거동을 정확하게 알 수 없는 경우의 처짐, 기타 변위 또는 회전을 결정하는 데 필요하다. 시험에 사용되는 하중은 구조물에 가해지는 하중의 특성과 크기를 반영해야 한다. 구조해석은 재하시험 전과 후에 대하여 모두 이루어져야 한다. 구조물에 대한 재하시험은 구조물이 추가로 손상되거나 파괴될 수 있기 때문에 기존 구조물에 대해서는 거의 시행되지 않지만 파괴모드나 파괴하중을 결정하기 위한 경우에 시행할 수도 있다. 설계기준에 따라 재하시험을 하는 경우, 시험 중에 현장의 작업을 중지해야 할 수도 있으며 상당한 비용이 발생할 수도 있다.

4.6.2 실내시험

일반적인 사고조사 시 조사대상에 대한 샘플 또는 구성요소에 대하여 실내시험을 한다. 실내시험은 현장시험보다 훨씬 효율적이고 정확하게 샘플링 시료에 대한 특성을 파악할 수 있다. 현장에서 수집된 샘플은 실험실에서 현장 상황을 최대한 고려하여 시험을 한다. 실내시험의 주목적은 샘플의 강도나 화학적 특성 등을 파악하는 것이다. 목재, 콘크리트, 금속, 플라스틱 및 합성재료의 경우, 조사자가 평가 및 해석에 필요한 물성을 파악하기 위해 구체적인 시험을 요구하기도 한다. 샘플링은 통계적 유의성과 대표성을 가졌는지에 대해 평가되어야 한다.

4.6.3 모형시험

모형시험(mock-up tests)은 전체 구조물이나 축소된 구조물의 중요 부분을 시뮬레이션하는 데 사용할 수 있는데, 그 이유는 다음과 같다.

- 실제 구조물은 시험하중을 가할 경우, 구조물을 쓸 수 없게 될 수 있기 때문에 시험하중까지 재하하지는 않는다.
- 모형은 다양한 파괴모드로 파괴시험을 할 수 있다.
- 전체 모형시험은 풍동시험 등에 적합하다.
- 재하되는 하중의 크기는 시험장치의 재하용량 범위 내에서 가능하다.

모형시험 시 적용하는 하중은 구조물에 가해지는 실제 하중의 특성을 반영해야 한다. 예를 들어, 극한 정하중시험은 피로파괴를 재현할 수 없다. 등분포하중 재하시험은 집중하중이 작용했을 때의 상황을 나타낼 수 없다.

모형시험의 예로는 풍동시험의 축소모델, 반복하중을 받는 모형 보-기둥 연결부 또는 환경챔버 내에서 다양한 조건에 노출된 재료 등이 있다. 모형이 실제 구조물보다 작은 규모로 제작될 때는 상사법칙(principles of similitude)을 적용해야 한다. 이 경우, 모형은 실제 구조물의 특성이 잘 나타날 수 있도록 축소되어야 하며 하중의 크기도 적절하게 조정되어야 한다.

4.7 샘플수집

4.7.1 샘플 수 및 분포 결정

통계적으로 유의한 개수의 샘플이 필요한 경우, 조사자가 샘플링 개수를 결정할 때 참조할 수 있는 몇 가지 ASTM 표준이 있다. 간혹 통계적으로 유의한 개수의 샘플을 구할 수 없거나 비용이 너무 많이 들어 실행할 수 없는 경우도 있다. 이 경우, 편향(bias)이 없는 샘플을 선택하는 것이 바람직하다. 이러한 샘플은 무작위로 추출한 샘플일 수도 있지만, 구조물의 제약조건을 고려할 때 반드시 무작위 샘플이 실용적이지 않을 수도 있다. 샘플의 개수 및 분포가 결정되면 구조물의 손상된 부분과 손상되지 않은 부분, 그리고 의심스러운 부분에서 샘플을 채취할 수 있도록 해야 한다.

ASTM E122[4]에 제시된 기준을 따라 원하는 정확도 수준에 필요한 샘플 수를 결정할 수 있다.[1] 샘플의 수는 다음 사항에 따라 달라진다.

- 측정값의 추정치에서 허용할 수 있는 오차, E
- 측정값이 오차한계 내에 있을 확률 또는 신뢰수준
- 모집단 내 한 단위(unit)에서 다른 단위까지 측정된 값의 변동성 추정치, σ

측정된 결과가 정규분포를 따르고 모집단의 크기가 크다고 가정하면 95% 신뢰구간으로 다음 식을 이용하여 시험을 위한 샘플 수 n을 구할 수 있다.

$$n = \left(\frac{1.96\sigma}{E} \right)^2$$

---

4   "Standard Practice for Calculating Sample Size to Estimate, With a Specified Tolerable Error, the Average for a Characteristic of a Lot or Process"

여기서, n : 샘플 수

σ : 측정결과의 표준편차

E : 측정결과의 허용오차

95% 신뢰수준으로 하는 상수 1.96은 실제값이 측정된 허용오차 E에 포함되지 않을 확률이 0.050(5%)임을 의미한다.

통계적 유의성은 적절한 통계적 원칙에 따라 샘플링된 경우에만 그 결과와 함께 보고한다.

결정론적 샘플링은 정해진 수의 샘플만을 이용할 수 있거나, 샘플링 접근성, 고려 중인 요소에 미치는 영향, 예산 등의 제약을 받아 제한된 수의 샘플만 채취할 수 있는 상황을 의미한다. 결정론적 샘플링 프로토콜은 원하는 특성값에 대한 대표적인 추정치를 얻을 수 있도록 공학적 판단이 필요하다.

4.7.2 샘플의 선정

대표적인 값을 얻을 수 있도록 샘플링 위치를 정해야 한다. 샘플링 위치를 정하는 방법에는 층화추출법(stratified sampling), 랜덤추출법(random sampling) 및 계통추출법(systematic sampling) 등이 있다. 조사하는 요소나 조건에 따라 각 샘플링 방법에는 장단점이 있다. 샘플링 프로토콜을 구분할 때에는 접근성과 같은 제한사항을 고려해야 한다.

전체 모집단 내에 하위 모집단이 존재하는 경우, 층화추출법이 적절할 수 있다. 층화추출법은 샘플링 전에 모집단을 동질적인 하위그룹으로 나누는 프로세스이다. 이때 각 계층은 상호 배타적이어야 한다. 즉, 모집단의 모든 요소가 하나의 계층에만 포함되며, 모든 샘플이 하나의 계층에만 포함되어야 한다는 것을 의미한다. 일단 계층이 구분되고 분할되면 각 계층 내에서 랜덤추출법 또는 계통추출법을 독립적으로 적용할 수 있다.

랜덤추출법을 이용하면 각 샘플 위치가 무작위로 선택되므로 샘플링 프로세스 중 어느 단계에서든 각 위치가 선택될 확률은 같다. 랜덤추출법의 한 가지 방법은 샘플링할 위치를 결정하기 위해 난수를 생성하는 것이다.

계통추출법을 이용하면 무작위로 선택된 시작점에서 시작하여 구조물 전체에 걸쳐 균일한 간격으로 샘플링 위치가 선택된다. 패턴이 숨겨지지 않은 상태에서 샘플링 간격이 선택되도록 주의해야 한다. 계통추출법은 현장에서 샘플을 찾는 데 걸리는 시간을 줄일 수 있기 때문에 일반적으로 랜덤추출법보다 실행하기 쉽다.

4.7.3 예산상의 고려사항

조사자는 시험 프로토콜 개발 중에 예산을 고려해야 한다. 샘플 수가 많을수록 비용이 증가한다. ASTM E122에는 허용오차, 신뢰수준, 샘플 수 그리고 예산에 대한 균형을 맞추는 절차에 대해 규정되어 있다. 높은 신뢰수준이 필요한 경우에는 샘플 수가 증가하고 신뢰수준이 낮은 경우에는 샘플 수가 감소한다. 따라서 조사 목적과 예산 문제를 고려하여 조사 사례별로 샘플링 수를 결정해야 한다.

4.7.4 실내시험을 위한 재료 유형별 샘플링 방법

시험의 목적은 사고의 원인이나 사고의 원인이 된 요인을 파악하는 데 필요한 정보를 수집하는 것이다. 실내시험의 목적에 맞도록 샘플을 채취해야 하며, 다음의 예와 같이 재료 유형별로 조사에 필요한 샘플을 채취할 수 있다.

금속 샘플은 코어링, 토치 또는 다이아몬드 휠로 절단하여 채취한다. 금속 부재의 코어나 시편을 이용하여 재료의 강도나 금속의 성분을 평가할 수 있다.

콘크리트용 절단기를 이용하여 콘크리트의 상태를 검사하기 위한 샘플을 채취할 수 있다. 콘크리트 코어는 화학적 특성, 콘크리트 강도, 쪼개짐 인장강도, 박리의 유무를 평가하는 데 사용할 수 있다. 일반적으로 코어의 직경은 약 5~20cm 범위로 그 크기가 다양하다.

구조용 목재 부재의 샘플은 작은 시편의 코어를 수집하여 얻을 수 있다. 코어는 목재의 종류를 결정하거나 강도를 감소시킬 수 있는 생물학적 유기체의 존재를 조사하는 데 사용할 수 있다. ASTM D143에 규정된 크기의 작은 목재 시편도 목재 강도를 평가하는 데 사용할 수 있다.[2] 간혹 파괴검사를 위해 구조물에 있는 부재를 통째로 사용하기도 한다(일반적으로 구조용 목재보다는 규격 치수의 재목(두께 5~13cm, 폭 10~30cm)을 사용).

구조물에서 채취한 벽돌 샘플에는 개별 벽돌 또는 벽돌 조립물이 포함될 수 있다. 건물에 사용된 벽돌의 시멘트, 석회, 모래의 비율을 결정하기 위해서는 시공 당시 모르타르에 사용되었던 시멘트나 모래의 샘플을 얻어야 한다. 일반적으로는 추출된 모르타르 샘플에 대하여 신뢰할 만한 성분 분석이 가능하다. 그러나 새로운 재료로 모르타르를 복제하는 것은 어려울뿐 아니라 불필요할 수도 있다.

4.7.5 샘플링 프로토콜의 예

벽돌의 조사 및 시험을 위한 샘플링 프로토콜을 다른 시험을 위한 프로트콜 작성에 참고할 수 있도록 예로 제시하였다. 조사에 참여한 엔지니어들은 프로토콜에 제시된 샘플링 절차를 검토하고 의견을 제시할 수 있다. 검토가 종료된 후에 상호 간에 합의된 프로토콜은 프로젝트 파일에 보관되어야 하며, 요청 시에는 공개해야 한다. 시험 특성에 맞도록 추가로 프로토콜을 개발하여 샘플링 위치와 특정시험에 대한 표준을 정의할 수도 있다.

I. 목적

이 프로토콜은 콘크리트 기초에서 벽돌의 박리 원인을 규명하기 위한 샘플링을 위한 것이다. 샘플은 얇은 벽돌의 재료 및 시공에 대한 공인된 표준과의 비교를 위해 분석된다. 이 분석의 목적은 다음과 같다.

- 벽돌 부착면에 사용된 재료와 두께
- 부착력 손실 위치
- 벽돌 표면의 처리기법
- 콘크리트 거푸집 박리제, 먼지/파편, 화학물질 등 부착면의 오염물질 존재 여부

II. 장비

- 샘플 제거용 콘크리트 절단기
- 망치와 끌
- 카본 테이프가 있는 알루미늄 SEM 샘플 스터브(stubs)

III. 실험실 장비

- 입체 현미경
- 주사전자현미경(SEM, Scanning Electron Microscope)
- 에너지 분산형 분석기(EDS, Energy Dispersive Spectroscopy/EDX, X-Ray)
- 푸리에 변환 적외선 분석기(FTIR, Fourier Transform Infrared Spectroscopy)

IV. 현장 자료수집

콘크리트 기초 벽체에 붙어있는 벽돌 중 4개를 선택

- 망치로 가볍게 두드려 콘크리트로부터 분리된 박리된 부분에 있는 샘플 1개
- 가볍게 두드려서 채취한 박리되지 않은 부분의 샘플 1개
- 박리된 부분과 경계를 이루는 부분의 샘플 1개

샘플채취

- 콘크리트 절단기는 벽돌의 이음새를 따라 원하는 깊이까지 사용하되 5cm 이하로 한다.
- 박리된 구역에서 벽돌은 콘크리트 절단기로 제거한다.
- 콘크리트 표면에서 시료를 제거하기 위해 끌과 해머를 사용한다.
- 샘플의 채취 위치와 날짜를 건축 평면도에서 벽면 표고에 표시한다. 샘플은 밀봉 가능한 비닐봉지로 포장한다.
- 박리된 곳에서 카본 테이프로 코팅된 알루미늄 SEM 스터브를 사용하여 표면 리프트오프(lift-off) 시료를 얻는다. 샘플 채취 직전에 카본 테이프 표면에서 보호필름을 제거한다. 표면 리프트오프 샘플은 양쪽 박리 표면에서 채취한다.
- 샘플 제거 전, 제거 중 및 제거 후 샘플링 부위의 사진을 촬영한다.

V. 실험실 분석

- 샘플 상태를 기록한 후, 자세한 관찰을 위하여 추가 절단이 필요할 수 있다. 샘플 단면을 절단하여 현미경으로 관찰할 수 있다.
- 입체 현미경 검사를 통하여 샘플 표면의 백화나 파편과 같은 표면 질감과 표면 물질의 상태를 기록한다. 디지털 영상을 촬영한다.
- 위의 조사에서 관찰된 결과에 따라 주사전자현미경을 사용하여 추가검사를 하면 보다 큰 배율의 디지털 영상을 얻을 수 있다. 물질의 반정량적 원소분석(semi-quantitative elemental analysis)은 에너지 분산형 분광법을 이용하여

SEM에서 얻을 수 있다.

- 푸리에 변환 적외선 분광법은 잔류물 또는 유기 화합물을 식별할 수 있다.

프로토콜은 자료수집 과정에서 밝혀진 결과에 따라 변경될 수 있는데, 프로토콜의 변경은 관련 당사자들의 동의가 있는 경우에만 허용된다.

이 샘플링 프로토콜에는 조사 목적에 필요한 과정이 있지만, 다른 샘플링 프로토콜에는 조사에 필요한 과정이 없는 경우가 있을 수 있다. 보통은 일반적인 프로토콜의 형식을 따른다.

4.8 시험결과 보고서

시험결과는 공정하고 사실적인 방식으로 기술해야 한다. 시험방법, 샘플링 프로토콜, 샘플링 방법, 시험표준, 시험일시 및 조건 등을 시험 결과와 함께 보고서에 기재해야 한다. 시험표준을 따르지 않은 시험은 목록을 제시하고 그 이유를 기술해야 한다. 예를 들어, 표준시험법에 제시된 기준보다 작은 시료를 사용하여 얻은 시험결과는 시험 프로토콜과의 차이로 인한 문제와 함께 명시해야 한다.

시험자의 신분과 자격 사항을 명시해야 한다. 보고서에는 시험 해석결과나 결과에 대한 의견을 제시해야 한다. 시험결과에 대한 해석 없이 시험 결과만을 제시하는 경우도 있다. 표준시험보고서는 조사자의 전체 보고서에 첨부해야 한다. 표준시험법을 벗어난 시험은 모두 명시해야 하며 그 이유에 대한 타당성을 제시해야 한다.

참고문헌

[1]   ASTM. 2017a. *Standard practice for calculating sample size to estimate, with specified precision, the average for a characteristic of a lot or process.* ASTM E122-17. West Conshohocken, PA: ASTM.

[2]   ASTM. 2017b. *Standard test methods for small clear specimens of timber.* ASTM D143-14. West Conshohocken, PA: ASTM.

05

자료분석 및 해석

자료분석 및 해석

5.1 개요

사고조사에 필요한 자료는 여러 출처에서 수집해야 한다. 제3장에서 기술한 바와 같이 이러한 자료의 출처에는 대상 구조물의 설계, 시공, 유지관리 및 보수에 대한 이력문서, 사고 전후에 현장에서 수집된 자료, 관찰된 열화 또는 손상상태 등이 포함될 수 있다. 사고조사의 하나로 파괴 당시의 상황을 재현하여 재료나 구조물의 거동을 결정하기 위한 현장 및 실내시험을 할 수 있다. 다음 단계는 자료분석과 해석이다. 수개월 또는 수년간의 조사 결과를 이용하여 자료의 분석과 해석을 하고 다음과 같은 내용들을 확인한다.

1. 즉, 조사자가 질문한 내용에 대한 답변이 신뢰성이 있는가?
2. 사고의 원인이 확인되었는가?
3. 과실책임이 있는 당사자들은 결정되었는가?

이러한 질문에 답하기 위해서는 수집된 모든 자료를 과학적 방법에 따라 검토하고 종합하고 분석해야 한다. 과학적 방법이란 문제를 파악하고 관련자료를 수집하며 자료로부터 가설을 공식화하고 가설을 실증적으로 검증하는 연구 방법이다. 가설이 수용할 만한 수준의 확실성을 가지고 있는 것으로 확인되면 그

가설은 가장 가능성이 큰 결론으로 제시할 수 있다.

사고원인에 대한 가설[1]과 예비 결론을 개발하는 단계는 다음과 같다.

1. 현장 또는 실내시험, 사진 및 수집된 문서에서 얻은 자료분석
2. 사고원인에 대한 대체가설의 개발 및 조사
3. 가설을 검증하거나 배제하기 위한 모델링 및 분석, 실험 또는 인지적 추론[2]의 사용
4. 각 가설에 대한 증거 비교, 예비의견 및 결론 도출

5.2 자료의 분석

현장에서 자료를 수집하고 문서를 검토한 후에는 자료를 분석하고 귀납적 추론[3]을 이용하여 가설을 개발해야 한다. 조사자는 가설을 개발하기 위해 적절하게 관리되고 수집된 데이터에 자신의 경험과 지식을 활용할 수 있다. 조사 중에 얻은 데이터는 가공하지 않고 그대로 가설에 적용해야 한다. 고려된 가설과 다르거나 반대되는 것으로 보이는 자료 또는 다른 형태의 증거가 있는 경우, 추가조사를 통해 다양하게 가설의 타당성을 확인해야 한다.

ASTM E678[4] "과학 또는 기술 데이터의 유효성 평가를 위한 표준관행"은 평가 프로세스를 논의하는 데 좋은 문서이다.[1] 이 표준에 기술된 바와 같이 데이터의 유효성 평가에는 데이터 출처의 확인, 데이터 출처의 유효성 및 데이터의

---

1   가설(假說)은 현실적 조건에서는 증명하거나 검증하기 어려운 사물, 현상의 원인 또는 합법칙성에 관하여 예측하는 이론이다.
2   어떠한 사실을 인식하여 아는 것이다.
3   개별적인 사실이나 현상에서 공통점을 찾아내어, 그것을 전제로 일반적 원리를 이끌어내는 추론 방법이다.
4   ASTM E678 : Standard Practice for Evaluation of Scientific or Technical Data

관련성 확인이 포함된다. 조사된 자료의 데이터를 목록화하는 것은 유효성 평가에 도움이 된다.

ASTM E860[5] "형사 또는 민사소송에 관련된 항목의 검사 및 준비를 위한 표준 관행"은 데이터 처리 및 유효성 결정에 있어서 유용한 문서이다.[2] 수집된 모든 데이터가 조사의 초점과 관련이 없을 수 있다는 점에 유의해야 한다. 조사된 자료의 유효성은 피어리뷰를 거친 전문저널이나 데이터의 시험에 적용할 수 있는 기타 표준관행에 게재된 데이터와 비교·검토할 수 있다. 또한, ASTM E678의 5.1.4에 기술된 것과 같이 데이터의 연관성을 평가하기 위해 전문가의 판단이 필요할 수도 있다.

수집된 데이터의 예로는 시공도면 및 시방서, 지형측량 데이터, 구조요소 또는 부속물의 계측자료, 현장 및 구조물 사진, 보고서, 레이저 스캔 이미지, 현장 시험 결과, 재료 샘플 및 인터뷰 등이 있다.

시공도면을 실제 계측결과 및 사진과 비교하면 거동에 영향을 주거나 사고를 초래한 요인들을 파악할 수 있다. 준공도면과 시공상세도는 시공도면의 정확성을 평가하는 데 도움이 된다. 준공도면은 시공과정에서 변경된 도면으로 엔지니어나 시공자가 수정한 도면이다. 일반적으로 입찰 문서보다는 정확하지만, 시공 시 변경사항이 모두 포함되어 있지 않은 경우가 많다. 시공 중에 작성된 정보요구서(RFIs)[6]나 보고서에는 준공도면에 나타나지 않은 시공 중 변경사항에 대한 기록을 제공하는 경우가 많다. 시공상세도는 구조물의 제작 치수, 자재 사양 및 연결부를 표시하는 데 도움이 된다. 이것들을 검증하기 위해서 준공도면 및 현장 치수와 비교할 수 있다.

---

5   ASTM E860 : Standard Practice for Examining And Preparing Items That Are Or May Become Involved In Criminal or Civil Litigation
6   정보요구서(RFIs, Requests For Information) : 계약 당사자가 상대방에게 질의한 공식적 질문. 일반적으로 시공자가 설계자에게 요청한다.

지형 또는 레이저 스캔 측량 데이터 및 내부 구성요소의 계측값은 계측기기의 정밀도, 제조사, 모델, 교정 및 정확도를 고려하고 서로 다른 방법을 사용한 교차확인을 통해 검증할 수 있다.

모든 사진의 사본을 보관해야 하며 촬영날짜를 사진이나 사진 대장에 기록해야 한다. 흐릿하고 희미하거나 관련 없는 사진도 나중에 해당 정보가 삭제된 이유에 관한 질문을 받지 않도록 보관해야 한다. 사진은 쉽게 활용할 수 있도록 장면(view), 구조물, 구성요소 또는 공정별로 분류할 수 있다.

조사과정에서 필요한 것은 메모하고 문서에서 중요하거나 관련된 부분에는 마크업(markup)[7]을 하는 것이 도움이 될 수 있다. 예를 들어, 사고가 발생한 항목, 구조물 또는 시설물과 관련된 문서의 양이 방대할 수 있는데, 이러한 정보가 전부 사고조사와 관련이 있는 것은 아니다. 조사자는 프로젝트 파일의 일부인 메모와 마크업이 정보공개 절차의 대상이 되며 전문가 증언 중에 질문을 받을 수 있다는 점에 유의해야 한다. 따라서 조사자는 어떠한 메모나 마크업에 대하여도 설명할 준비가 되어 있어야 한다.

현장시험은 위치, 날짜, 시간 및 시험결과와 함께 문서로 만들어져야 정보를 쉽게 사용할 수 있고 향후 시험과 관련된 혼란을 피할 수 있다. 문서화는 산업표준(예: ASTM 표준)을 따라 기록해야 한다. 현장시험 사진은 유용한 정보를 기록하는 데 도움이 된다.

재료 샘플에는 날짜, 위치, 과업의 구분 또는 청구번호를 표시하거나 태그로 붙여야 하며 재료가 손상되지 않도록 보관해야 한다. 각 시험 항목의 사진뿐만 아니라 시험과 관련된 카탈로그도 준비해야 할 수 있다. 현장과 실험실에서 찍은 사진은 시험 시 샘플의 상태를 기록하는 데 도움이 된다.

7　문서 처리를 지원하기 위해 문서에 추가되는 정보를 말한다.

5.3 사고가설의 개발

포렌식 조사과정에서 가설의 개발은 필수적이다. 조사과정에서 수집된 정보를 종합한 후에 가능한 사고 원인에 대한 가설을 수립한다. 가설은 목록 또는 매트릭스 형태로 만들 수 있으며, 이를 통해 잠재적 원인을 고려하고 평가할 수 있다. 조사책임자는 여러 가지 잠재적 원인이 고려될 수 있도록 대체가설에 대한 폭넓은 관점을 갖도록 조사팀과 정보를 종합적으로 관리해야 한다.

이러한 지침에 따라서 개발된 다양한 가설이 조사에 적절하다고 판단되면 서면이나 메모 형식으로 기록해야 한다. 의뢰인이 조사자의 방법론과 결과에 대하여 구두 발표를 요청하는 것은 당연하다. 서면 기록을 통해 특정 가설의 수정 또는 배제가 필요한 새로운 증거가 발견되면 이를 참조할 수 있다. 이러한 접근법을 이용하면 조사 결과의 종합분석에서 생성된 가설이 입증되거나 반증되어 조사책임자가 확신할 수 있는 사고에 대한 가설을 도출할 수 있다.

유효한 가설을 개발하기 위해서는 모든 편견을 배제하려는 노력과 함께 모든 가능성을 열어두어야 한다. 브레인스토밍을 통해 여러 가지 대체가설에 대해 논의할 수 있다. 반대되는 사고방식으로 가설을 고려하는 것도 또 한 가지 다른 방법이다. 가설을 분석할 때 다른 조사자의 결과도 검토해야 한다. 모든 가설의 타당성을 조사하기 위해 증거기록을 비교·검토하거나 컴퓨터 해석, 실내시험 또는 인지테스트를 수행할 필요가 있다.

대체가설을 수립하고자 할 때는 설계상의 오류 및 누락, 시공결함, 유지관리 미비로 인한 열화, 과도한 하중으로 인한 손상 등을 검토한다. 대체로 한 가지 원인이 아니라 여러 가지 요인이 함께 작용하여 사고가 발생한다. 예를 들어, 폭설이 온 후에 붕괴가 발생하면 과도한 하중이 붕괴의 원인이 될 수 있다. 그러나 사고가설로 채택될 때까지는 설계오류, 유지관리 미비, 시공결함 등이 원인이 될 수 있으므로 각각에 대해 발생 가능한 원인을 조사하고 분석해야 한다.

일부 가설은 조사자료의 수집단계에서 배제할 수 있다. 예를 들어, 재료 강도나 연결부 구성, 그리고 전체 부재 형상이 설계 의도에 부합할 경우, 시공결함에 대한 가설을 배제할 수 있다.

예비분석은 가설의 타당성을 평가하는 데 도움이 되거나 필요할 수도 있다. 예를 들어, 관측 및 재료시험에서 재료의 강도값이 기준값을 만족하지 못하는 것으로 확인되면 구조적 결함을 고려하여야 한다. 이것은 재료의 품질이 불량하여 사고를 일으켰다는 가설로 이어질 수 있다. 그러나 파괴모드가 재료의 강도와 관련된 사고와 일치하지 않는 경우에는 설계, 유지관리 또는 과도한 하중과 같은 다른 요인이 작용했을 수 있으므로 정확하게 조사해야 한다. 이 경우, 파괴모드에 대한 예비해석과 부분적인 구조해석이 사고의 패턴과 가능한 사고 원인을 밝혀줄 수 있다. 이러한 가설은 본 장의 후반부에서 기술한 바와 같이 보다 엄밀한 해석을 통해 더욱 정밀하게 평가될 수 있다.

각각의 대체가설은 수집한 데이터를 평가하고 재료 또는 조립품을 시험하며 컴퓨터 모델링 및 해석을 통하여 확실하게 검증되어야 한다. 경험과 공학적 판단도 조사과정의 일부분이다. 가설을 개발하고 검증하는 프로세스를 통하여 조사자는 시험 및 상세한 분석의 대상이 될 수 있는 가설 목록을 개발할 수 있다.

5.3.1 객관적 사고 유지하기

어떤 사람들은 특정 가설에 안주한 채로 그 가설을 지지하거나 반대하는 모든 증거의 영향을 고려하지 않는 경향이 있을 수 있다. 객관적인 사고를 하기 위해서는 개인적인 생각에 집착하지 않아야 한다. 또한, 증거가 가설을 뒷받침하는지 아닌지에 대해 모든 증거를 따져볼 수 있을 만큼 충분히 훈련된 객관적인 사고방식이 필요하다. 객관적 사고 훈련과 겸손한 자세는 모든 관점에서 문제를 명확하고 공정하게 보는 데 도움이 된다.

5.4 사고 프로파일링[8] 및 분류

사고는 기대성능과 관측성능 사이에 발생한 허용범위를 초과한 차이로 간주할 수 있다. 이러한 정의는 구조적, 재료적 또는 공정상의 건전성에 대한 결함뿐 아니라 구조물의 사용한계상태까지 포함할 정도로 매우 광범위하다. 사고에 대한 정의는 건설 프로젝트의 특성에 따라 조사자가 여러 가지 가능한 사고 가설을 수립할 수 있도록 기준을 제시해준다. 과거에 일어난 사고에 대한 지식과 결합된 사고 프로파일을 만드는 것은 가설의 수를 늘리거나 줄이는 데 도움이 될 수 있다. 사고 프로파일링에는 사고의 분류, 프로젝트 유형, 오류의 식별, 시공재료, 환경조건 및 재하중 등의 항목이 포함될 수 있다. 사고의 분류는 사고의 유형을 설정하거나 조사, 분석 및 보고서 준비를 위한 일정을 결정하는 데 도움이 되며, 사고는 다음 기준으로 분류할 수 있다.

1. 시점: 공용 전, 공용 중 또는 공용 후 단계와 관계없이 사고가 발생한 시점에서의 공용수명 대비 시설물의 경과년수
2. 유형: 안전성, 기능성, 잠재적 또는 부수적인 사고의 정도
3. 원인: 사고를 유발하게 된 사건

5.4.1 사고의 시점

시점에 따른 사고의 분류는 원래 구조물의 의도된 공용수명을 기준으로 한다. 시설물의 공용수명은 건설된 시설물이 본래의 설계기준에서 의도한 목적으

---

8   통상적 표준을 만들 때는 여러 다양한 응용을 염두에 두고 포괄적이고 광범위한 적용을 고려하여 작성되며 해당 표준에서 언급된 내용이 매우 크게 되어 산업계 등에서 요구하는 신속한 응용 및 적용이라는 점에서는 불리하다. 따라서 특정 응용 또는 산업계에서 신속하게 요구되는 특정 응용에 부합되게 취사선택하여 모아놓은 표준을 '프로파일' 또는 '프로파일링'이라고 한다.

로 사용되는 시간을 의미한다. 시설물의 공용수명은 초기 건설이 완료되는 시점부터 시작하여 철거 또는 폐기될 때까지의 기간이다.

다음은 사고가 발생할 수 있는 세 가지 기본적인 시간 단계에 대한 정의이다.

5.4.1.1 공용 전 기간의 사고

시공 중 또는 공용 개시 전에 발생한 사고

5.4.1.2 공용 기간의 사고

시설물이 준공된 후, 공용 기간 동안 발생한 사고

5.4.1.3 공용 기간 후의 사고

공용 이후 기간은 프로젝트가 원래 설계기준에 명시된 의도와 다른 목적으로 사용될 때 시작된다. 공용 이후의 사고는 일반적으로 과부하 또는 성능저하로 인한 것이다. 철거 중 사고가 이 분류에 속한다.

5.4.2 사고의 유형

사고의 유형은 사고로 인한 손실 또는 손해(예: 인명 또는 경제적)의 정도 및 특성과 관련이 있다. 손상의 정도와 사고유형에 따른 사고의 분류는 다음과 같이 구분할 수 있다.

5.4.2.1 안전사고

이러한 유형의 사고는 안전과 관련되며 시설물의 전체 붕괴 또는 부분적 붕괴의 결과이고 사망, 부상 또는 인명을 위태롭게 하는 사고를 초래한다. 또한 인명손실이나 부상으로 인해 대중의 관심이 쏠리고 간혹 막대한 경제적 비용을 초래한다. 건물 붕괴, 댐 붕괴 및 화재 안전사고 등이 이 범주에 포함된다.

5.4.2.2 성능장애

시설물의 성능장애 또는 사용성 문제는 가장 일반적인 사고유형이다. 이는 시설물이 정상적인 기능을 하지 못하도록 하여 시설물의 사용성에 부정적인 영향을 미치며, 기대성능을 훼손한다.

시설물 성능장애의 예는 다음과 같다.

1. 물의 침투 또는 침수에 의한 파괴
2. 연결부 변위에 의한 파괴
3. 기계장치의 고장
4. 기초의 침하 파괴(부등침하)
5. 건축물의 과도한 변위(횡방향 처짐)
6. 미관
7. 높은 생화학적 산소요구량(BOD) 또는 폐수
8. 도로의 포트홀
9. 하천 제방의 침식
10. 과도한 처짐
11. 허용수준을 초과한 진동
12. 잡음
13. 재료의 조기 열화
14. 과도한 유지보수비용 또는 시설물 폐쇄로 인한 손실

5.4.2.3 잠재적 사고

잠재적 사고는 아직 파괴가 발생하지 않았지만, 시설물의 감지되지 않은 하자로 인하여 사용장애 또는 붕괴가 임박한 상황을 나타낸다. 이러한 유형의 사고는 공학적인 검토, 기준 미달의 건설자재 시험, 재하시험, 표준미달 또는 취

약한 시공상세에 대한 검사를 통해 찾아낼 수 있다. 잠재적 사고는 하중이 증가하거나 구조물의 용도가 변경되는 동안에도 발생할 수 있다. 잠재적 사고는 언젠가는 발생할 수 있는 사고로 시간의 문제일 뿐이다.

5.4.2.4 부가적 사고

부가적 사고는 시설물의 안전이나 기능에 영향을 미치지는 않으나 구조물에 대한 시공기간의 변경 또는 연장이나 시공비용의 증가를 발생시킨다. 이러한 유형의 사고에는 시공비용 증가나 일정의 초과가 포함된다.

5.4.3 사고의 원인

사고의 원인은 파괴를 직접 일으킨 한 사건 또는 일련의 사건 등이다. 사고원인은 계획, 설계, 성능, 사용 등 건설 프로젝트의 4가지 필수 요소로 분류할 수 있다.

5.4.3.1 잘못된 계획으로 인한 사고

프로젝트 계획이 잘못되면 실행 불가능하거나 비실용적인 설계를 초래한다. 잘못된 계획이 적용되면 바람직한 결과를 얻을 수 없으며 프로젝트도 실패할 수밖에 없다.

5.4.3.2 설계로 인한 사고

설계로 인한 사고는 설계, 상세도 및 설명서가 포함된 계약문서와 관련이 있다. 엔지니어링 설계 또는 시설물의 시공상 오류로 인한 사고는 기술적 오류로 분류된다.

다음은 설계 또는 기술적 오류의 예이다.

1. 잘못된 하중계산

2. 불완전한 하중경로 및 하중 전달조건을 파악하지 못함

3. 불완전한 연결부 설계

4. 지반공학적 권고사항 및 설계변수를 준수하지 않음

5. 설계 시 예상변위 또는 처짐에 대하여 고려하지 못함

6. 부적합한 재료 규격

7. 설계과정 중 변경사항을 고려하지 않음

8. 설계문서의 의도를 제대로 설명하거나 전달하지 못함

9. 재료 및 시공 시 요구사항을 적절히 명시하지 않음

5.4.3.3 설계오류로 인한 사고

이러한 유형의 사고는 구조물의 설계오류에서 비롯된다. 사고를 일으키는 구조적 요인은 구조물의 구성요소 또는 크기가 부적합하거나 설계오류 또는 구조적 시스템의 중요 부분이 누락되어 발생할 수 있다.

계약문서에 잘못된 설계, 계산오류 또는 누락이 포함되면 경미한 파괴로부터 완전한 붕괴에 이르기까지 다양한 사고가 발생할 수 있다. 이러한 사고의 원인은 경험 부족, 과실, 교육 부족, 기술 부족 또는 설계 의도를 정확하게 이해하지 못한 결과일 수 있다.

5.4.3.4 업무과실로 인한 사고

업무과실로 인한 사고에는 현장시공 및 관리, 작업지도 및 책임 당사자의 감독업무 과실 등이 포함된다.

5.4.3.5 시공오류로 인한 사고

시공과정에서 중요한 상세도가 누락되거나 시공이 잘못되어 발생하는 사고는 소규모 붕괴에서부터 완전한 붕괴에 이르기까지 다양한 사고로 이어질 수 있다.

시공오류와 관련된 사고는 중요한 시스템 구성요소의 누락, 기준미달의 자재 또는 장비 사용, 부적절한 시공절차, 시공순서가 바뀐 상세도면, 구조적 오류 또는 품질관리 미흡 등으로 인해 발생할 수 있다.

5.4.3.6 시공자재 또는 부품제작의 결함으로 인한 사고

이러한 유형의 사고는 시공과정에서 시공자재 적용의 오류로 인해 발생한다. 자재 결함으로 인한 사고는 악천후 시의 공사, 또는 현장에서의 다짐 불량으로 인한 강도 혹은 내구성을 떨어뜨리는 시공관행으로 인해 발생할 수 있다. 또한, 시공상세도를 설계와 다르게 만들거나, 제작공정이 불량하거나, 허용오차를 벗어나면 결함이 발생할 수 있다.

절차상의 오류로 인한 사고에는 의사소통 오류, 순서가 맞지 않는 작업, 공사관계자 간 협력 부족, 과도한 작업속도 또는 지나친 경제성 고려, 규제영향, 시간 부족이나 작업자의 부적절한 태도로 인한 사고가 포함된다.

5.4.3.7 계약문서의 조율 문제로 인한 사고

이러한 사고는 계약문서의 실행과 관련된 규정들이 서로 조율되지 않아 발생한 오류 또는 계약도면과 시방서 간의 정보충돌로 인해 발생한다.

5.4.3.8 시공상세도 검토 오류로 인한 사고

계약서에는 정확하게 기재되어 있지만 도면에는 잘못 기재되어 있는 구성요소, 자재 또는 상세도와 관련된 오류로 사고가 발생할 수 있다. 시공상세도의 검토과정에서 검토자가 오류를 감지하지 못하여 사고가 날 수 있다.

5.4.3.9 비효율적인 시공조율로 인한 사고

간혹, 시공과정에서 개별 공정 간 조율이 부족하거나 시공상세도와 시공 프로세스 사이에 조율이 부족하면 사고로 이어진다.

5.4.3.10 의사소통 부족으로 인한 사고

사고는 설계자나 시공자 또는 계약자와 설계자 간에 의사소통이 원활하지 못하여 발생하기도 한다. 의사소통이 원활하지 못하면 사소한 결함이나 전체적인 결함 또는 적절한 기능이나 성능이 발휘되지 못하는 결과를 초래할 수 있다.

5.4.3.11 공용 중 문제로 인한 사고

공용 중 사고는 구조물의 과부하나 부적절한 사용, 사고 또는 '천재지변' 등으로 발생한다. 과부하는 홍수, 강설, 바람, 지진, 폭발 및 차량 충격으로 인해 발생할 수 있다. 구조물의 과부하나 부적절한 사용의 원인에는 과적, 구조물의 용도변경, 충격하중, 진동 또는 구조물이 열화를 유발하는 환경에 노출되어 바닥이나 지붕에 하중이 추가되는 경우가 있다.

조사자는 공용 중 일부의 오류는 설계 또는 시공으로 인한 오류일 수도 있지만 그 외의 원인으로 인한 결과일 수도 있다는 점을 인지해야 한다.

5.4.3.12 유지관리 소홀로 인한 사고

유지관리는 시설물이나 구조물을 가능한 한 오랫동안 온전한 상태로 유지시키기 위해 시행하는 조치라고 생각할 수 있다. 유지관리가 부실하면 침수, 콘크리트 품질 저하, 강재의 부식, 목재 품질 저하와 같이 사용성 문제가 발생할 수 있다.

이러한 사용성 문제를 방치하면 구조적 내하력 손실, 과도한 처짐, 진동, 시설물의 사용성 손실 등의 문제가 발생하며 최종적으로는 구조물의 파괴나 붕괴와 같은 심각한 문제를 일으킬 수 있다.

5.5 가설의 검정

5.5.1 컴퓨터 모델링 및 해석

컴퓨터를 이용한 계산은 가설을 검정하거나 배제하는 데 사용할 수 있다. 컴퓨터 모델링 및 해석을 이용하여 가설에 사용된 가정, 하중, 재료강도 및 설계 방법이 유효한지 확인함으로써 원설계 과정을 모사할 수 있다. 컴퓨터 모델링 및 해석은 사고의 원인과 유형을 조사하고 증언에 유용한 시뮬레이션이나 애니메이션을 개발하는 데 사용할 수 있다. 그러나 조사자가 컴퓨터 모델링과 해석결과를 이해할 수 있도록 모델링에 사용된 가정과 해석결과를 명확하게 기술해야 한다.

사고를 조사할 때 조사자는 신설 구조물 설계에 적용하는 방법과는 다른 접근방법을 사용해야 한다. 신설 구조물의 경우에는 시공지역의 해당 설계기준과 하위설계기준, 그리고 재료기준에 필요한 허용하중, 안전율, 하중계수 및 저항계수가 제시되어 있다. 사고조사에서 컴퓨터 모델링과 해석은 구조물의 실제 거동을 조사하기 위해 다음의 세 가지 조건으로 조사할 수 있다.[3] 즉, 설계된 조건, 시공된 조건, 사고 직전의 조건이다. 보통 시공된 조건으로 수치해석이 이루어지며, 이때 재료의 강도, 하중 및 조건(예: 부재의 고정상태, 또는 변경되거나 삭제된 구성요소)은 가능한 한 사고 당시에 근접한 값들을 사용한다. 대부분의 신규 설계와 달리 사고 해석에서는 재료가 탄성한계를 초과하는 응력을 받기 때문에 비선형-비탄성 거동을 하는 것으로 고려하기도 한다.

수계산은 단순하고 보다 간단한 해석에 사용할 수 있다. 그러나 동적해석이나 보다 복잡한 구조에는 유한요소해석 프로그램이 필요할 수 있다. 유한요소해석에는 부재의 형상, 재료의 강성, 그리고 구성요소 간 연결특성이 필요하다. 컴퓨터 프로그램은 강력한 도구이지만 입력값이나 단순한 모델링의 오류가 결괏값을 크게 바꿔 놓을 수 있다. 입력 데이터와 해석결과의 철저한 확인, 수계산 및 실제 경험을 이용한 모델의 검정이 오류를 방지하는 가장 좋은 방법이다.

계산결과에는 날짜, 사건번호 또는 작업번호와 계산결과를 준비하고 검토한 엔지니어의 이니셜을 포함한 식별정보가 함께 기록되어야 한다. 해석결과를 검토하는 외부 전문가가 계산방법을 이해하고 따라할 수 있도록 해석에 사용된 모든 가정조건과 참고문헌을 명확하게 명시해야 한다.

5.5.2 재료 및 조립체의 시험

각각의 대체가설은 재료 및 조립체 시험에서 수집된 데이터와 연계하여 평가해야 한다. 시험의 신뢰성을 염두에 두어야 한다.

1. 수집된 샘플의 수와 채취위치가 사용된 재료를 통계적으로 대표하는가?
2. 표준시험법을 준수했는가? 아니면 실제 현장의 조립체를 대표했는가?
3. 마모와 환경적 열화가 시험에 포함되었다면 어떻게 설명되었는가?

시험결과를 가설검정에 활용하기 위해서는 시험환경과 실제 현장조건 사이의 차이를 고려해야 한다. 적절한 샘플을 획득하고 관련시험의 시방규정을 이용하는 데 필요한 단계를 포함하여 당사자가 실험의 세부사항을 이해할 수 있도록 재료 및 조립체 시험을 위한 프로토콜이 필요하다.

재료시험의 예로 압축강도, 염화물 함량시험 및 암석분류시험을 위한 콘크리트 코어링이 있다(그림 5.1 참조). 물과 동결융해에 노출되어 콘크리트 보에 열화가 발생하면 코어링을 하여 코어의 압축강도를 측정하고 설계강도와 비교한다. 암석 조사자가 코어를 조사하여 설계 대비 배합설계와 공기 연행량을 조사할 수 있다. 또한, 암석 조사자는 찰흔(striation) 패턴을 조사하여 동결융해에 의한 열화를 확인할 수도 있다.

대부분 조사과정은 매우 복잡하여 설명하기가 어려울 수 있다. 예를 들어,

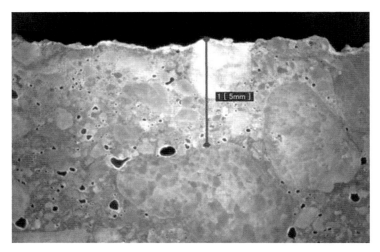

그림 5.1 콘크리트의 암석분류시험(탄산화 시험)

조립체 시험에는 사냥에 사용되는 금속 스탠드 시험(testing of an exemplar metal tree stand used for hunting)이 포함될 수 있다. 만일 스탠드가 사고 전에 바르게 세워지지 않았다는 가설이 있는 경우, 가설조건 및 제조업체의 요구사항에 따라 하중시험을 시행할 수 있다. 스탠드를 각각의 가설에 맞는 방식으로 조립한다. 플랫폼이나 가로대에 하중을 점진적으로 증가시키면서 파괴 시 사용자의 상태를 시뮬레이션할 수 있다. 조립체에 허용 최대하중 또는 그 이하의 하중을 재하했을 때 정상적인 조립체는 파괴되지 않았지만, 비정상적인 조립체가 파손되었다면 파괴가설을 성공적으로 확인한 것이다.

5.5.3 인지적[9] 추론

가설이 실험이나 계산으로 검증되지 않는 경우도 있다. 조사자는 자신의 지식과 경험을 이용하여 가설과 증거의 일치성을 평가할 수 있다. 가설은 사실이

---

9   어떠한 사실을 인식하여 아는 것을 말한다.

뒷받침되어야 하고 연역적 추론[10]을 이용하여 평가되어야 한다. 연역적 추론은 가설을 뒷받침할 수 있는 모든 증거를 체계적으로 고려하고 증거가 뒷받침되지 않거나 직접적으로 모순되는 가설을 제거하는 과정을 포함한다. 한 가지 생각에 집착하지 않고 다양한 관점에서 모든 가설을 고려하는 것이 중요하다.

인지적 추론의 한 가지 예로서 구조용 철골의 파손 사고를 들 수 있다. 이 경우 사고가 설계오류 때문인지, 아니면 설계 완료 전에 시공이 이루어졌기 때문에 발생했는지에 관한 결정이 필요하다. 시공이 끝날 때까지 설계도면은 완성되지 않은 상태였고 설계서가 제출되지 않았다는 사실은 시공자가 성급하게 작업을 진행하였음을 시사한다.

5.6 결론의 도출

수집된 자료의 평가, 컴퓨터 해석, 물리적 시험 또는 인지적 추론을 통해 대체가설이 제거되면 결론을 도출할 수 있다. 하나 이상의 계산 또는 물리적 시험 방법에 따른 검증은 가설의 근거를 뒷받침하여 확고한 결론에 이르게 한다. 모든 결론이 검증된 근거에 의해 뒷받침되는 것이 중요하다. 뒷받침 근거가 포함된 증거가 적절하고 유효하며 다른 근거와 모순되지 않는지 확인하여야 한다. 궁극적인 목적은 사고를 가장 잘 설명하는 가설을 결정하는 것이다. 즉, 조사 중에 수집된 모든 자료와 정보를 가지고 가설이 유효한 뒷받침 근거가 있는지 평가해야 한다. 사고의 원인에 대한 의견을 도출할 때에는 불확실성이 가장 적은 가설을 고려해야 한다.

---

10   이미 알고 있는 판단을 근거로 다른 판단을 유도하는 추론 방법. 전제로부터 논리적 추론을 통하여 새로운 결론을 이끌어낸다.

참고문헌

[1] ASTM. 2013. *Standard practice for evaluation of scientific or technical data.* ASTM E678. West Conshohocken, PA: ASTM.

[2] ASTM. 2011. *Standard practice for examining and preparing items that are or may become involved in criminal or civil litigation.* ASTM E860. West Conshohocken, PA: ASTM.

[3] Janney, J. R. 1986. *Guide to the investigation of structural failures.* Reston, VA: ASCE.

06

포렌식 조사보고서

CHAPTER

06 포렌식 조사보고서

6.1 개요

포렌식 엔지니어가 사고조사를 위해 고용되면 사고의 원인과 요인들에 관한 내용을 담은 보고서를 작성해야 한다. 포렌식 엔지니어는 그때부터 조사 결과를 바탕으로 포렌식 조사보고서를 작성하게 되는데, 이 조사보고서는 분쟁해결 과정에서 중요한 역할을 담당하게 될 것이다. 의뢰인, 법률팀 및 사실심리관들은 조사보고서의 내용을 소송에 활용하기 위해 꼼꼼하게 검토하게 된다. 따라서 포렌식 엔지니어는 조사보고서의 목적과 용도를 정확히 이해하고 정확성, 신뢰성 및 명확성을 갖춘 보고서를 작성해야 한다.

본 장에서는 포렌식 조사보고서의 목적과 사용 방법에 대하여 검토하고 제안된 보고서의 내용과 구조, 그리고 효과적으로 포렌식 조사보고서를 준비하기 위한 전략을 설명하였다. 조사보고서에 포함된 정보와 권고사항은 의뢰인을 위한 포렌식 조사보고서를 위해 개발된 것이다. 그러나 조사보고서에 있는 정보와 권고사항들은 내부용 보고서나 소송사건이 아닌 프로젝트에도 적용할 수 있다.

6.2 보고서의 목적 및 사용

포렌식 조사보고서에는 포렌식 엔지니어가 의뢰인의 법률팀 또는 보험사와 협력하여 조사 범위를 정하고, 조사를 완료하며 조사 결과의 클레임과 관련된 의견 및 권고사항들을 개발하기 위한 노력의 결과물들이 담겨 있다. 포렌식 조사보고서는 포렌식 엔지니어를 고용한 의뢰인이나 변호인의 요청에 따라 작성되며 분쟁과 관련한 조사를 수행하고 전문가 증인 서비스를 제공한다. 변호인은 보고서를 이용하여 의뢰인을 대신하여 클레임을 제기하거나 클레임에 대하여 의뢰인을 방어할 수 있다. 그러나 보고서는 분쟁의 상대방 당사자 및 법률팀, 사실심리관(예: 판사, 배심원, 중재인 또는 조정인)도 이용할 수 있다.

포렌식 조사보고서를 작성할 때에는 보고서의 목적과 대상을 정확히 파악해야 하며 의뢰인은 분쟁해결 과정에 관여하는 다른 당사자들이 보고서를 어떤 용도로 사용할지 예측하는 것도 중요하다. 이를 위해 포렌식 조사보고서가 더 큰 분쟁해결 과정에 얼마나 부합하는지 고려하는 것도 도움이 된다.

6.2.1 분쟁해결 절차 일부로서의 보고서

일반적인 프로젝트에서 분쟁해결 절차는 분쟁 당사자가 변호인을 고용하여 분쟁을 평가하고 의뢰인을 대신하여 클레임을 제기하거나 클레임에 방어하기 위한 법적 전략을 세우는 것으로 시작된다. 이러한 과정을 통하여 변호인은 포렌식 엔지니어와 같은 기술 전문가의 의견이 필요한지 판단할 수 있다.

관련 경험과 전문성이 있고 이해충돌이 없는 포렌식 엔지니어를 선임하고 나면 변호인은 포렌식 엔지니어에게 조사 범위를 지정해주거나, 포렌식 엔지니어와 협의하여 적절한 조사 범위를 정할 수 있다. 후자의 경우, 포렌식 엔지니어는 사건과 관련된 문서를 검토하고, 구체적 사고상황을 파악하기 위하여 현장을 답사한 후에 의뢰인 또는 상대방이 제기한 클레임에 대하여 초기 검토의견을 제출하도록 요청받을 수 있다. 이와 같이 과업 초기에 검토된 의견은 주로 구두로 전달되며 다음과 같은 내용이 포함될 수 있다.

1. 분쟁을 일으킨 기술적 문제와 그 잠재적 원인에 대한 가설
2. 분쟁을 일으킨 기술적 문제의 가장 가능성 있는 원인을 파악하고 책임자를 식별할 목적으로 하는 추가 조사 범위의 제안. 프로젝트의 범위에는 포렌식 엔지니어 또는 외부 컨설턴트에 의한 추가 현장답사, 문서검토, 조사, 샘플링, 시험 및 분석이 포함될 수 있다.
3. 제안된 조사를 수행하고, 결과를 종합하고, 조사 결과에 대한 요지를 구두로 보고하거나 포렌식 조사보고서의 초안을 작성하는 데 필요한 예상 비용

변호인으로부터 과업진행에 대하여 승인을 받으면 포렌식 엔지니어는 조사를 시작할 수 있다. 변호인은 조사 상황에 대한 경과보고를 요청할 수 있다. 경과보고는 보통 구두로 전달되지만, 변호인이 요청하는 경우 서면으로도 전달할 수 있다. 또한, 변호인은 가장 가능성이 큰 원인이나 사고 책임자에 대한 예비보고를 요청할 수 있다. 다시 말해서, 예비 보고는 대개 구두로 이루어지지만, 변호인이 요청하면 서면으로도 전달될 수 있다. 서면보고서 작성 시 조사 진행 상황과 예비보고서라는 문구를 표지 또는 본문에 표시해야 한다. 정보공개규칙 때문에 변호사가 포렌식 엔지니어에게 보고서 작성에 대한 권한을 부여하고 보고서의 작성 범위를 결정하기 전까지는 어떤 종류의 서면보고서도 준비해서는 안 된다.

사건 조사가 마무리된 후, 포렌식 엔지니어가 자신의 전문적인 의견을 담은 보고서를 작성하는 도중에 의뢰인이 보고서의 내용에 대해 요청하는 경우, 그 시기를 변호인과 상의하여 결정한다. 변호인은 조사 시작부터 보고서가 완성될 때까지 포렌식 엔지니어가 의견과 결론을 도출하는 과정을 모니터링하면서 법

적 대응전략을 수립한다.

변호인이 포렌식 엔지니어에게 최종 서면보고서 작성을 시작할 수 있도록 승인하면 포렌식 엔지니어는 이미 변호인에게 제시되었던 구두의견과 일치하도록 의견을 잘 정리하여 보고서를 작성한다. 즉, 최종보고서에는 변호인을 당혹스럽게 할 만한 정보가 포함되어서는 안 된다. 포렌식 엔지니어는 보고서 작성과정에서 새로운 정보가 발견되거나 보고서의 내용이 변경되면 보고서를 완성하기 전에 변호인과 변경된 내용에 대하여 논의해야 한다. 이러한 변경된 내용에 대한 논의를 통해 변호인은 법적 대응전략을 수립하고 포렌식 엔지니어에게 조사의견의 범위를 조정하도록 요구할 수 있다.

6.2.2 보고서의 목적

최종보고서는 변호인이 법률적 전략을 수립하는 데 사용되는 궁극적 도구는 아니다. 보통 법률적 전략은 포렌식 엔지니어가 고용되기 전에 수립되고, 포렌식 엔지니어의 경과보고에 기초하여 보고서가 작성되는 동안에 조정이 된다. 최종 포렌식 조사보고서는 다음 항목에 대한 근거를 제공한다.

1. 포렌식 조사의 목적, 범위, 실행 및 조사 결과를 문서화하며
2. 포렌식 엔지니어의 전문가적 의견과 권고사항을 제시하고
3. 소송과정에서 포렌식 엔지니어의 증언

기본적으로 최종 서면 포렌식 조사보고서의 목적은 변호인이 소송에서 대응전략을 수립하는 것을 지원하고 상대측 법률팀 및 사실심리관에게 기술적 문제를 전달하는 데 사용된다. 조사보고서는 합의, 조정, 중재, 소송 또는 이러한 절차의 일부 조합을 포함하는 분쟁해결 과정에 사용된다.

6.2.3 보고서의 사용

변호인은 다음과 같이 다양한 목적으로 포렌식 조사보고서를 사용한다.

1. 분쟁해결 절차에 필요한 변론 및 법률문서 준비
2. 기술적 문제를 사실심리관과 상대측 법률팀에 전달
3. 클레임의 정당성 입증 또는 클레임에 대한 변호
4. 분쟁해결 절차에 필요한 프레젠테이션 작성
5. 포렌식 엔지니어와 상대측 법률팀에 대한 변호인의 심문 및 증언

포렌식 조사보고서는 의뢰인이 분쟁해결에 사용하기 위해 변호인을 선임하여 작성하는 것이지만 사실심리관과 상대방 법률팀에서도 사용한다. 사실심리관은 사건과 관련된 기술적 문제를 이해하고, 당사자가 동의하여 분쟁이 되지않는 항목을 파악하고, 각 당사자의 주장과 기술적 우월성을 평가하며, 사건에 대한 자신의 의사결정 근거로 포렌식 조사보고서를 사용한다. 상대방 법률팀은 사건의 기술적 문제에 대한 상대측의 상황을 이해하고, 기술적 입장에서 강점과 약점을 파악하고, 포렌식 엔지니어 또는 그의 의견이나 권고사항 중에서 훼손할 수 있는 이슈들을 파악하는 데 포렌식 조사보고서를 활용한다.

포렌식 조사보고서 내용의 신뢰도에 따라 분쟁결과가 달라질 수 있기 때문에 포렌식 조사보고서는 철저한 검토 대상이 된다. 따라서 보고서 작성에 세심한 주의를 기울여야 한다. 잘 준비된 포렌식 조사보고서는 의뢰인과 변호인이 신뢰성 있는 정보에 입각한 결정을 할 수 있게 하고 효과적인 변론을 준비하는데 필요한 기술정보를 제공해준다. 또한 증언을 쉽게 하고 증언이나 재판 중에 반대 심문을 최소화할 수 있다. 반대로, 해석이나 판단에 오류가 있는 부실하게 작성된 포렌식 조사보고서는 상대방 법률팀에게 포렌식 엔지니어의 신뢰를 실추시키고 평판에 손상을 줄 수 있는 빌미를 제공한다.

6.3 보고서의 내용 및 구성

포렌식 조사보고서의 내용과 구성은 변호인이 분쟁해결 과정에 참여하는 전문가나 비전문가에게 기술적 문제를 전달할 수 있도록 작성되어야 한다. 다음은 이러한 목적을 달성하기 위한 보고서에 포함되어야 할 내용 및 구성에 대한 예이다.

6.3.1 보고서의 내용

의도한 목적을 달성하기 위해, 포렌식 조사보고서는 1) 명확하고 신뢰할 수 있고 정확해야 하며, 2) 관련 문제에 집중되어야 하고, 3) 일반 독자가 기술적 문제를 이해할 수 있어야 하며 포렌식 엔지니어가 제시한 의견의 강점을 판단할 수 있는 정보를 포함해야 한다. 따라서 보고서에는 다음과 같은 핵심질문에 대해 명확한 답변을 제시하여야 한다.

1. 포렌식 엔지니어는 어떠한 문제에 대하여 의견을 내도록 요청받았으며, 그것들이 분쟁과 어떻게 관련이 있는가?
2. 포렌식 엔지니어는 그 문제들을 조사하기 위하여 무엇을 했는가?
3. 포렌식 엔지니어는 무엇을 발견했는가?
4. 포렌식 엔지니어의 의견과 권고사항은 무엇이며, 그 결과들은 어떻게 뒷받침되는가?
5. 포렌식 엔지니어는 누구이며 그 분쟁해결을 위한 전문역량은 무엇인가?

표 6.1 핵심질문과 보고서의 절

핵심 질문	보고서의 해당 절
포렌식 엔지니어는 어떠한 문제에 대하여 의견제시를 요청받았으며 그것들이 분쟁과 어떠한 관련이 있는가?	서론, 배경
포렌식 엔지니어는 그 문제들을 조사하기 위해 무엇을 했는가?	조사
포렌식 엔지니어는 무엇을 발견했는가?	결과
포렌식 엔지니어의 의견과 권고사항은 무엇이며, 그 결과들은 어떻게 뒷받침되는가?	결론
포렌식 엔지니어는 누구이며 분쟁해결을 위한 전문역량은 무엇인가?	부록(경력확인서)

출처: Courtesy of Benjamin M. Cornelius/LERA consulting structural engineers.

표 6.1과 같이 다섯 가지 핵심질문에 대한 답변은 보고서의 여러 절에서 확인할 수 있다.

6.3.2 보고서의 구성

보고서는 독자가 자료를 쉽게 이해할 수 있도록 구성하여야 한다. 이러한 목표를 달성하기 위한 방법의 하나는 다음과 같이 보고서를 구성하는 것이다.

1. 조사대상 프로젝트의 개요
2. 발생한 문제에 대한 논의
3. 수행된 조사의 설명
4. 사고원인에 대한 조사 결과의 설명
5. 조사 결과에 대한 포렌식 엔지니어의 의견 및 근거에 대한 설명
6. 포렌식 엔지니어의 자격 확인을 위한 이력서

이러한 접근법을 이용하여 다음과 같은 보고서 구성방법이 개발되었다.

- 표지

- 목차

- 요약문

- 서론
- −프로젝트명 및 주소
- −보고서의 주요 작성자(key players)
- −조사 요청에 이르기까지의 사건경위 요약
- −조사 범위의 요약

- 배경
- −조사 대상 프로젝트 및 구조물에 대한 설명
- −프로젝트 주관사와 관련 회사
- −관련 사건의 타임라인(필요시 현장이력, 계획, 설계, 시공, 운영 중 발생한 사건 및 사고)
- −소송

- 조사
- −서류검토
- −현장답사 및 관찰
- −조사 및 시험
- −분석
- −주의기준(standard of care)

- 조사 결과
- −사고의 성격과 정도
- −사고의 원인

−책임당사자

−주의기준에 따른 프로젝트 참여자의 실적

−상대 법률팀 컨설턴트의 주장 평가

• 결론

−의견

−추가조사, 임시 안정화나 보수·보강을 위한 권고사항

• 의견의 제한사항

• 서명

• 부록

−검토서류 목록

−참고문헌 사본

−주요 프로젝트 문서 사본

−현장답사 보고서 및 사진

−현장조사보고서

−시험성적서

−외부 컨설팅 보고서

−해석 상세자료

−저자 이력서

보고서의 구성은 프로젝트의 상황에 맞게 조정되어야 하며 변호인의 법적 대응전략과 부합하는지 확인하기 위해 변호인과 논의해야 한다.

6.3.2.1 표지

표지에는 보고서 제목, 발행일 및 포렌식 엔지니어링 회사의 주소가 포함되어야 한다. 표지에는 회사 로고와 포렌식 엔지니어가 보고서를 식별하기 위해 부여한 보고서 또는 프로젝트 일련번호가 포함될 수 있다. 클레임이 접수되면 보고서 제목에는 클레임에 기재된 소송의 제목과 '전문가 보고서(expert report)'라는 문구를 보고서에 포함할 수 있다. 다음은 표지의 예시이다.

[원고]

v.

[피고]

전문가 보고서

[날짜]

[포렌식 엔지니어링 회사명]

[포렌식 엔지니어링 회사 주소]

[포렌식 엔지니어링 회사 우편번호]

[포렌식 엔지니어링 회사 전화번호]

[포렌식 엔지니어링 회사 URL]

변호인이 포렌식 엔지니어에게 최종보고서를 발행하도록 지시할 때까지 날짜 앞에 '초안(DRAFT)'이라고 표시해야 한다.

6.3.2.2 요약문

요약문에는 클레임의 이유, 포렌식 엔지니어가 수행한 조사, 그리고 포렌식 엔지니어가 제시한 의견과 권고사항에 대한 간략한 요약내용을 기술한다. 이를 위해 핵심질문 1~4까지에 대하여 요약된 답변이 포함되어야 한다(표 6.1 참조).

핵심 질문 4에 답하는 주요 결론은 글머리 기호를 이용하여 나열식(bulleted list)으로 작성하는 것이 좋다.

한편, 요약문에는 새로운 정보를 포함해서는 안 된다. 즉, 보고서의 본문에 제시되지 않은 정보를 포함해서는 안 된다. 요약문에는 일반적으로 사진, 그림 또는 인용문을 포함하지 않는다.

6.3.2.3 서론

서론에는 프로젝트에 대한 간략한 설명과 주요 참여자들에 대한 소개, 그리고 의뢰인 또는 의뢰인의 변호인과 포렌식 엔지니어를 고용하게 된 사건에 대한 요약내용이 포함되어야 한다. 서론에는 포렌식 엔지니어가 다루도록 요청받은 질문이 포함될 수도 있다.

6.3.2.4 배경

'배경' 절에는 다음과 같은 정보 또는 그 일부가 포함될 수 있다.

1. 프로젝트 설명 및 위치
2. 조사와 관련된 구조물 시스템 및 구성요소에 대한 설명
3. 의뢰인, 건축사, 엔지니어, 건설관리자, 원도급자, 하도급자, 특별 검사관, 관할지역 담당 공무원 및 기타 관련 당사자를 포함한 해당 프로젝트 참여자의 이름 또는 조직도
4. 사건 발생 훨씬 전에 시작되었을 수 있는 관련 사건의 경과 및 조사 중인 시설물이 시공되기 전에 발생한 현장 사건
5. 조사 중인 건물 또는 구조물의 현재 상태에 대한 설명
6. 소송 또는 청구 내용에 대한 요약
7. 조사 중인 사건과 관련된 기타 배경정보

6.3.2.5 조사

'조사' 절에서는 사건을 조사하는 포렌식 엔지니어의 접근방식, 수행된 각 조사활동의 범위와 결과 등을 설명해야 한다. 조사활동에는 문서검토, 현장답사, 조사, 시험, 분석 및 연구가 포함될 수 있다. 조사자들이 수행된 조사활동의 성격, 범위, 시기 및 요약 결과에 대해 이해할 수 있도록 충분하고 상세하게 설명해야 한다. 현장답사 보고서, 탐사 보고서, 시험보고서, 연구노트, 해석방법, 데이터 및 결과와 같은 조사활동에 대한 자세한 방법론과 결과가 수록된 보고서와 기타 문서는 부록으로 만들 수 있으며, '조사' 절에서는 인용 처리를 할 수 있다. 조사, 시험, 분석 또는 기타 조사활동을 수행하기 위해 외부 컨설턴트나 하도급업자를 고용한 경우, 그들의 회사 이름과 정보가 보고서의 해당 조사 절에 포함되어야 한다. 또한, 이 절은 적용할 수 있는 주의기준, 설계기준 요구조건, 계약조건 및 기타 관련 주제에 대한 요약을 포함해야 한다. 다음은 보고서의 '조사' 절에 포함되는 일부 항목에 대한 상세한 참고사항이다.

'조사' 절에는 검토된 주요 문서목록과 이 문서로부터 수집된 관련 정보가 포함되어야 한다. 검토된 모든 문서의 상세목록도 제시되어야 하며, 상세목록은 보고서의 부록으로 첨부될 수 있다. 이 목록들은 조사 및 의견의 기초를 수립하는 데 도움이 된다. 또한, 누락된 목록과 포렌식 엔지니어의 검토에 포함되지 않은 문서를 쉽게 식별할 수 있다는 점에서 조사의 한계를 정의하는 데 도움이 된다.

'조사' 절에는 현장계측, 탐사, 샘플링 및 현장시험에 대한 설명, 조사 결과, 사진과 같이 현장에서 관찰된 사항들이 포함되어야 한다. 사진의 위치, 상황정보, 날짜 및 출처를 식별하기 위해 사진에 라벨을 붙이는 것이 유용할 수 있다. 사진의 관련 세부사항은 이미지 내용을 변경하거나 허위로 나타내지 않는 한 잘라내기, 확대, 동그라미 표시 또는 기타 방법으로 강조 표시를 할 수 있다. 비교용 사진을 사용하는 경우, 각 사진의 위치, 상황, 날짜, 출처 및 기타 관련 정보를 제공하면 사진의 이미지가 어떻게 다른지, 왜 다른지 이해하는 데 도움이 된다.

포렌식 엔지니어의 의견 및 권고사항을 작성할 때 고려되는 모든 조사 및 시험 내용은 '조사' 절에 설명되어야 한다.

'조사' 절에 포함되는 내용은 다음과 같다.

- 조사 및 시험의 목표
- 사용된 표준 탐사 또는 시험 프로토콜의 명칭, 버전, 날짜 및 작성자
- 표준 프로토콜에서 벗어난 조사 및 시험 방법론의 요약 설명
- 탐사 장비에 대한 설명과 모델 번호, 각 장비의 최종 교정 날짜 및 교정 성적서 사본
- 결과요약

가능한 한 시험과 탐사는 ANSI(American National Standards Institute) 및 ASTM 표준과 같이 해당 분야에서 인정하는 프로토콜을 따라야 한다. 이러한 표준을 활용하면 의뢰인, 소송 상대방, 법원이 시험결과를 받아들일 가능성이 커진다. 표준에서 벗어난 탐사 또는 시험 프로토콜을 사용하는 경우, 표준 프로토콜을 사용하지 못한 이유에 대하여 별도의 설명이 포함되어야 한다. 조사와 시험에 대한 자세한 설명이 포함된 시험보고서를 부록으로 첨부하고 본 조사보고서의 해당 절에서 인용할 수 있다.

포렌식 엔지니어링 조사의 특징은 자료, 문서 또는 특정 하중을 구조물에 적용하는 것과 같은 시나리오의 분석이다. 이러한 조사는 정량적이거나 정성적일 수 있다. 정량적 또는 수학적 분석에는 구조부재의 간단한 정적 해석, 손상된 구조물에 대한 발파 또는 지진 영향에 대한 동적해석, 풍류방출계산(wind vortex shedding), 보행해석(footfall analysis) 또는 반복조건의 통계분석이 포함될

수 있다. 정성적 분석에는 토석류 지역(debris field)의 솔리드 모델링, 미국장애
인복지법(ADA, Americans with Disabilities Act)상의 탈출 문제의 그래픽 모델링,
시공성 문제에 대한 BIM(Building Information Modeling) 분석, 설계기준 조항 준
수 검토 등이 포함될 수 있다. 포렌식 엔지니어가 의견 및 권고사항을 작성할
때 고려하는 모든 분석내용은 보고서의 해당 절에 기술되어야 한다. 보고서에
기술되는 내용에는 분석목표, 데이터 분석에 사용된 소프트웨어나 기술의 제
목, 버전 번호, 이름 및 작성자, 모델링 및 후처리 방법론 등의 요약 및 요약
결과가 포함되어야 한다. 상세한 분석 내용, 데이터 및 분석결과는 보고서의 부
록으로 제공되며 '조사' 절에서 인용할 수 있다.

6.3.2.6 조사 결과

이 절에서 포렌식 엔지니어는 조사에서 고려된 다양한 사실, 관찰, 참고자
료, 해석결과 및 기타 자료를 종합한다. 또한, 이러한 자료에는 문제의 성격과
정도, 문제의 원인이나 적용 가능한 주의기준 및 관련된 책임 당사자의 행위에
대하여 기술하고 있다. 조사 결과에는 본문에 포함되지 않은 새로운 정보가 포
함되어서는 안 되며 이미 본문에 제시된 것들을 종합정리해야 한다.

외부의 참고자료를 '조사 결과' 절 내에서 사용할 수는 있다. 외부의 참고자
료를 주장을 뒷받침하는 데 사용하는 경우, 어려운 개념에 대해서는 추가적인
설명하거나 접근법의 타당성을 입증하거나 어떤 사유로 사용하는지 해당 참고
자료에 대하여 정확하게 인용 표시를 해야 한다. 이러한 참고자료는 포렌식 엔
지니어가 검토한 문서목록과 함께 보고서에 추가되어야 한다.

조사 결과는 사실정보와 논리적 결론에 기초해야 하며, 명확한 방식으로 제
시되어야 한다. 조사 결과에 대한 논의가 결론을 도출하는 방법을 명확하게 전
달하지 못하면, 조사과정의 노력이 무용지물이 될 수 있다. 결과에 대한 논의는
조사된 자료와 분석 간의 연관성을 보여주고 자료와 분석에 기초하여 도출한

결론을 정당화할 수 있는 논리를 제공해준다.

자료수집상의 제약이나 결론을 도출할 수 없는 시험이나 분석결과 등의 문제로 조사 목적의 일부 또는 전부를 충족할 수 없는 경우에는 그 이유를 설명해야 한다.

6.3.2.7 결론

'결론'에서 포렌식 엔지니어는 추가적인 연구, 임시 안정화나 보수·보강에 관한 자신의 의견과 권고사항을 제시할 수 있다.

1. 의견

포렌식 엔지니어의 전문가 의견은 보고서의 서론에 명시된 대로 담당 변호인이 요청한 질문에 명확한 답변을 제시해야 한다. 조사 목적의 일부 또는 전부를 충족할 수 없는 경우, 보고서의 '조사 결과' 절에서 이미 논의되었던 이유를 요약해서 기술해야 한다.

전문가 의견은 보고서에 기술된 정보에 기초해야 한다. 보고서의 결론 부분에 새로운 정보나 문제에 대한 논의를 도입하는 것은 부적절하다.

2. 권고사항

조사 초기에 설정한 조사 범위를 넘어서 추가조사가 필요한 경우가 많이 있다. 그 이유는 최종적인 의견을 도출하는 데 필요한 특정 정보를 이용할 수 없거나, 조사 도중에 추가적인 분석이나 시험을 해야 할 필요성이 드러났기 때문이다.

예를 들어, 최초 손상의 청구범위를 벗어나지만, 추가조사가 필요한 손상이 추가적으로 발견될 수 있다. 의뢰인이 추가조사를 받아들일 경우 보고서의 '결론'에 추가조사를 위한 권고사항을 추가할 수 있다. 추가조사의 필요성과 더불어 포렌식 엔지니어는 임시로 안정화가 필요한 상황에 대한 조치나 구조물의 결함 또는 손상을 보수하는 방법에 대해 권고사항을 제시해달라는 요청을 받을 수 있다. 그러한 경우, 임시 안정화 방안 또는 보수 권고사항을 보고서의 '결론' 절에 포함할 수 있다. 포렌식 엔지니어는 자신의 전문 영역 내에서 불안정한 상황과 결함 및 손상에 대한 해결방안을 제시해야 한다. 또한, 권고사항에 대한 내용을 작성할 때에는 프로젝트를 관할하는 관계기관의 법과 규칙을 따르는 것이 중요하다.

프로젝트 관할지역에서 시행인가를 받은 엔지니어가 '시공용' 보수 계획서의 개발을 요청받고 동의한 경우, 포렌식 엔지니어는 설계업무에 적합한 조항이 포함된 별도의 계약을 위해 부동산 소유주와 협의해야 한다. 엔지니어가 '시공용' 보수 계획서를 제공해달라는 요청을 받지 않았거나 제공하는 데 동의하지 않은 경우, 포렌식 엔지니어는 보수 권고사항을 시공용이 아닌 참고사항으로 인식해야 한다.

6.3.2.8 의견의 제한사항

일반적으로 포렌식 보고서에는 면책조항이 포함된다. '최종본(final)'으로 간주되는 보고서가 나왔어도 그 이후에 추가 정보가 얻어질 수 있다. 따라서 포렌식 엔지니어는 보고서를 수정하거나 보완할 수 있고 새로운 정보를 설명하기 위해 그의 의견이나 권고사항을 제시할 수 있는 권한을 확보할 필요가 있다.

면책조항이 어디에도 명시되지 않은 경우, 포렌식 엔지니어의 조사 활동에 부과되는 제한사항이 설명되어야 한다. 여기에는 예산, 시간, 접근성, 과업범위 또는 기타 제한사항 등이 포함될 수 있다. 일반적으로 이러한 제한사항은 보고서의 해당 부분에서 논의되어야 하지만, 별도로 '제한사항' 절에서 언급할 수도 있다. 또한, 보고서의 사용허가는 '서론' 부분에서 설명해야 하지만, '제한사항'에 명시될 수도 있다.

면책조항에 대한 내용은 미국구조기술자협의회에서 발행한 "구조물에 대한 구조 엔지니어링 보고서 작성을 위한 국가실무지침"[1] CASE 962-A에서 확인할 수 있다.[1]

6.3.2.9 서명

면책조항에 따라 보고서 작성과 내용에 대하여 책임이 있는 포렌식 엔지니어는 성명, 소속, 직함을 기록하고 프로젝트 관할지역의 규정에 따라 보고서에 서명 날인해야 한다.

6.3.2.10 부록

부록은 보고서 본문에 포함되지 않은 관련 정보를 제공하기 위해 수록한다. 부록에 제시되는 정보에는 사진, 현장 스케치, 현장노트, 기타 교신내용, 상세한 시험 데이터, 인용된 보고서, 참고문헌, 계산결과와 조사책임자의 자격사항을 포함하여 보고서와 관련된 제반 정보들이 포함된다. 보고서에 인용된 문서를 부록에 포함하면 관련 당사자들에게 도움이 될 것이다. 인용문서가 너무 많거나 보고서가 두꺼운 경우, 포렌식 보고서를 1) 보고서, 2) 부록(통합파일 또는 개별 파일)과 같이 여러 개의 전자파일로 분할하는 것이 효율적일 수 있다.

6.4 전문가 보고서의 효과적인 준비 전략

포렌식 엔지니어가 의도한 목적에 부합하도록 보고서를 효율적으로 작성하는 데 필요한 여러 가지 전략이 있다. 대표적인 전략 중 일부는 다음과 같다.

---

1   National Practice Guidelines for the Preparation of Structural Engineering Reports for Buildings

6.4.1 승인 후 보고서 작성

담당 변호인의 지시가 있을 때까지 절대 보고서 작성을 하지 않는다.

6.4.2 과업범위 유지

담당 변호인과 추가적인 과업 범위에 대해 논의하지 않고 포렌식 엔지니어가 독자적으로 조사 및 보고서의 범위를 확장하는 것을 피한다.

6.4.3 전문 분야를 벗어나지 않기

자신의 전문 분야에 속하는 문제에 대해서만 의견을 제시한다. 보고서를 정독하여 자신의 전문 분야가 아닌 문제에 대하여 의견이 제시되었는지 확인한다. 그렇지 않으면 전문가의 신뢰를 떨어뜨리고 전문가 자격을 박탈하는 데 사용될 수 있다.

6.4.4 포렌식 엔지니어가 다루어야 할 질문 파악

포렌식 엔지니어는 변호인이 조사과정에서 얻고자 하는 정보에 대한 질문의 초안을 작성함으로써 보고서에 초점을 맞출 수 있다. 이러한 질문을 변호인과 협의하여 원하는 문제에 대한 조사가 집중되도록 한다. 서론 부분에서 조사목표에 대한 명확한 표현으로 질문을 한다. 마지막으로 결론에서는 이러한 질문에 대해 충분한 근거를 가지고 답변을 작성해야 한다.

6.4.5 논점, 정확성 및 간결성이 있는 보고서 작성

포렌식 엔지니어는 보고서를 작성할 때 논점, 정확성 및 간결성을 갖도록 노력해야 한다. 지나치게 복잡한 보고서는 아무리 정확해도 사실심리관이 이해할 수 없다는 점을 이유로 보고서가 채택되지 않을 수 있다. 포렌식 엔지니어는 사고와 관련된 엔지니어링 문제를 파악한 후, 담당 변호인과 협의하여 사실심리관이 보고서에 제시된 조사의견과 결론을 쉽게 이해할 수 있도록 문제를 설명해야 한다.

포렌식 엔지니어의 의견을 전달하기 위하여 사용되는 언어는 신중하게 고려해야 한다. 포렌식 엔지니어의 의견에 사용되는 전문용어는 용어 목록에 정의되어야 한다. 불필요한 전문용어와 과장된 표현의 사용은 피해야 한다. 왜냐하면, 포렌식 엔지니어의 의견에 상대방이 쉽게 이의를 제기하게 하거나 그 의견이 과장되고 신뢰할 수 없다고 주장하는 데 사용될 수 있다.

6.4.6 모든 진술의 근거를 문서화

포렌식 엔지니어가 포렌식 조사보고서에서 언급하는 진술내용에는 다음과 같이 여러 가지 근거들이 있다. 다만 여기에 한정된 것은 아니다.

- 프로젝트 기록
- 현장관찰
- 프로젝트 담당자 또는 기타 관련 당사자와의 대화
- 다른 사람이 작성한 보고서 또는 기타 문서
- 출판된 책, 신문기사, 논문, 설계기준 또는 표준시방서

진술내용이 일반인들에게 친숙하지 않은 내용인 경우, 포렌식 엔지니어는 진술의 근거를 인용하거나 전문가 의견으로 인정받을 수 있도록 해야 한다.

6.4.7 상대측 주장의 예측 및 대응

포렌식 보고서 작성 시 보고서에 기술한 조사절차 및 내용, 의견 및 권고사항 등을 상대측 법률팀이 어떻게 공격할 수 있는지 생각해야 한다. 그리고 이러

한 잠재적인 공격에 대응할 수 있도록 준비해야 한다.

6.4.8 상대측 클레임 및 보고서의 주장에 대응

이전 보고서에 기술된 주장들을 직접 인용하고 대응하라. 이러한 기술은 포렌식 엔지니어 자신과 상대측 법률팀 컨설턴트가 작성한 의견과 권고사항에 대한 상호 관련성을 이해하는 데 도움이 될 수 있다.

6.4.9 단정적인 단어 사용 자제

보고서에서 '전부', '절대', '모든', '최고' 및 '최악'과 같은 단정적인 단어는 쉽게 공격받을 수 있으므로 사용을 피해야 한다.

6.4.10 과장된 표현 사용 자제

과장된 표현은 포렌식 엔지니어가 내린 결론이 독자적인 논리가 강하지 않고 과장이 필요하다는 것을 관련자들에게 알리는 신호이다. 조사 결과와 의견을 냉정하게 제시하고 그 결과 자체로 대응하도록 해야 한다.

6.4.11 모호한 단어의 사용 자제 또는 정의

일반인에게 알려지지 않은 모호한 용어는 사용을 피하거나 정의를 내려줘야 한다. 예를 들어 '좋은', '나쁜', '적절한'과 같은 용어는 해석에 오해의 여지가 있으므로 피해야 한다. '지하', '지층', 심지어 '1층', '2층', '3층'과 같이 건물의 층 표시는 도면에 표시된 것과 일치해야 한다. '부등침하', '휨응력' 또는 '균형설계'와 같은 기술용어는 보고서 본문이나 첨부된 용어 목록에 주석을 달거나 정의를 내려주어야 한다.

6.4.12 의역보다는 인용구를 사용

다른 사람이나 조직이 작성한 진술의 의미가 바뀌지 않도록 다른 말로 바꾸어 표현하지 않도록 한다. 대신 진술서는 그대로 인용하고 문서 제목, 날짜 및 작성자를 기록한다.

속기사나 면담인이 기록한 다른 사람의 말을 인용할 때는 녹취록을 인용하고, 그 진술자의 이름과 녹취록의 제목, 날짜, 작성자를 기록한다. 여기에는 포렌식 엔지니어가 현장 근로자나 다른 목격자를 인터뷰하여 사건에 대한 기억을 되살리는 사례가 포함된다. 상대적으로 긴 인용문 중 한 부분을 강조하려면 강조할 부분에 밑줄을 긋고 작성자에 의해 강조 표시가 추가되었음을 나타낸다.

6.4.13 공학적 판단의 적절한 사용

공학적 판단은 지식, 경험 및 가용한 데이터를 활용하여 결론에 도달하고 타당하게 공학적인 결정을 할 수 있는 능력이다. 또한 자신의 지식, 경험 및 사용 가능한 데이터가 그러한 결론과 결정의 근거로 충분하지 않은 경우를 아는 것이기도 하다. 이 경우 전문가는 결론을 도출하거나 결정을 내리기 전에 더 많은 지식이나 데이터를 찾아야 한다. 공학적 판단에 추측이 포함되어서는 안 된다. 공학적 판단은 엔지니어 자신이 문제를 이해함에 있어 생긴 갭(gap)을 이어주는 방법이 아니다.

구조물 설계자는 공학적 판단을 통하여 의도된 목적에 적합한 안전하고 효율적인 구조물을 만드는 결정을 한다. 포렌식 엔지니어는 공학적 판단을 활용하여 구조물이 적절하게 설계, 시공 및 유지관리가 되었는지를 판단한다. 또한, 향후 어떻게 성능이 유지되도록 할지에 대한 합리적이고 공정한 의견을 제시한다. 설계자와 포렌식 엔지니어는 자신의 판단근거와 판단이 타당하고 합리적인 이유를 문서로 작성하고 설명할 수 있어야 한다.

6.4.14 적절한 그래픽 활용

그림 6.1과 같은 3차원 이미지 등의 그림은 사실심리관이 시스템과 구성요소를 눈으로 확인하고 기억하는 데 도움이 되며 복잡한 구조물을 설명하는 데 사용할 수 있다. 그림은 제목을 명확하게 지정하고 시각적으로 단순해야 하며 사실심리관이 이해할 수 있어야 한다. 이해하기 어려운 그림은 오히려 역효과를 낸다. 관찰된 손상부분을 과장하거나 현장상황을 부정확하게 묘사하는 그림과 같이 오해의 소지가 있는 그림을 포함하여 조사보고서가 상대방의 공격을 받도록 해서는 안 된다.

그림 6.1의 왼쪽 이미지에서는 배경에 있는 비행기에 주목해야 한다. 비행기는 전경에서 고가 철도 시스템의 위치와 규모를 파악하는 데 도움이 된다. 마찬가지로, 왼쪽 이미지는 오른쪽의 클로즈업된 이미지의 규모를 이해하는 데 도움이 되는 그림이다.

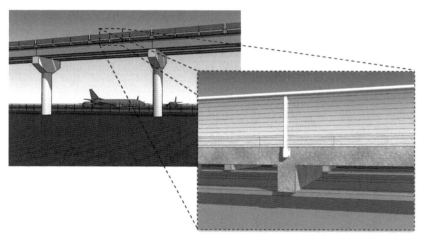

그림 6.1 의사소통에 사용되는 그림[2]

---

2 출처: Benjamin M. Cornelius/LERA의 컨설팅 구조 엔지니어 제공

6.4.15 보조자료의 인용 및 첨부

포렌식 엔지니어의 의견과 권고사항을 뒷받침하는 모든 문서와 정보의 출처를 밝혀야 한다. 필요한 경우, 포렌식 엔지니어의 의견과 권고사항을 뒷받침하는 해석, 계산, 기사, 논문, 보고서 및 기타 문서를 첨부한다. 보고서에 이러한 항목을 포함하지 않는다고 해서 상대측 법률팀으로부터 보호되는 것은 아니다. 포렌식 엔지니어와 담당 변호인이 모든 정보를 보고서에 첨부하지 않기로 결정한 경우에도 보고서에 첨부할 것처럼 준비한다.

참고문헌

[1]   CASE (Council of American Structure Engineers). 2012. *National practice guidelines for the preparation of structural engineering reports for buildings.* CASE 962-A. Washington, DC: CASE.

APPENDIX
부록

포렌식 엔지니어링의 이해

A.1 포렌식 엔지니어링이란?[1]

1. '포렌식' 단어의 유래

'포렌식(forensic)'이라는 단어는 라틴어 '포럼(forum)'에서 유래한 형용사로서 법적 절차와 관련되거나 사용됨을 의미한다. 포렌식 엔지니어는 공학 관련 사고로 발생한 분쟁에서 사고의 원인과 관련된 기술적 문제를 해결하는 데 도움을 주는 역할을 한다. 포렌식 엔지니어는 복잡한 기술적 원리, 기술적 증거, 증거가 뒷받침된 기술적 사실 및 분쟁을 해결하는 데 도움이 되는 의견을 제시하고 설명하는 업무를 수행한다. 그러나 사고 분쟁의 90% 이상은 대부분 재판으로 가지 않고 당사자 간 합의를 통해 해결된다.

2. 포렌식 엔지니어는 사고조사를 위해 공학적인 방법을 사용함

포렌식 조사에서는 환경이나 건설 관련 사고의 원인을 조사하기 위해 다양한 공학적 방법과 지식이 활용된다. 사고에는 완전 붕괴, 부분적 붕괴 또는 부적절한 성능 및 서비스 문제 등이 있다. 다양한 포렌식 엔지니어링 조사기법을

---

1   출처: http://www.ericjorden.com/blog/2012/11/20/what-is-forensic-engineering/
https://marketbusinessnews.com/financial-glossary/forensic-engineering

이용하여 미끄러짐, 넘어짐, 추락사고, 재산피해, 부상 또는 사망을 초래하는 자동차나 항공기 등의 사고원인을 조사할 수 있다.

3. 포렌식 엔지니어링과 설계 엔지니어링의 공통점

포렌식 조사에 사용되는 엔지니어링 접근법은 기본적으로 구조물 설계에 이용되는 것과 같다. 이러한 방법을 포렌식 조사에 적용할 때에도 설계와 동일한 수준의 노력과 정확성을 가지고 수행하여야 한다.

4. 포렌식 엔지니어링과 설계 엔지니어링의 차이점

포렌식 엔지니어링은 구조물에 작용된 하중이 어떤 역할을 했는지, 작용된 하중이 적절했는지를 살펴본다. 반면에, 설계 엔지니어링에서는 구조물에 적용해야 할 적절한 하중이 얼마인지를 확인한다. 엔지니어링에서 '하중'은 구조물에 이미 가해졌거나 앞으로 가해질 요소이다.

5. 포렌식 엔지니어링

포렌식 엔지니어링은 구조물 또는 기계장치가 파괴되거나 고장이 난 원인을 파악하기 위해 공학적 지식을 적용한다. 포렌식 엔지니어링은 구성요소, 구조물 또는 기계장치가 제대로 작동하지 않는 원인을 찾기 위해 역공학[2]을 사용하기도 한다. 다시 말해, 포렌식 엔지니어링은 무엇이 잘못되었는지 알아내려고 노력하는 것이다. 포렌식 전문가는 법정에서 자신이 조사한 결과를 증거로 사용할 수 있다. 특히, 사고로 인명피해 또는 재산피해가 발생했을 때 법정에서 증거로 활용한다. 또한, 조사 결과가 형사사건과 관련이 있는 경우에도 법정에

---

[2] 역공학(reverse engineering)이란 대상에 대해 알려진 정보를 기반하여 설계 구조와 원리를 역으로 추적하는 공학 기법을 의미한다.

서 증거로 사용한다. 간단히 말해서, 포렌식 엔지니어링은 사고를 조사하는 공학으로서, 이때의 사고는 경미한 사고에서부터 치명적인 사고에 이르기까지 다양하다. 일부는 소송으로 이어질 수도 있다.

미국토목학회(ASCE)에서는 포렌식 엔지니어링을 다음과 같이 정의하였다.

- 포렌식 엔지니어링은 사고 또는 기타 성능 문제의 조사에 공학적인 원리를 적용하는 것이다.
- 포렌식 엔지니어는 필요한 경우, 법원에서 조사 결과에 대해 증언해야 한다. 포렌식이라는 단어는 문제를 해결하기 위해 기술적 또는 과학적 지식을 적용하는 것을 의미한다. 구체적으로 일이 왜 잘못됐는지, 범죄행위가 어떻게 진행됐는지 등을 규명하는 것이다.
- 포렌식 엔지니어링은 전문 엔지니어가 제공할 수 있는 서비스의 전체 범위를 의미하는 용어이다. 다양한 엔지니어링 분야가 사고조사에 활용될 수 있다. 예를 들어, 토목공학, 기초공학, 지반공학, 환경공학, 구조공학, 화학공학, 기계 및 전기공학 등이 사용될 수 있다.

사고조사를 수행하는 포렌식 엔지니어는 초기에는 해당 문제와 가장 관련이 있다고 여기는 분야부터 조사를 시작하며, 문제에 따라서 다양한 각도의 접근이 필요한 경우에는 다른 분야의 전문가를 활용하게 된다. 대부분의 포렌식 엔지니어는 학사 이상의 전문 분야 학위와 수십여 년간의 실무경험을 가지고 있다. 포렌식 엔지니어는 법적 분쟁에서 원고 또는 피고인의 변호인, 보험회사의 청구 관리자 또는 법원에서 사고조사를 위해 고용된다.

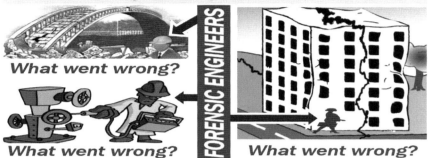

그림 1. 포렌식 엔지니어링의 정의

6. 모든 구조물은 파괴되고, 부서지고, 붕괴될 수 있다

유류탱크, 교량, 도로, 댐, 타워, 부두 등 모든 구조물은 파괴될 수 있다. 또한, 자연사면, 하천 제방, 해안선, 수방시설, 침하 보호공, 침식 및 퇴적물 제어시설 등 자연환경의 모든 것이 파괴될 수 있다. 뿐만 아니라, 상하수도 시설, 파이프라인, 배전시스템 및 터널과 같은 사회기반 시설도 붕괴될 수 있다.

7. 일반적인 포렌식 엔지니어링 조사

포렌식 엔지니어링 전문가는 다음과 같은 사항을 조사할 수 있다.

- 건물의 침하
- 화재가 발생한 건물

- 교량 붕괴

- 댐의 붕괴

- 토양을 오염시키는 기름 유출

- 낙하한 얼음에 의한 보행자 부상

- 사다리에서 추락으로 인한 사망사고 발생

- 도로에서 장애물을 제거하다 일어난 교통사고

- 부실한 기초지반 사고

- 부지 또는 지하 침수

- 산사태

- 기타

포렌식 엔지니어가 조사하는 대부분의 사고는 엔지니어링 세계에서는 흔하게 발생하는 일이며 뉴스거리가 될 만한 사건은 아니다.

8. 법정에서의 역할

사고에 대한 분쟁이 해결되지 않고 재판으로 이어질 경우, 포렌식 엔지니어는 전문가로서 증거와 사실 및 의견을 제시함으로써 판사나 배심원이 기술적인 문제를 정확히 이해하고 판단할 수 있도록 도와주는 역할을 한다. 민사소송으로 이어지는 분쟁에서 원고와 피고의 유불리와 상관없이 조사 결과에 대한 객관적인 증거를 제시하는 것도 포렌식 엔지니어의 역할이다.

A.2 포렌식 엔지니어가 되는 길[3]

1. 교육과정

포렌식 엔지니어가 되는 것은 길고 어려운 과정이지만 매우 보람 있는 일로 평가받고 있다. 미국에서 포렌식 엔지니어가 되기 위해서는 먼저 공학사 학위를 받고 공학 관련 자격증을 취득해야 한다.

2. 자격시험

미국에서는 주 정부가 자격을 부여한다. 자격증을 취득하려면 공학 원리 및 실무시험에 합격해야 한다. 그 후 관련 분야에서 많은 경험을 쌓아야만 전문 엔지니어 자격을 얻을 수 있다.

3. 관련 전공교육

포렌식 엔지니어는 실수해서는 안 되기 때문에 길고 어려운 과정을 거쳐야한다. 포렌식 엔지니어링 분야에서 일하고자 하는 사람들은 토목공학, 컴퓨터 공학, 기계공학, 화학공학 등 관련 공학 분야를 전공해야 한다. 교육과정 중에 설계의 오류나 구조적 파괴가 일어난 사건을 조사하는 방법을 배워야 하며 다양한 유형의 구조, 구성요소, 제품이나 재료에 대해서도 잘 알고 있어야 한다.

4. 다양한 유형의 포렌식 분야

포렌식 분야에는 천문학, 인류학, 고고학, 회계학, 미술, 디지털 및 식물학 포렌식 등 다양한 분야가 있다. 포렌식 회계사는 금융계의 탐정이다. 반면, 포렌식 병리학자는 의료계의 탐정이다. 모든 포렌식 분야는 포렌식이라는 포괄적

---

3   출처: https://marketbusinessnews.com/financial-glossary/forensic-engineering/

용어를 공통으로 사용한다. 대학에는 40여 개 이상의 공학 분야의 학위과정이 있다. 포렌식 엔지니어링 덕분에 과거보다 더 많은 증거들을 확보하여 재판에서 활용할 수 있게 되었다.

5. 포렌식 엔지니어 교육

다른 공학 분야와 달리 포렌식 엔지니어링만을 위한 학위 프로그램이 아직까지는 활성화되지 않았다. 대신에, 포렌식 엔지니어를 희망하는 사람들은 먼저 공학사 학위를 취득한 후, 실무경험을 쌓고, 자격시험에 합격한 후에 포렌식 엔지니어링에 중점을 둔 교육과정을 이수해야 한다.

포렌식 엔지니어가 되고자 하는 학생은 포렌식 엔지니어링 실무 분야로 진출하기 전에 먼저 공학사 학위를 취득해야 한다. 일반적으로 학위를 취득하면서 기계공학, 토목공학, 화학공학 또는 컴퓨터공학 등을 부전공으로 이수한다. 포렌식 엔지니어는 구조 또는 설계문제로 이어지는 사건을 해결하는 방법을 배워야 하므로 포렌식 전문가가 되기 전에 다양한 유형의 재료, 제품, 구성요소 및 구조에 대해 잘 알고 있어야 한다. 이러한 지식은 포렌식 엔지니어링 교육과정 위원회(FECC, Forensic Engineering Curriculum Committee)에서 제시한 광범위하고 엄격하며 집중적인 교육과정 이수를 통해 얻게 된다. 다음은 학생이 수강해야 하는 교육과정의 교과목이다.

6. 포렌식 엔지니어 교육과정

포렌식 엔지니어링 프로그램이 있는 대학은 포렌식 엔지니어링 교과과정 위원회에서 정한 다음의 교육과정 지침을 따라야 한다.

- 포렌식 엔지니어링 개론
- 제품 신뢰성 공학

- 포렌식 엔지니어링 프로젝트
- 고급 포렌식 엔지니어링 기법
- 포렌식 엔지니어링 컴퓨터 응용
- 공학윤리
- 수학
- 인간공학
- 안전공학
- 응용 인체공학
- 법과 엔지니어링 실무
- 사진측량
- 의료기기 사고와 공학적 분석
- 연소공학
- 인적 오류 및 신뢰성 평가

대학원 교육과정은 최소 33학점으로 구성된다. 포렌식 엔지니어링 관련 실무과목은 필수로 최소 15학점이 요구된다. 대학은 포렌식 엔지니어링 분야의 실무교육을 할 수 있는 겸임교수를 고용하여 이 요구사항을 충족할 수 있다. 대학에서는 학생이 이러한 요구사항을 충족하도록 국립 포렌식 엔지니어링 학회(NAFE)의 웹사이트[4]에서 커리큘럼을 내려받을 수 있다.

7. 포렌식 엔지니어 기술사(PE) 시험

미국에서 전문 기술사가 되고자 하는 사람들은 먼저 까다로운 공학 원리 및 실습시험에 응시하여 통과해야 한다. 기술사(PE, Professional Engineer) 시험은

---

4   National Academy of Forensic Engineers(nafe.org)

NCEES(National Council of Examiners for Engineering and Surveying)에서 출제 및 채점한다. 예비 포렌식 엔지니어는 기계, 토목, 환경, 구조 또는 산업과 같은 많은 분야 중 하나로 시험을 치를 수 있다. 기술사 시험을 마친 후에는 공학기초시험을 치러야 한다. 공학사 학위를 가진 사람은 누구나 이 시험을 볼 자격이 있다. 일부 주에서는 자격요건의 일부로 이 시험을 요구하지 않으므로 각 주의 해당부서에 문의하면 된다. 기술사 시험은 8시간 동안 80~100문항의 객관식 시험으로 하루 동안 시행된다. 분야별로 서술형 필기시험을 요구하는 경우도 있다.

8. 포렌식 엔지니어 취업과정

포렌식 엔지니어가 되기 위해서는 다음과 같은 과정을 거친다.

- 공학사 학위 취득
- 관련 공학 분야 부전공
- 경험을 쌓기 위한 인턴십
- 주별 포렌식 엔지니어 자격시험 확인
- 해당 주 정부의 포렌식 자격시험 통과
- 국제과학수사연구소(IIFES, International Institute of Forensic Engineering Sciences) 문의
- 프로그램에 지원
- 자격증 취득
- 취업

A.3 포렌식 엔지니어의 보수 및 직무[5]

포렌식 엔지니어링 분야를 가장 잘 설명할 수 있는 것은 사고조사이다. 구조물은 안전하게 기능하도록 신중하게 설계하고 시공하더라도 오류가 발생할 수 있다. 다양한 구조 및 재료시험을 기반으로 한 치밀한 설계라 할지라도 시공 중 또는 시공 후에 문제가 발생할 수 있다.

건물이 무너지거나 자동차 부품이 예상대로 작동하지 않는다고 가정을 해보자. 이 경우 포렌식 엔지니어는 고장의 원인을 파악하고 발생한 구조적 문제를 해결하는 데 필요한 전문가 증언을 제공할 책임이 있다.

포렌식 엔지니어의 역할은 조사와 엔지니어링으로 나눌 수 있다. 구조물 또는 제작된 부품이 손상되면 그 원인을 파악하기 위한 기술이 필요하다. 사망, 부상 및 파괴를 초래하는 치명적인 구조물 붕괴나 실험의 오류가 있는 경우, 포렌식 엔지니어는 법원 또는 설계팀과 협력하여 문제의 원인을 설명할 증거를 찾는다. 이러한 사건의 예로 현장에서 시공중인 육교의 붕괴사고나 실험실에서의 자동차 충돌사고를 들 수 있다. 이 두 가지 사례에서 포렌식 엔지니어는 파괴의 원인을 찾기 위해 잔해물을 관찰하고 손상된 재료의 증거를 수집한다.

포렌식 엔지니어는 엔지니어링의 원리와 관행을 이용하여 수집된 증거를 분석하고 구조적 결함의 원인에 대한 공식적인 평가를 한다. 포렌식 엔지니어가 작성한 보고서는 소송에 사용될 수 있으며, 포렌식 엔지니어는 구조물이 왜 붕괴되었는지 증언하기 위해 소송과정에 참여할 수도 있다. 제품설계에 문제가 발생한 경우, 포렌식 엔지니어는 설계 및 제작팀과 협력하여 문제가 발생한 원인을 평가하고 구조적 결함이 다시 발생하지 않도록 지침을 제공하는 역할을 한다.

---

5   출처: https://www.forensicscolleges.com/careers/forensic-engineer

미국토목학회에서는 포렌식 엔지니어링 업무의 주요 목적을 "사고 발생을 줄이기 위한 실무 및 절차를 개발하는 것"이라고 한다(ASCE 2021). 미국토목학회에서는 포렌식 엔지니어가 되기를 희망하는 기술자들을 위해 관련 도서, 전문가 교육과정, 저널 및 구인 목록을 제공하고 있다.

포렌식 엔지니어의 직업 전망에 관한 내용은 다음과 같다.

1. 포렌식 엔지니어의 전망

미국노동통계국(BLSM, Bureau of Labor Statistics)은 포렌식 엔지니어의 직업별 통계를 발표하지는 않는다. 그러나 관련 토목공학 분야의 예측에 따르면 2019년에서 2029년 사이에 약 5,500개의 새로운 일자리가 필요할 것으로 전망하였다(BLS, 2021). 포렌식 엔지니어는 기존 구조물을 재건하고 보수하는 프로젝트나 새로운 기반시설이 국민에게 안전하고 건전한지 확인하기 위한 유지관리 프로젝트에 관심을 가질 필요가 있다.

포렌식 엔지니어와 토목 엔지니어는 사무직 및 건설현장 등 다양한 업무에 고용된다. 토목 엔지니어의 고용 부문은 다음과 같다(BLS, 2021).

- 엔지니어링 서비스: 49%
- 주 정부(교육 및 병원 제외): 12%
- 지방자치단체(교육 및 병원 제외): 10%
- 비주거용 건설업: 6%
- 연방정부(우편 서비스 제외): 3%

2. 포렌식 엔지니어의 보수

2021년 기준, 미국 포렌식 엔지니어의 평균 연봉은 85,525달러이며 보너스는 최대 4,966달러이고, 이익배당은 5,500달러라고 보고하고 있다(Payscale.com,

2021.7.). 미국노동통계국은 포렌식 엔지니어의 공식적인 직업통계를 내놓고 있지는 않으나, 그와 밀접하게 관련된 토목 엔지니어의 평균 연봉을 약 95,440달러라고 하였다(BLS 2020.5.). 포렌식 엔지니어 중 하위 10분위는 56,160달러 미만을 버는 반면, 상위 10분위는 144,810달러 이상을 번다.

포렌식 엔지니어의 연봉에는 다음과 같은 요소가 영향을 미친다.

- 특정 지역의 생활비
- 근무경력
- 지역 내 현재 고용된 포렌식 엔지니어의 숫자
- 민간 또는 공공부문 고용
- 전문과정 또는 문서로 기록된 계속교육 이력

3. 포렌식 엔지니어가 되는 법

공인된 포렌식 엔지니어가 되려면 약 8년간의 고등교육과 실무경험이 필요하다. 포렌식 엔지니어가 되는 데 필요한 교육 및 자격조건은 다음과 같다.

1단계: 고등학교 졸업(4년)

포렌식 분야를 공부하고자 하는 고등학생은 수학, 제도, 통계, 자연과학, 컴퓨터과학, 형사법, 의사소통 기술 등의 과목을 가능한 한 많이 수강하고, 우수한 공과대학에 입학하기 위해 좋은 성적을 유지해야 한다.

2단계: ABET에서 인증한 공학사 학위 프로그램(4년제) 수료

공학교육 인증위원회(ABET, Accreditation Board for Engineering and Technology)는 건설 및 관련 분야의 고등교육 프로그램을 인증하는 조직이다. ABET은 41개국 846개 대학에서 4,307개 프로그램을 인증하고 있다. 많은 주에서 공학인증 및

자격증을 취득하고자 하는 경우, ABET가 인증한 공학사 학위 프로그램에 참여해야 한다. ABET 공학인증 프로그램의 예는 캘리포니아 폴리테크닉 주립대학교 건축 및 환경 디자인 대학에서 제공하는 건축 공학사 학위를 들 수 있다. 학생들은 4년 동안 설계, 구조공학, 건설관리 및 기타 공학 관련 분야의 교육과정을 수강한다. 대부분 학생은 포렌식 엔지니어링과 밀접하게 관련된 재료 및 내진설계 분야에 대한 전문지식을 쌓는다.

3단계: 기사 시험 통과

기사(FE, Fundamentals of Engineering) 시험은 미국공학협회(NCEES, National Council of Examiners for Engineering and Surveying)에서 주관한다. 공인 엔지니어가 되는 데 필요한 두 가지 시험 중 첫 번째 시험이다. 기사 시험은 EAC/ABET 공인 학사학위 프로그램에서 공학사 학위를 받았거나 수료 예정인 학생들을 대상으로 한다. 대표적인 기사 시험은 다음과 같다.

- 화학공학
- 토목공학
- 전기 및 컴퓨터공학
- 환경공학
- 산업 및 시스템공학
- 기계공학
- 기타 공학 분야

4단계: 전문 엔지니어링 실무경험(4년)

미국공학협회가 제공하는 기술사(PE, Principles and Practice of Engineering) 시험에 응시할 자격을 얻기 위해서는 대학 졸업 후, 4년간 관련 실무 분야에서 근무한 경력증명서를 제출해야 한다.

5단계: 기술사 시험 합격

미국공학협회는 ABET 인증 공학사 학위와 4년간의 실무경력을 가진 지원자들에게 기사 및 기술사 시험 자격을 준다. 주별로 정한 합격점수를 획득하면, 기술사 자격을 획득하고 합법적으로 실무에서 일할 수 있는 자격을 얻게 된다. 공학 분야의 기술사에는 다음과 같이 다양한 분야가 있다.

- 농생명공학
- 건축공학
- 화학공학
- 토목공학
- 제어 시스템공학
- 전기 및 컴퓨터공학
- 환경공학
- 소방공학
- 산업 및 시스템공학
- 기계공학
- 재료공학
- 광물공학
- 조선 및 해양공학
- 원자력공학
- 석유공학
- 구조공학

미국공학협회는 포렌식 엔지니어링에 대한 시험을 주관하지 않지만, 이 분야의 학제 간 특성으로 인해 특정 전문 분야의 엔지니어가 특정 조건에서 전문가의 역할을 할 수 있다. 예를 들어, 교량 붕괴사고의 경우 구조 엔지니어는 구조물의 붕괴와 관련된 문제를 해결하는 데 필요한 조사, 구조적 문제 및 법적 자문을 제공할 수 있다.

6단계: 석사 또는 박사학위 취득(2~4년)

일반적으로 자격을 취득하는 데 석·박사학위가 필요하지 않지만, 공학석사 또는 박사학위를 취득하면 몇 가지 이점이 있다. 학위를 통해 엔지니어링 전문가는 해당 분야에 대한 전문성을 확보하고 더 많은 급여를 받을 수 있다. 학위를 가진 엔지니어는 리더의 직위를 얻거나 자기의 전문 분야에서 기여할 수 있는 더 많은 기회를 가질 수 있다.

미 동부 캐롤라이나대학(EUC)의 기술시스템공학과는 두 개의 온라인 석사학위 프로그램을 제공하며, 모두 ABET의 인증을 받았다. 또한, ECU는 다른 5개 대학과 협력하여 기술관리 및 안전 분야에 대한 박사학위 과정을 제공하고 있다. 이러한 프로그램에 참여하고 있는 학생들은 응용공학 분야에 적용할 수 있는 고급 문제 해결기술과 기술적 의사결정 방법을 배운다. 이들 프로그램을 졸업한 학생들은 포렌식 엔지니어링과 밀접하게 관련된 분야에서 일하거나 기술공학 분야의 고위직에 진출하기도 한다.

A.4 포렌식 엔지니어와 설계 엔지니어의 차이점[6]

　새로운 구조물을 설계하고 시공하는 데 필요한 기술과 달리 구조적 결함이 있는 경우에 해당 결함을 조사하는 데 필요한 전문지식과 기술 간의 차이점을 이해하는 것이 중요하다.

　이때, '설계' 기술과 함께 '탐정' 기술은 포렌식 엔지니어가 갖추어야 할 핵심적인 자질이다. 일반적으로 포렌식 엔지니어는 폭넓은 설계 엔지니어링 경험을 가지고 있지만, 모든 설계 엔지니어가 반드시 좋은 포렌식 엔지니어가 되는 것은 아니다. 말 그대로 특정 유형의 구조물을 정기적으로 설계하는 우수한 설계자가 해당 구조물에 결함이 발생한 이유를 조사하는 데 이상적인 후보자인 것처럼 보이지만 항상 그런 것은 아니다. 왜냐하면, 설계 기술과 포렌식 조사 프로세스가 다르기 때문이다.

1. 설계

　설계 프로세스는 잠재적으로 실행 가능한 다양한 대안 중에서 발주자의 요구사항을 충족하면서 부과된 제약조건을 준수하는 설계 솔루션을 개발하는 것이다. 설계자들은 전문지식과 경험을 이용하여 솔루션 개발을 위한 경로를 탐색한다. 특정 설계 솔루션의 적합성은 계산과 분석을 통해 설계대로 시공된 구조물의 성능을 '가정'하여 평가한다. 이러한 가정은 성문화되었거나 잘 알려진 경험법칙이며 일반적으로 보수적이다. 이러한 방법은 안전한 구조물을 만들기 위한 시행착오와 시험을 통해 그 적합성이 검증되어 있다.

6　출처: https://cci-int.com/how-a-forensic-engineer-differs-from-a-design-engineer

2. 사고조사

구조적 결함이 발생했을 때 원 설계가 합리적인 기술과 주의를 기울여 이루어졌는지를 판단하기 위해서는 설계 프로세스에 대한 지식이 필요하다. 설계 프로세스에 대한 지식은 결함이 발생한 구조물의 보수나 교체 시에도 필요할 수 있다. 그러나 사고조사에서는 가능한 한 결함에 대한 관련 증거를 통해 모든 가정을 확인해야 한다. 설계 프로세스에 이용된 단순화된 가정과 실제 구조물의 거동에 차이가 있을 때 포렌식 엔지니어는 결함이 발생한 이유를 평가하려면 실제 구조물의 하중, 구조적 거동 및 재료 특성을 파악해야 한다.

3. 포렌식

설계 프로세스의 목적은 가정을 통한 솔루션 개발이지만, 포렌식 프로세스의 목적은 검증할 수 있는 증거를 활용하여 사고의 인과관계를 확립하는 것이다. 포렌식 프로세스는 사고의 근본 원인을 규명하기 위해 핵심적이며, 본질적으로 '과학적 방법'을 적용하는 것이다. 포렌식 프로세스는 1) 증거수집, 2) 사고가설의 개발, 3) 사고가설의 검정에 중점을 둔다.

일반적으로 포렌식 프로세스는 포렌식 엔지니어가 객관적인 방식으로 사고와 관련된 물리적 증거를 수집하고 비교하는 것으로부터 시작된다. 사고가설의 개발 단계에서 포렌식 엔지니어는 사고원인에 대한 광범위한 이론을 개발한다. 이러한 과정은 실제로는 반복적인 프로세스이며 포렌식 엔지니어는 증거수집과 가설개발 단계의 순서를 바꿀 수도 있다. 새로운 증거는 추가 가설을 제시할 것이며, 이는 차례로 증거에 대한 추가조사를 유도할 것이다. 마지막으로, 가설검정 단계에서는 특정 가설이 결함을 내포할 가능성을 평가한다. 구조물 파괴에 대한 일반적인 접근방식은 확인된 증거에 따라 파괴 당시의 조건 및 하중하에서 구조물이 어떻게 거동하는지 이론적으로 평가하는 것이다. 분석 결과가 사고의 발생을 시사하는 경우, 예측된 분석의 타당성을 확립하기 위해 사고 현장에서 찾아낸 증거와 직접 비교 검증할 수 있다. 모든 시험위치에서의 증거는 가정보다 우선하며, 가설은 사고를 설명하는 하나의 사고가설을 결정하는 데 사용될 수도 있고 배제될 수도 있다. 따라서 인과관계의 성공적 식별은 주로 사고가설을 검정하는 데 사용되는 증거의 품질에 달려 있다. 포괄적인 증거는 가설을 확실하게 배제할 수 있게도 하고 채택될 수도 있게 하지만, 빈약한 증거는 포렌식 엔지니어의 경험에 의존하여 가장 가능성이 큰 시나리오를 분석하고 가설의 범위를 좁히는 데 사용된다. 사고조사에서 이러한 '포렌식' 또는 '탐정' 기술의 중요성은 아무리 강조해도 지나치지 않다.

4. 일반적인 함정

포렌식 프로세스의 경험이 없는 경우 1) 증거수집 단계에 대한 주의 부족, 2) 엔지니어링 해석도구의 잘못된 사용이라는 두 가지 함정에 빠질 수 있다. 어떤 엔지니어는 먼저 가설을 개발하고 나서 과업을 시작하는데, 이는 현장점검이나 문서 검토 시 결정력이 없는 증거만을 수집하게 되고, 결국 미숙한 사고이론을 개발하기 때문에 위험성이 있다. 본질적으로 이는 증거가 이론을 뒷받침하는 것이 아니라 이론에 의해 증거가 영향을 받게 되어 조사관이 확증편향에 빠지기 쉽게 한다. 숙련된 포렌식 엔지니어는 증거수집과 가설개발을 분리하여 서로 정보를 공유하고 지원하도록 한다. 즉, 특정한 사고가설은 특정 이론을 증명하거나 반증하기 위해 특정 증거가 조사되도록 하여 이전에는 고려하지 않았던 사고가설을 제안할 수도 있다. 일반적으로 우수한 포렌식 엔지니어는 증거수집이 합리적으로 완전히 진행될 때까지 가설을 확정하지 않으려고 하지만, 사고 직후에 빠른 대응과 신속한 보수작업을 원하는 의뢰인의 요구로 어려움에 직면할 수 있다.

엔지니어링 해석, 특히 유한요소 해석은 특정 하중조건에 대한 가설검증 단계에서 매우 중요한 역할을 할 수 있다. 그러나 엔지니어링 해석에 과도하게 의존하거나 잘못된 방식으로 사용되는 경우, 사고조사에서 오류를 유발할 수 있다. 설계에 사용되는 유한요소 해석은 하중, 재료특성 및 구조적 거동과 관련된 가정을 기반으로 한다. 사고조사에서 이러한 각 가정의 적절성은 가능하다면 사고 구조물에 대한 특정 증거를 가지고 조사되고 확인되어야 한다. 따라서 이러한 엔지니어링 해석의 타당성은 해석의 기초가 되는 가정의 유효성에 달려있다. 엔지니어링 해석은 설계된 구조물이 관련 설계표준을 준수했는지를 평가하는 데 사용된다. 이 접근법은 원래 설계가 합리적인 기술과 주의를 기울여 준비되었는지를 판단하는 분쟁 시나리오에서는 유용하지만, 그 자체가 사고의 원인으로 오인되어서는 안 된다. 사고 당시에 존재하는 실제 조건이 기술적 해석을 위한 지배적인 기초가 되어야 한다.

5. 결론

포렌식 조사와 설계 프로세스는 상당히 다르다. 역량 있는 포렌식 엔지니어라면 실제로 구조물이 어떻게 파괴되는지, 가설을 개발하기 전에 증거를 확보하고 그 증거의 유효성을 평가하는 것이 얼마나 중요한지 그리고 포렌식 분석에 사용할 수 있는 기술적 도구의 적용과 한계가 무엇인지를 이해해야 한다.

A.5 ASCE의 포렌식 엔지니어링 관련 조직[7]

1. 미국토목학회 포렌식 엔지니어링 분과

미국토목학회 포렌식 위원회는 ASCE 내에 포렌식 엔지니어링 기술위원회 (Technical Council of Forensic Engineering)로 운영되다가 1985년 이후 포렌식 엔지니어링 분과(Forensic Engineering Division)로 승격되어 현재에 이르고 있다.

포렌식 엔지니어링 분과(FED)의 목적은 다음과 같으며, 산하에 3개의 위원회를 두고 있다.

- 사고를 줄이기 위한 실무지침 및 절차 개발
- 사고 및 사고원인에 대한 정보 제공
- 사고조사를 수행하기 위한 지침 제공
- 포렌식 엔지니어링 윤리지침 제공

1) 집행위원회

집행위원회(Executive Committee)는 포렌식 위원회의 활동을 감독한다.

2) 행정위원회(Administrative Committees)

- 교육위원회(Education Committee)
- 출판위원회(Publications Committee)

3) 기술위원회

- 사고정보 전파위원회(Committee for Dissemination of Failure Information)

---

7   출처: https://www.ascemetsection.org/tech-groups/forensic-engineering/history
     https://www.asce.org/communities/institutes-and-technical-groups/forensic-engineering-division/committees

- 포렌식 조사위원회(Committee on Forensic Investigations)
- 포렌식 실무위원회(Committee on Forensic Practices)
- 포렌식 국제위원회(International Activities Committee)
- 포렌식 사고경감 실무위원회(Committee on Practices to Reduce Failures)

2. 미국토목학회 메트로폴리탄 지회의 포렌식 엔지니어링 그룹

1998년 미국토목학회 메트로폴리탄 지회의 건설그룹에서는 건설사고 사례 연구와 관련한 세미나를 후원한 바 있다. 세미나는 성황을 이루었으며 1999년 굿맨(Goodman) 뉴욕주 상원의원의 적극적인 관심을 받게 되었다. 굿맨 의원은 뉴욕시의 건물 붕괴사고를 조사하기 위한 전문가 패널을 구성할 것을 메트로폴리탄 지회의 건설그룹에 제안하였다. 이 세미나에서는 뉴욕시 인근 지역에서 포렌식 분야를 전공하고 있는 엔지니어들을 위한 일일 포럼도 열렸다.

지회의 포렌식 엔지니어링 위원회는 2001년 9월에 구성되었으며, 포렌식 엔지니어, 구조 엔지니어, 법조인, 건설관리자, 건축가, 품질보증 전문가, 발주자, 지방자치단체 및 정부기관, 학계, 보험사, 산업안전보건청(OSHA) 관리자 등 많은 사람과 기관이 참여하여 서로의 경험을 공유하고 있다.

2001년 9월 포렌식 엔지니어링 위원회로 구성된 이후 포렌식 엔지니어링을 주제로 한 다양한 강연을 후원하고 있으며, 2002년, 2005년, 2006년에는 컬럼비아대학교 공과대학과 공동으로 포럼과 심포지엄을 개최했다. 최근에는 "오류의 원인과 오류를 잡을 수 있는 기회"라는 주제의 심포지엄이 2010년 6월 4일간 쿠퍼 유니언(Cooper Union)에서 개최되었다. 포렌식 엔지니어링 심포지엄의 발표 내용은 책으로 출판되어 모든 참석자에게 배포되었다.

2010년 가을, 이사회의 추천으로 포렌식 엔지니어링 위원회는 지난 몇 년 동안의 지속적인 성과에 대한 철저한 실사를 거쳐 미국토목학회 메트로폴리탄 지회의 공식적인 기술그룹으로 승격되었다.

A.6 구조물 붕괴에는 이유가 있다[8]

사고원인

기존 구조물의 붕괴 및 사고와 관련된 사례가 최소 124건 이상이 있는데, 이러한 사고가 일어나는 원인은 수천 가지 이상이다.[1] 그런데 사고는 어디에서 일어날까? 사고가 일어날 수 있다는 증거는 어디에 있을까? 사고는 여러분이 이웃, 지역사회, 그리고 도로에서 운전하거나 길을 걸을 때도 발생할 수 있다. 시골에서 휴식을 취한다고 해서 사고를 피할 수는 없으며 그곳에서도 사고는 일어날 수 있다.

붕괴와 사고에 대해 분류하고 그에 대한 원인을 간략하게 설명하면 다음과 같다.

1. 소규모 붕괴/사고
2. 보통규모 붕괴/사고
3. 대규모 또는 치명적인 붕괴/사고
4. 대인사고
5. 어리석은 붕괴/사고
6. 현실에서의 붕괴/사고

1) 소규모 붕괴/사고

1. 도로의 맨홀과 집수정이 노면보다 수 센티미터 높거나 낮게 시공된 것은 설계나 시공 부실 때문이다. 운전 중 도로에서 튀어나온 맨홀이나 집수정과 충돌을 피하려다 사고가 발생하기도 한다.

---

8   출처: http://www.ericjorden.com/blog

2. 도로를 가로지르는 수 센티미터 깊이의 폭이 좁게 발생한 함몰은 마치 속이 빈 과속 방지턱을 넘어갈 때 겪는 것과 같은 사고이다. 차를 타고 좁게 함몰된 곳을 지나갈 때 발생하는 소리를 통해 그것을 알 수 있다. 그 같은 함몰은 폭우에 의해 생기거나 상하수도관이 설치된 임시굴착부의 상부에서 발생한다. 이러한 함몰은 상하수도관을 설치한 후, 이를 메우기 위해 사용된 성토재의 다짐불량으로 발생한다. 즉, 시공불량이다. 이로 인해 자동차 사고가 발생할 수 있다.

3. 도로의 포트홀은 설계 또는 시공 부실로 발생한다. 포트홀은 연성포장도로와 노상 또는 배수가 불량한 노상 때문에 발생한다. 흥미롭게도 포트홀은 물이 고인 후에 더 커질 수 있다. 물은 차량이 포트홀을 지날 때 바퀴에 흙이 더 잘 달라붙게 하는 역할을 한다.

4. 공영주차장이나 사유지 진입로의 파손된 도로는 하자이다. 주차장이나 사유지 진입로의 경우, 부적절한 시공 때문에 파손이 발생한다. 포트홀과 마찬가지로 포장과 노상이 약하거나 노상의 배수가 불량하여 발생한다.

5. 주택이나 아파트의 경사진 바닥은 부실한 시공이 원인이다.

6. 지하실과 지붕에서 발생한 누수도 부실한 시공이 원인이다.

2) 보통 규모의 붕괴/사고

1. 다층건물과 고층건물 바닥의 경사와 처짐량이 최소 5~7.5cm로 추정되는 경우 부실시공이 원인이다. 이는 고층건물을 시공하면서 시공자가 비용절감을 위해 공기단축을 서두르면서 발생한 부실공사였을 것이다. 특히, 바닥이 경사지거나 젖으면 미끄러짐 사고의 위험이 훨씬 증가한다.

2. 건물의 콘크리트 블록과 벽돌식 벽체는 간혹 균열이 발생하며, 경우에 따라 붕괴되기도 한다. 건물에 발생하는 미세한 균열은 일반적으로 정상적인 현상이나 일부 기준 이상의 균열은 부적절한 설계나 시공 때문에 발생한다.

3. 어떠한 종류의 구조물 기초라도 간혹 손상이 발생한다. 기초의 손상은 과도한 기초 침하나 치명적인 붕괴현상으로 나타난다. 그러나 허용치 이내로 발생하는 약간의 침하는 정상적인 현상이다. 과도한 침하는 건물을 손상시키고 구조물을 파괴시킨다. 이러한 유형의 손상은 기초지반의 지반조사가 부실해서 발생하기도 하지만 때로는 기초설계나 시공이 부실해서 발생하기도 한다.

4. 보도에 발생하는 요철은 노반에 대한 설계나 시공이 부실하여 지지력이 확보되지 않거나 배수가 잘 되지 않아 발생한다. 여러 개의 콘크리트 슬래브로 시공된 보도에서 슬래브의 이음부가 인접 슬래브보다 약간 높거나 낮으면 요철이 상당히 두드러지며 사람들이 걸려 넘어지기 쉽다. 이러한 파손을 보통 규모의 파손으로 분류하는데, 이는 넘어지거나 낙상사고의 위험이 증가하기 때문이다.

5. 2015년 3월 15일 공사 도중 발생한 캐나다 앨버타주 에드먼턴 교량의 보 3개가 휘어진 것은 부실공사 때문이었다. 다행히도 폭풍으로 인해 공사 노동자들이 일찍 귀가했기 때문에 다친 사람은 없었다. 크레인은 3개 보 중 바깥쪽 보에 케이블과 스트랩으로 연결되어 있었다. 필자는 교량 붕괴 조사에는 참여하지 않았지만, 온라인과 신문의 사진들을 검토했고 구조 엔지니어 및 교량 설계자들과 붕괴 원인에 대해 논의하였으며, 에드먼턴에 사는 딸의 집에 방문했을 때 안전난간에서 사고 교량을 살펴보았다. 필자는 풍하중이 크레인 붐을 진동시키고, 스트랩이 보를 반복적으로 잡아당겼으며 그 결과 시간이 지나면서 보를 휘어지게 했다는 결론을 내렸다. 바깥쪽 보가 다른 보와도 연결되어 있어 다른 보들도 휘어지게 했다. 이것은 부실공사였다.

6. 캐나다 뉴브런즈윅(New Brunswick)주의 세인트존강은 가끔 봄에 홍수가 나서 하류에 피해를 야기했다. 어떤 사람들은 2019년 홍수 때 프레더릭턴(Fredericton)시 상류에 있는 맥타콱(Mactaquac)댐의 수문을 열어 피해가 발생한 것은 아니

었는지 궁금해했다. 맥타콱댐은 수압으로 터빈을 회전시켜 전기를 생산하기 위해 건설되었다. 수압이 높을수록, 터빈이 빨리 회전할수록 더 많은 전기가 생산된다. 댐의 수심이 깊을수록 수압이 높기 때문에 가능한 한 깊은 수심을 유지하여 발전량을 늘리는 데 관심이 있었을 것이다. 한편, 댐의 수위가 너무 높으면 댐이 넘쳐 무너져 붕괴될 위험이 있기 때문에 이를 방지하기 위해 저수지에서 물을 방류한다. 그러나 몇 년 동안 맥타콱댐의 유역에서 녹은 눈과 내린 비 때문에 저수지의 수위가 더 빨리 상승하였기 때문에 물을 방류해야 할 필요성이 상당히 시급해졌다. 그러나 수압이 높아야 수력 발전이 용이하기 때문에 수문을 열어 물을 방류하기를 망설였을 수 있다. 이러한 상충되는 이해관계가 세인트존강의 범람과 관련이 있을 것으로 생각하지 않을 수 없다.

7. 폭우로 병원의 전기실이 침수되었다. 조사 결과 병원으로 들어가는 전력선용 PVC 파이프가 있다는 것이 확인되었다. 이를 통해 외벽을 통과한 배관의 외부 주변으로 물이 스며든 사실이 드러났으며 추가조사를 통해 파이프 내부에 빗물이 있다는 증거가 발견되었다. 도로에서 송전선이 들어오는 외벽의 파이프 윗부분이 캐노피로 덮여 있기 때문에 물이 없어야 했다. 그러나 남동쪽에서 몰아치는 폭풍우 때문에 빗물이 들이쳐 물이 캐노피 아래에 있는 PVC 파이프를 타고 내려와 전기실로 스며들었다. 이는 캐노피 설계 부실이다. 다행히 시공 중에 부적합한 설계를 인지했으며 문제점을 해결하기 위해 적절한 조치를 취했다.

8. 고속도로에 있는 한 절토사면에서 발생한 소규모 산사태는 설계오류였다. 이러한 산사태는 고속도로에서 가끔 볼 수 있는데, 간혹 흙의 안식각보다 훨씬 가파르게 사면을 굴착하거나 사면의 배수가 불량하여 발생한다. 이러한 종류의 붕괴는 치명적인 붕괴로 진행될 수도 있다.

3) 대규모 또는 치명적인 사고

1. 7월 4일 토요일 이른 아침, 브리티시컬럼비아에서 토석류 산사태가 발생하였다. 허리 높이까지 쌓인 진흙, 자갈 등이 산에서 미끄러져 내려와 주택가를 뒤덮었다. 이 지역에서 또 다른 산사태가 발생했으며 교통부는 추가로 산사태가 발생할 가능성이 있다고 보고했다. 이러한 산사태의 원인은 처음부터 산사태 가능성이 있는 지역에 주택을 짓도록 허용한 부실한 계획이나 산사태를 유발하는 강우량과 같은 상황을 모니터링하지 않은 유지관리 부실 때문일 수 있다.

2. 7월 7일 화요일 노바스코샤(Nova Scotia)주의 듀렐섬과 캔소를 연결하는 교량이 붕괴되었다. 크레인이 실린 평상형 트레일러 차량이 교량 위를 지나던 중 교량이 무너졌다. 트레일러 차량의 하중이 교량의 설계 활하중을 초과한 것이다. 초과하중과 교량의 유지보수 부실 등 여러 가지 원인의 조합으로 교량이 붕괴된 것으로 보인다.

3. 주택가에서 교량 붕괴의 원인을 조사하였다. 한 여성은 자신이 몰던 차가 하천에 떨어진 교량의 잔해 위로 추락하여 부상을 입었다. 이번 붕괴사고는 점검 및 유지보수 과정에서 누락됐던 교량의 철골 부식 때문에 발생하였다.

4. 2019년 핼리팩스의 다층 건물로 추락한 크레인은 사고였다. 추락한 크레인은 건물 앞쪽 벽면의 위아래로 걸쳐져 있었다. 크레인의 여러 곳이 부러지거나 휘어졌다. 필자는 이 사고의 원인조사에는 관여하지는 않았지만, 안전난간 밖의 멀리 떨어진 곳에서 보니 사고가 나던 날 밤바람이 크레인에 강하게 작용했다는 것을 쉽게 상상할 수 있었다. 크레인의 노후화와 강재의 부식이 사고의 원인으로 의심되었다.

5. 높은 옹벽이 붕괴되거나 무너지는 것은 일반적으로 설계오류이다. 몇 년 전 노바스코샤 해안에서 무너진 옹벽은 기초폭이 너무 좁았다. 상부에 화단을 위해 시공된 낮은 옹벽이 심하게 기울어진 원인은 시공 부실이며 간혹 배수가 부적절해서 발생하기도 한다.

6. 한 남자가 건물의 천장에서 작업을 하기 위해 사다리를 올라갔다. 그러나 작업 중 넘어져서 콘크리트 바닥에 머리를 부딪혀 즉사했다. 사다리의 한쪽 다리가 휘어져 있었다. 필자는 사고의 원인을 조사하기 위해 고용되었다. 작업자가 사다리에서 작업하는 동안 어느 쪽으로 기울어졌는지, 얼마나 높이 사다리에 올라갔는지를 증언할 목격자는 없었다. 물론 처음에는 작업자가 구부러진 사다리를 타고 꼭대기 근처에서 작업을 하지 않았을까 생각했었다. 전문 스턴트맨과 사고 재현을 계획했지만, 의뢰인은 사고로 인한 분쟁을 피해자와의 합의로 해결하였다.

7. 지붕에서 떨어진 얼음에 사람이 심하게 다치는 것은 유지관리의 문제이다.

8. 산사태로 집이 무너지는 것은 재앙적인 사고이다. 뉴브런즈윅 해안에서 발생한 산사태의 원인을 조사하였다. 산사태의 원인은 펀디(Fundy)만에 의한 자연사면 선단부의 침식 때문이었다. 산사태 발생가능성을 충분히 예측하고 예방하거나 안전한 곳에 건물을 지음으로써 피할 수 있었기 때문에 산사태 발생이 불가피한 것은 아니었다.

9. 2020년 9월 26일에 뉴브런즈윅의 시골 마을을 가로지르는 도로를 지나가다가 치명적인 사고가 발생하는 것을 목격했다. 지붕의 중간이 3m 정도 처진 헛간이 눈에 띄었고, 처짐량을 고려할 때 더 이상 사용해서는 안 된다고 판단되었다. 지붕이 처져 있는 크고 작은 건물들이 전국에 산재해 있다. 처짐이 발생한 대부분 건물이 폐쇄되었지만, 아직도 많은 건물이 남아 있다. 지붕이 수 cm 정도 처져 있는 건물들을 볼 수 있는데, 이는 육안으로도 쉽게 구분이 된다. 처짐량이 큰 것은 설계오류이다. 처짐량이 작은 것도 대부분 설계오류이지만, 일부는 시공 후에 건조되면서 목재가 수축하기 때문에 발생한다.

4) 대인사고

2년 전 겨울, 경사진 도로에 세워져 있는 이웃집 자동차 뒤에서 눈을 치우고 있었다. 눈을 치우다가 도로 쪽 경사면을 따라 비탈길을 미끄러져 내려가기 시작했는데, 거기에는 약간의 살얼음이 있던 것으로 밝혀졌다. 필자는 제설기가 남긴 눈더미 근처에서 넘어지며 세게 미끄러져 부상을 입었다. 이런 사고는 부실한 설계 및 시공으로 노면에 생긴 살얼음으로 인해 경사지고 포장된 노면에서 언제든 발생할 수 있는 사고에 대한 경고였다. 최근 몇 년 동안 교차로의 경사진 보도에 거친 표면의 강판을 설치하고 있는데, 이것은 안전을 위해 매우 현명한 일이라고 할 수 있다.

5) 어리석은 사고

계단식 사다리 사망사고를 조사한 지 3개월 후, 집에서 창고를 짓기 위해 계단식 사다리 위로 올라가 작업을 하였다. 필자는 판넬을 고정하기 위해 사다리에 옆으로 기대어 못을 박다가 바닥으로 떨어졌다. 다행히 지면에 노출된 돌부리에 떨어지지 않았지만, 땅에 세게 부딪친 후 잠깐 그 자리에 누워 있었다. 필자의 사다리에는 문제가 없었다. 단지 필자가 사다리를 잘못 사용했을 뿐이다.

결언

구조물이 제대로 기능하지 않아 하자가 발생한 경우가 많이 있다. 이런 일이 우리 주변에 일어난다는 것과 그런 일이 심지어 시골에서도 일어난다는 것을 아는 것이 중요하다. 또한, 그것은 설계자, 시공자 그리고 운영자들의 잘못이다. 그러나 대부분의 시설물은 그 기능을 잘하고 있는데, 그것은 그곳에 거주하는 사람들이 유지관리를 잘한 덕분이기도 하다. 모든 구조물은 파괴 가능성을 가지고 있지만, 설계와 시공 및 유지관리를 잘하고 있기 때문에 실제로는 파괴가 일어나지는 않는 것이다.

A.7 COVID-19 시대의 포렌식 엔지니어링 조사[9]

반려견과 산책하고 있던 어느 날 아침에 COVID-19로도 포렌식 조사를 막을 수 없다는 사실에 충격을 받았다. 전문가들은 필요에 따라 다른 전문가들과 상의하는 수석조사관으로서 혼자 일하기도 한다. 경험이 많은 전문가 중 상당수가 대부분 단독으로 일하는 실무자들이다. 어떤 의미에서 우리는 이미 수년째 '집에서 일'하고 있는 중이다.

1. 집에서 혼자 일하는 전문가

우리는 집에서 브리핑을 받고 택배로 문서를 받아 연구하고 현장을 육안으로 검사하여 사전점검을 하고 문헌을 조사한다. 드론으로 사고 현장의 사진이나 비디오를 찍고 현장계측 등을 수행한다. 전문가 혼자 모든 작업을 수행할 수 있다.

전문가라면 이 정도의 포렌식 조사만으로도 사고의 원인을 파악하기에 충분할 수 있다. 최근에 일어났던 작은 홍수에 대한 원인분석처럼 과학적 방법을 적용하여 가설 수정을 반복하기도 한다. 포렌식 전문가는 현장을 답사하지 않고도 보고서를 작성할 수 있다.

2. 다른 전문가와 함께 '현장 작업'을 수행하는 전문가

물론, 다른 전문가의 도움이 필요한 규모가 크고 치명적인 사고인 경우, 포렌식 조사는 최소한 위에서 언급한 전문가의 초기 작업이 완료된 후 이루어져야 한다. 따라서 사고조사를 완료하는 데 몇 달 정도의 시간이 더 소요될 수 있다.

---

9   출처: http://www.ericjorden.com/blog

3. 포렌식 조사 예

최근에 수행한 도로 안전평가에서의 자동차 사고의 예이다. 너무 많은 사람이 관련되어 있고 COVID-19 기간에 사고가 발생하여 결론을 내리기가 어려웠다. 또한 몇 년 전에 내가 했던 존 모리스 랭킨 사고 재연, 최근의 네일 건(Nail-gun) 사고 재연, 그리고 현장에 대한 지형측량 조사 결과 붕괴 당시 홍수위가 원인이었던 교량 붕괴사고나 건물 기초의 붕괴와 복구 등의 예도 있다. 이와 같은 포렌식 조사에는 너무 많은 사람이 밀접하게 개인적으로 관련되어 있다. 하지만 다시 '집에서 일하는' 전문가로 돌아가면 혼자이다. 최근에 지어진 다층건물 외벽의 큰 균열의 원인 정도에 대하여 포렌식 전문가는 벽 구조, 균열 크기 및 구성에 대한 전화 브리핑을 통해 매우 확실하게 그 원인을 규명할 수 있다. COVID-19가 정말 끔찍한 것은 전문가가 혼자 집에서 일하면서 원인을 파악한다는 것이다.

A.8 포렌식 엔지니어링 보고서 작성 사례[10]

포렌식 엔지니어링 프로젝트는 간혹 서로 다른 당사자가 기술적 주장에 따라 피해 사실을 수집하거나 피해를 회피하려고 벌이는 소송인 경우가 많다. 이러한 프로젝트에는 조사 완료 시, 엔지니어링 전문가 증인의 보고서 작성이 포함되는 경우가 많다. 이러한 보고서는 작성 후 다양한 이해당사자에게 배포될 수 있다. 다음 절에서는 이러한 보고서의 필수기능에 대해 간략하게 설명하였다. 서면 보고서에 중점을 두지만, 권고사항은 구두보고에도 동일하게 적용될 수 있다.

1. 보고서의 목적

포렌식 엔지니어링 보고서의 주요 목적은 기술적 성격의 문제를 해결하여 방어할 수 있는 결론을 제시하는 것이다. 결론은 사용할 사람들이 쉽게 이해할 수 있도록 작성되어야 한다. 보고서를 읽는 사람은 전문가일 수도 있지만 비전문가도 포함될 수 있다. 보고서가 소송에 사용될 경우, 수령인이 기술자가 아닐 수도 있다. 이들은 변호인 또는 조정인이 될 수 있으며 궁극적으로는 판사, 배심원 또는 중재인과 같은 사건의 재판관이 될 수도 있다.

조사의 철저함이나 결과의 명확성과는 관계없이 결과를 뒷받침하는 주장과 결과는 보고서를 읽는 관련자들이 쉽게 이해할 수 있어야 한다. 보고서는 조사 결과를 제시할 수 있는 유일한 도구일지 모른다. 보고서에는 허용되는 모든 증언이 포함될 수 있다. 따라서 조사의견에 대한 세부사항이 포함되지 않거나 논점을 이해하기 어려울 경우, 결론의 신뢰성을 훼손하는 의견은 사용하지 않아야 한다. 그렇지 않으면 심각한 경제적, 법적 결과가 초래될 수 있다.

---

10 출처: https://www.expertinstitute.com/resources/insights

2. 보고서 스타일

보고서의 작성 스타일은 기술적인 논쟁사항이 아니므로 기술적인 내용에 영향을 미치지 않는 한 저자마다 다를 수 있다. 그러나 보고서 스타일의 선택은 본문을 이해하는 독자의 능력뿐만 아니라 작성자의 신뢰성에도 영향을 줄 수 있다. 보고서의 이해도와 신뢰성을 극대화하기 위해서는 독자들이 적절하게 이해할 수 있도록 작성해야 한다. 한 가지 분명한 스타일은 능동태(1인칭) 또는 수동태(3인칭) 중 하나를 사용하는 것이다. 수동태는 전통적으로 더 냉정하고 편견이 덜한 것처럼 보이기 때문에 사용되는 반면, 능동태는 작성자와 보고서의 내용 사이에 더 직접적이고 개인적인 연관성을 드러낸다. 스타일에 대한 또 다른 문제는 보고서의 흐름이다. 보고서는 처음부터 끝까지 논리적으로 읽혀야 한다. 일반적으로 정보가 관측치보다, 관측치가 분석보다, 분석이 결론보다 앞에 나온다. 사실이 논리적인 흐름으로 제시되고 설명될 때 독자들의 마음속에 자연스럽게 의견이 형성된다. 이러한 접근법은 또한 일반적으로 보고되는 과업의 내용을 향상시키는 방법이다. 보고서 스타일의 선택과 상관없이 철자법과 문법도 중요하다. 이는 옳든 그르든 저자의 교육과 훈련, 조사의 성실성을 반영한다.

3. 엉터리 과학 – 프라이, 다우버트, 금호타이어 사건과 연방증거규칙

보고서의 결론을 수용하는 데 있어서 기본적인 문제로 내용과 관련된 적절한 문서의 제공, 승인된 참고자료의 사용, 유효한 정보 출처 및 인용 가능한 논리 등이 있다. 보고서에서는 가정이나 제3자 정보 및 사실과 전문가의 의견이 명확히 구분되어야 한다. 법원은 엉터리 과학을 유효한 과학 및 기술적 주장과 구별하기 위한 방법론을 제공하려고 노력해왔다. 대표적인 사건으로 프라이 대 미국과의 사건, 다우버트 대 머럴다우 제약회사와의 사건, 금호타이어 대 카마

이클 사건 등이 있다. 이 사건들은 연방법원에서 인용되고 있으며, 이러한 사례들에서 발생하는 규칙은 연방증거규칙에 포함되어 있고 일부 수정된 규칙은 많은 주의 법체계에 인용되고 있다. 이는 전문가 증인의 증언에 적용되는 연방증거규칙 제7장 제702조에 수록되어 있으며 그 내용은 다음과 같다.

□ 규정 702. 전문가 증인의 증언

지식, 기술, 경험, 훈련 또는 교육을 통하여 전문가의 자격을 갖춘 증인은 다음과 같은 경우에 의견이나 다른 형태로 증언할 수 있다.

a. 증거를 이해하거나 문제의 사실을 결정하려는 경우

b. 증언이 충분한 사실이나 데이터에 근거한 경우

c. 증언이 신뢰할 만한 원칙과 방법의 산물인 경우

d. 전문가가 원칙과 방법을 사건의 사실에 신뢰성 있게 적용한 경우

사실심리관이 전문가 증인의 증언을 이해할 수 없다면 전문가는 목적을 달성하지 못한 것이다. 따라서 모호하거나 쉽게 이해되지 않는 용어를 명확하게 정의하는 것이 중요하다. '많은', '괜찮은', '적절한'과 같은 용어는 다양한 의미로 해석될 수 있다. 기술용어도 보고서 본문에 명확하게 정의되어야 한다. 전문용어는 피하거나 주의하여 구분해야 한다[예: 보강철근('철근')]. 조사 결과에 가장 관심이 있는 사람들은 보통 기술적인 지식이 거의 없다. 가능한 경우, 기술 개념을 설명하는 데 도움이 되도록 삽화를 사용한다(예: 재하 경로).

근본적으로 전문가 증인 보고서는 그 자체로 인정받을 수 있어야 하며 동일한 정보를 받은 모든 사람이라면 동일한 결론에 도달할 수 있어야 한다. 따라서 보고서에는 충분한 사실이나 데이터가 제공되어야 하며 이러한 데이터와 사실을 이용하여 결론에 도달하는 데 사용되는 원칙과 방법은 수용 가능하고 신뢰할 수 있으며 주장과 관련이 있어야 한다. 이런 점에서 그 보고서가 사고원인을

밝히는 데 실패할 때마다 엉터리 과학에 대한 비난이 제기될 수 있다.

진술한 내용을 입증하기 위해서는 가능한 한 업계에서 인정하는 참조자료를 사용해야 한다. 특정 문제에 대해 시험절차를 개발해야 하는 상황이 있을 수 있지만 가능한 경우 시험 프로토콜도 허용 가능한 출처를 참조해야 한다. 미국표준협회(ANSI, American National Standards Institute) 프로토콜에 따라 준비된 시험절차는 일반적으로 미국 법원에서 허용되는 것으로 간주된다. 그러한 표준이 없는 경우 국제표준화기구(ISO, International Organization for Standardization)와 같은 다른 출처에 의존하는 것이 가능할 수 있다. 그러나 미국에서 인정되지 않는 국제표준을 사용하는 경우 법원에서 거부될 수 있다.

미국 국가표준 프로세스의 특징은 다음과 같다.

1. 실질적으로 영향을 받고 이해관계가 있는 당사자의 대표를 포함하는 그룹 또는 '합의기구'에서 제안된 표준에 대한 합의
2. 표준 초안에 대한 광범위한 공개 검토 및 논평
3. 투표로 합의하는 관련 합의기구의 구성원 및 공개 검토의견 제시자가 제출한 의견의 고려 및 답변
4. 승인된 변경사항을 표준 초안으로 통합
5. 미국표준협회의 승인절차에 따라 표준 개발자가 표준을 개발하는 중에 적법 절차 원칙이 충분히 존중되지 않았다고 생각되는 경우, 모든 참여자가 항소할 수 있는 권리

미국표준협회가 승인한 시험기준이 존재할 수는 있지만 그 기준이 해결하려고 하는 문제에는 아직 적용되지 않을 수 있다는 점에 유의할 필요가 있다.

시험표준 외에 표준은 설계, 설치, 제조, 검사 또는 기타 활동과 관련될 수도 있다. 이러한 산업 '표준'도 일반적으로 미국표준협회의 지원하에 마련되어 있

는 것이다. 미국표준협회의 확인이 완료되지 않은 경우의 문서는 지침, 권고사항으로 간주될 수 있다. 미국표준협회가 승인한 설계기준이 있는 경우에도 시험표준을 여전히 해결하고자 하는 문제에 적용할 수 없을 수도 있다.

타인의 진술에 정보를 귀속(attribution)시키는 경우에는 직접인용과 진술의 차이를 명확하게 구별해야 한다. 인용 여부와 관계없이 진술이 증언, 증인 진술, 기타 보고에서 비롯된 것인지 또는 직접 들은 것인지 명확하게 기술해야 한다. 출처, 날짜 및 참조 위치를 모두 제공해야 하며 이 정보를 사용할 수 있다. 증인의 진술이 인용되는 경우, 인터뷰 진행자의 이름과 소속을 확인해야 하며 보고서의 적절한 곳에 인터뷰 진행자의 이해관계, 즉 의뢰인 또는 의뢰인이 소속된 회사의 이름을 명기해야 한다. 표준 각주인용 및 참고문헌 프로토콜을 이용하면 일반적으로 충분하다. 의뢰인, 특히 변호인은 귀속 방법과 관련하여 특별한 선호도를 가질 수 있다.

미국재료시험협회(ASTM) 시험기준에는 일반적으로 시험결과의 정밀도와 편향성에 관한 문구가 삽입되어 있다. 시험은 반복할 수 있도록 설계되어 있으며 시험자는 명시된 프로토콜에 따라 동일한 결과를 얻을 수 있다. 보고서 내에서 인용되는 모든 시험이나 조사는 해당 보고서의 기초가 되는 정보나 시험자료가 사용할 수 있는 범위 내에서 반복 가능해야 한다.

전문성을 주장한다고 해도 타당한 과학적 근거 없이는 의견을 유효하게 만들 수 없다. 경험과 전문성만을 바탕으로 한 증언은 일반적으로 무효다.

4. 보고서의 구성

미국토목학회 포렌식 실무위원회가 작성한『포렌식 실무지침(제2판)』에 따르면 보고서에는 사고정보, 문제에 대한 설명, 제공된 정보, 조사 결과 및 결론 등 다섯 가지 기본요소가 포함되어 있다. 보고서의 스타일, 문제의 복잡성, 자료의 양이 모두 보고서의 최종 레이아웃에 영향을 미치기 때문에 이 순서는 참고로 제안된 것일 뿐이다. 다음은 표준 구성방법에 따른 포렌식 조사보고서의 예이다.

1. 표지
2. 제목
3. 목차
4. 핵심요약
5. 서론/배경
6. 과업범위
7. 조직도
8. 추진방법
9. 문서목록
10. 기타정보(제공 또는 획득)
11. 현장답사
12. 현장/시설물 설명
13. 문서검토
14. 현장관찰
15. 분석
16. 시험결과
17. 외부보고서
18. 토의
19. 결론
20. 권고사항
21. 면책사항
22. 서명

23. 사진, 도표, 그래프 및 그림(보고서 본문에 포함되지 않은 경우)

24. 부록

보고서에 위의 모든 장이 포함될 필요는 없으며 명확성이 훼손되지 않는 범위 내에서 장을 합칠 수도 있다. 필요에 따라 장을 추가할 수도 있다. 자료목록, 사진, 참고자료, 원본 문서 및 기타 백업 자료가 필요한 경우에는 일반적으로 부록에 포함시킨다.

일반적으로 항상 포함되는 장은 표지, 핵심요약, 서론/배경, 과업범위, 문서목록, 현장답사, 현장시설물 설명, 문서검토, 현장관찰, 토의, 결론, 면책사항, 서명이다. 현장답사가 없는 경우에는 이를 별도로 언급해야 한다.

모든 보고서에는 고유한 제목이 있어야 하며 모든 페이지에는 보고서 제목, 발행일 및 회사명을 비롯한 고유 식별자가 포함되어야 한다. 중간보고서와 초안보고서는 적절하게 구분되고 각각 날짜가 명기되어야 한다.

대부분 조사는 시간, 범위, 예산, 프로그램 또는 기타 원인에 의해 제한되므로 조사가 한 번에 완료된다고 볼 수 없다. 언제든 추가정보, 현장답사, 시험 또는 기타정보가 제공될 수 있다. 따라서 어떤 출처에서든 새로운 정보가 가리키는 범위 내에서 보고서 수정 등 포렌식 보고서에 일반적인 면책사항을 포함하는 것이 일반적이다. 이러한 제한사항 대부분은 과업범위, 받은 문서의 목록, 현장답사 및 서론에 설명되거나 암시되어 있다. 추가적 제약이 있을 수 있는 경우 이를 명확히 하는 것이 바람직하다.

제공된 과업범위에 미리 설명되지 않은 경우라면 보고서의 목적 및 사용 허가를 포함하는 것이 좋다. 미국구조엔지니어협회(CASE, Council of American Structural Engineers)에서 발행한 「구조공학 보고서 준비를 위한 국가실무 지침」에는 다른 보고서 유형에 대한 정보 외에도 몇 가지 가능한 면책조항이 포함되어 있다.

일반적으로 보고서 작성자는 보고서에 서명해야 한다. 보고서 작성자는 또한 일반적으로 포렌식 조사를 통제하는 사람이며, 필요에 따라서는 전문가 증인이 되기도 한다. 보고서의 내용이 다른 사람의 기여를 배제할 필요는 없지만, 과업과 보고서 작성자의 의견을 나타내야 한다. 그러나 모든 기여는 분석, 현장지원, 시험 또는 기타 수단을 통한 정보제공으로 제한되어야 한다.

복잡한 과업의 경우, 전문가는 특정 하위주제에 대한 다른 전문가의 전문분야와 통합할 수 있어야 한다. 따라서 전문가는 하위주제 전문가의 분석과 결론을 독립적으로 평가하고, 괜찮다면 그것들을 통합할 수 있어야 한다. 예를 들어, 구조 엔지니어는 풍동 전문가 또는 수치해석 전문가의 연구결과를 신뢰하고 통합할 수 있다. 그럼에도 불구하고, 이러한 과정에서 전문가는 단순히 채택을 위하여 의견을 공식화할 수는 없으며 포함해서도 안 된다. 이를 위해 많은 포렌식 엔지니어들이 보고서에 전문가 날인을 한다. 실제로 일부 지역에서는 이러한 날인을 요구하기도 한다.

5. 피어리뷰의 역할

아무리 주의를 기울여도 보고서에 오류가 있을 수 있다. 특히, 문제가 복잡한 경우에는 더욱 그렇다. 철자 및 문법 오류, 일반적인 형식 등의 문제가 누락되는 경우, 전체 프레젠테이션의 전문성과 신뢰도가 떨어질 수 있다. 또한, 조사 접근방식의 명확성 부족(문자 그대로), 기술용어 정의의 착오 및 논리의 잠재적 오류가 존재할 수 있다.

따라서 포렌식이나 기타 보고서와 관계없이 피어리뷰는 엔지니어링 커뮤니티에서 필수적인 기능이다. 피어리뷰를 통해 문법, 철자 및 구두점 외에도 가정, 계산, 분석, 설계 및 논리의 타당성을 확인할 수 있다.

동일 분야 전문가의 평가는 피어리뷰가 단 한명으로 제한되지 않는다는 점에 유의해야 한다. 별도의 기술 및 철자/문법 검토 등의 간단한 경우에도 최소

2명의 검토자가 필요하다.

　반드시 그런 것은 아니지만 피어리뷰 엔지니어가 보고서를 작성한 포렌식 엔지니어보다 특정 주제에 대해 더 많은 경험을 가지고 있을 수 있다. 예를 들어, 여러 분야를 포함하는 복잡한 사고의 경우, 복잡한 사고에 대한 지식의 폭을 보완하기 위해 전문가가 필요할 수 있다. 회사의 규모가 큰 경우에는 피어리뷰 엔지니어가 지정된 전문 엔지니어보다 선임자일 수 있다. 그렇다고 전문 엔지니어가 그 역할을 수행하는 데 배제되는 것은 아니다. 전문 엔지니어는 궁극적으로 특정 프로젝트의 문제에 대해 전문적인 지식을 가진 피어리뷰어가 될 것이다.

　포렌식 엔지니어링 보고서는 대부분의 포렌식 조사에서 필수적인 과업의 산물이다. 대부분의 경우에 보고서는 조사의 세부사항과 결론을 전달하고 전문가의 의견을 다른 사람에게 전달하는 유일한 수단이 될 수 있다. 따라서 보고서는 내용에 의존해야 하는 사람들에게 명확하고 간결하며 논리적으로 방어할 수 있으면서 쉽게 이해할 수 있어야 한다. 그렇게 하지 않으면 경제적으로나 법적으로 다른 사람에게 심각한 피해를 줄 수 있다. 보고서의 내용이 명확하고 상대방이 이해할 수 있게 작성이 된다면 훨씬 더 적은 비용으로도 더욱 빠르고 정당한 결과를 얻을 수 있다.

A.9 포렌식 엔지니어링의 신뢰성 향상을 위한 델프트 접근법[11]

1. 개요

포렌식 엔지니어링은 '시설물의 사고원인을 결정하고 해당 사고에 책임이 있는 당사자를 식별하기 위한 기술적 증거를 제시하는 전문적인 실무 분야'로 정의할 수 있다(Ratay, 2009). 포렌식 엔지니어의 주요 목표는 사고의 원인을 식별하기 위해 사고 후 수집할 수 있는 모든 사실 정보를 수집하는 것이다. 그러나 일반적으로 시간, 인력 및 비용 등 가용한 자원에는 한계가 있어 조사 범위가 제한될 수 있다. 포렌식 엔지니어의 역할은 사고의 원인을 식별하고 전달하는 것이다. 따라서 포렌식 조사보고서의 중요성은 아무리 강조해도 지나치지 않다. 기술 시스템의 사고는 해당 시스템이 사용 중 의도된 기능의 일부 또는 전부를 수행할 수 없는 상태로 정의할 수 있다.

기술 시스템의 사고를 조사하는 이유는 다음과 같다.

1. 유사한 사건을 개선하거나 예방하는 방법을 찾기 위해 안전에 초점을 맞춘 조사: 안전조사에서는 다음의 질문이 중요하다. "무슨 일이 일어난 거지?" "왜 그런 일이 일어났지?" "다음에 그러한 일이 일어나는 것을 어떻게 피할 수 있을까?" "앞으로 동일한 사고를 반복하지 않기 위해서 어떻게 기술 시스템을 개선할 수 있을까?"

2. 사고에 대한 법률적 책임이 있는 회사나 당사자를 찾기 위한 조사: "무슨 일이 일어났고 왜 일어났는가?"라는 질문과는 별도로 이러한 조사에서 핵심적인 질문은 "사고의 원인과 결과에 대한 책임이 누구에게 있는가?"이다. 이 경우 조사의 목적은 책임소재를 밝히기 위함이다.

---

11 저자 : Karel Terwel / Michiel Schuurman / Arjo Loeve

포렌식 엔지니어링 조사는 오랫동안 수행되어 왔다. 기원전 1750년경에 만들어진 함무라비의 법전에서는 "건축가가 부실공사를 하여 그가 지은 집이 무너져 사람이 죽었다면 그 건축가는 사형에 처할 것이다"라고 단호하게 말했다. 따라서 그 시대에도 집이 제대로 지어졌는지 확인하고, 건축가의 책임 여부를 묻기 위한 사람이 임명되어야 했음을 짐작할 수 있다.

그러나 많은 국가에는 포렌식 조사를 수행하기 위한 지침이 존재하지 않는다. 결과적으로 포렌식 엔지니어링 회사에는 각자의 고유한 접근방식이 있다. 이러한 접근방식은 회사 내부 절차이므로 이러한 조사가 신뢰할 수 있는 결과로 이어지는지가 항상 명확하지 않다. 따라서 이러한 조사의 품질은 다양할 수 있다. 많은 경우 보고서에 조사의 엄격함에 대한 명확한 요구사항이 적용되지 않고 있다. 또한, 다양한 소송사건에서 원고와 피고가 고용한 포렌식 엔지니어는 서로 반대 견해를 나타낼 수 있다. 이 경우, 보험회사나 판사와 같은 평가자는 반대되는 두 개 또는 그 이상의 전문가 의견 중 어느 것이 옳은지 판단하기 어렵다. 따라서 조사의 신뢰성을 높일 수 있는 원칙이 필요하다.

포렌식 조사는 다양한 분야에서 발생하며 많은 유형의 사고가 있다. 예를 들어, 항공기 추락사고나 의료기기 오염 및 건물 붕괴사고에 대해 포렌식 조사를 할 수 있다. 항공업계에서는 안전을 개선하기 위해 수년 동안 사고를 조사해 왔다. 국제민간항공기구(ICAO)는 1944년에 설립되었으며 영공, 항공기 등록 및 안전에 관한 규칙을 제정했다(시카고 협약, 1944). 사고조사를 위한 협약 지침 및 프로토콜에 대한 부록이 공식화되어 있다. 이 부록에 따르면 최종 조사보고서는 항공 안전의 증진을 주목적으로 해야지 비난이나 책임 분담에 초점을 두어서는 안 된다고 기술되어 있다. 구조공학의 안전문화는 항공산업에 비해 덜 발달하였다(Terwel & Zwaard, 2012). 따라서 포렌식 조사방법을 개발할 때 다양한 산업에 대한 통찰력을 포함하고 결합하는 것이 필요하다.

안전 기법 데이터베이스는 다양한 산업에서의 통찰력을 모으고 있다(Everdij

& Blom, 2016). 네덜란드 국립항공우주연구소에서 관리하는 이 데이터베이스에서는 다양한 영역에 적용된 840개 이상의 조사방법에 대한 설명을 제공하고 있다. 확인된 방법 중에는 장벽분석법(barrier analysis), 다중 이벤트 시퀀싱법, 스위스 치즈 모델이나 타임라인 분석법이 있다. 이러한 방법들은 일반적으로 조사의 단일 단계 또는 특정 영역에 초점을 맞추고 있다.

여러 가지 조사단계에 대한 일반적인 방법은 눈(Nun, 2001)과 유럽 안전 신뢰성 및 데이터 협회(ESReDA, 2009)의 연구를 참조할 수 있다. 그러나 제품의 모든 생애주기, 명확한 사고분류 및 다양한 영역에서 사용할 수 있는 조사 및 품질보증 단계를 다루는 통합적인 조사방법은 현재로서는 개발되지 않았다. 따라서 델프트 공대에서는 전공이 다른 3명의 연구원이 통합 포렌식 엔지니어링 접근방식인 포렌식 조사를 위한 델프트 접근법을 개발하였다. 이 접근방식은 다양한 분야에 적용하기에 적합하다.

본 논문에서는 먼저 신뢰할 수 있는 포렌식 조사에 대한 몇 가지 위협요인을 강조하였다. 이어서 기술 시스템의 생애주기를 인식하고 다양한 사고 특성을 포함하는 포렌식 조사를 위한 델프트 접근법을 제시하였다. 또한, 조사를 수행하기 위한 단계별 접근법과 조사의 신뢰성을 높이기 위한 전략을 제시하였다.

2. 조사의 신뢰성에 대한 위협요인

조사의 신뢰성을 떨어뜨리는 다양한 위협요인이 존재할 수 있다. 세 가지 유형의 위협, 즉 인간 심리의 일반적인 편견, 인적 오류 및 기타 오류에 대해 간략하게 설명하면 다음과 같다.

2.1 인간 심리의 일반적인 편견

카너먼(Kahneman, 2011)은 포렌식 조사와 관련될 수 있는 인간의 심리에 대한 몇 가지 한계를 지적하였다. 그는 인간은 의사결정을 위한 두 가지 시스템을 가지고 있다고 설명한다. 첫 번째 의사결정 시스템은 빠르고 직관적으로 작동하며 가정과 과거의 경험을 기반으로 한다. 두 번째 의사결정 시스템은 느리게 작동하지만 다양한 옵션을 평가할 수 있다. 그러나 느린 시스템은 에너지를 소모하고 피곤하다. 따라서 주요 함정 중 하나는 적절한 분석을 수행하지 않고 성급하게 결론을 내리는 경향이 있는 빠른 시스템을 사용하는 것을 선호한다는 것이다. 빠른 시스템을 사용해도 만족스러운 결과를 얻는 경우가 많지만, 포렌식 조사에서 철저한 분석을 생략하면 필수 요소를 놓칠 수 있다.

신뢰할 만한 결론에 도달하는 것을 방해할 수 있는 인간 심리의 세 가지 편견으로 확증편향(confirmation bias), 가용성 편향(availability bias), 상황적 편향(contextual bias)이 있다. 인간의 심리, 특히 빠른 결정 시스템은 확증편향에 취약하다. 인간은 현재 가지고 있는 신념과 일치할 가능성이 있는 데이터를 찾는 경향이 있다(Kahneman, 2011). 인간은 '과거의 신념과 일치하지 않을 수 있는 정보를 피하는' 경향이 있다(Budowle et al., 2009). 확증편향의 특별한 유형은 결과 편향(outcome bias)이다. 아는 사용 가능한 모든 정보를 미리 결정된 결론과 일치시키려고 하는 것이다. 확증편향의 또 다른 유형은 집단적 사고로 개인의 의견을 집단의 의견에 맞추려는 경향이 있다는 것이다(ESReDA, 2009). 확증편향의 마지막 유형은 '후광효과(halo effect)'이다. 많은 사람은 일단 그 사람에 대한 긍정적 또는 부정적인 첫인상을 갖게 되면 그 사람에 대한 모든 것을 좋아하거나 싫어하는 경향이 있다. 이는 매력적인 사람이 반드시 더 신뢰할 수 있는 것은 아니지만 조사자가 매력적인 사람을 인터뷰할 때 중요하게 작용할 수 있다.

카너먼은 두 번째의 일반적 편향에 주의를 기울여야 한다고 하였다. 가용성 편향은 그 순간에 사용 가능한 데이터 이상의 것은 확인하지 않고 사용 가능한 정보에만 근거하여 결론을 내리는 것이다. 이를 '위시아티(WYSIATI)'[12]라고 하

---

12 What you see is all there is : 대니얼 카너먼(Daniel Kahneman)이 저서 『생각에 관한 생각 (Thinking, Fast and Slow)』(김영사, 2018)에서 설명한 인지 편향을 말한다.

였다. 즉, 보이는 모든 것이 존재하는 모든 것이라고 믿는 경향이 있음을 의미한다.

부도울 등(Budowle et al., 2009)은 사용된 정보가 검토 중인 특정 사례와 반드시 관련이 없는 경우에도 기존 정보를 사용하여 관점을 강화하는 상황적 편향을 추가로 언급하였다. 그러나 이러한 편향이 의사결정 과정에 영향을 미칠 수 있지만 반드시 조사 결과에 영향을 미칠 필요는 없다(Dror et al., 2012).

2.2 인적 오류

인간 심리의 일반적인 편향과는 별도로 인간은 실행하는 과정에서 오류를 범하기 쉽다. 이것은 포렌식 조사에도 적용된다. 스웨인과 거트만(Swain & Guttman, 1983)은 누락 오류(과업 수행 사고)와 위임 오류(과업 수행의 부정확)를 구분하였다. 리즌(Reason, 1990)은 실수 및 착오의 두 가지 유형으로 구분하였다.

1. 실수(Slips/Lapses)는 '수립한 계획이 목표 달성에 적절한지와 상관없이 작업 순서의 실행단계에서 사고로 인해 발생하는 오류'이다. 실수는 간혹 피로, 건망증 또는 습관의 결과이며 기술기반 작업에 적용된다(Kletz, 2001).
2. 착오(Mistakes)는 계획에 따라 실행되는 의사결정 계획의 행동 여부와 상관없이 목표를 선택하거나 달성하기 위한 수단을 구체화하는 것과 관련된 판단 및 추론과정의 결함 또는 사고이다. 오인은 올바른 작업이나 그것을 수행하는 올바른 방법에 대한 무지로 간주될 수 있다(Kletz, 2001). 오인은 규칙 기반 또는 지식 기반일 수 있으며, 스웨인과 거트만(1983)의 누락 오류와 유사하다. 클레츠(2001)는 오류가 의식적인 규정 미준수 또는 위반일 수 있다고 하였다. 비어(Bea, 1994)는 '오류는 운영 담당자가 저

지를 수 있지만 대부분은 관리 담당자에게 책임이 있음'을 강조하였다. 테루엘(Terwel, 2014)은 오류가 개인 수준뿐만 아니라 조직 수준 및 다양한 당사자 간의 상호 작용에서도 발견될 수 있다고 하였다.

2.3 기타 오류

인적 또는 '실무자' 오류와는 별개로 크리스텐센 등(Christensen et al., 2014)은 가설을 검정하는 데 사용되는 접근방식에서 계기 오류, 통계적 오류 및 방법상의 오류를 지적하였다. 계기 오류는 '표시된 계측값과 실제값의 차이'로 정의된다. 통계적 오류는 '실제값과 예측값의 편차'로 정의되며 오류는 방법 자체의 한계와 관련이 있다(Christensen et al., 2014).

이러한 일반적인 편향, 인적 오류 및 기타 오류는 조사의 신뢰성을 위협하는 요인이 된다. 따라서 델프트 접근법은 포렌식 조사의 신뢰성을 높이기 위한 목적으로 개발되었다.

3. 포렌식 조사를 위한 델프트 접근법

포렌식 조사를 위한 델프트 접근법의 다양한 요소와 신뢰도를 높이는 방안은 다음과 같다.

3.1 생애주기 단계

기술 시스템은 그림 A-1과 같이 다양한 생애주기 단계를 거친다.

- 기술 시스템이 구체화되고 설계되는 개발 단계
- 시공/생산/제조/조립이 이루어지는 생산 단계
- 유지보수를 포함한 실제 사용단계인 활용 단계
- 기술 시스템의 일부가 재활용되거나 폐기되는 리사이클 단계

각 단계마다 검증이 필요한 일들이 수행된다. 규칙과 규정은 일반적으로 생애주기의 모든 단계에 적용된다. 다양한 단계에서 다른 생애주기 단계에 영향을 미치는 요구사항이나 사양이 명시된다.

산업 분야에 따라 유사한 생애주기 단계에 대하여 다른 명칭이 사용되고 있다. 예를 들어 건축 분야에서 프로젝트 단계는 계획, 설계, 시공 준비, 시공 및 사용단계라고 한다(Terwel, 2014). 프로젝트의 종류와 산업의 유형에 따라 단계의 길이와 내용이 다를 수 있지만 대부분은 그림 A-1과 같은 기본 개념이 적용된다. 사고의 원인은 이들 단계 중 하나에 있을 수 있다.

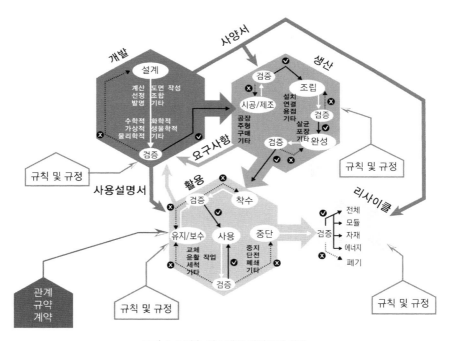

그림 A-1 기술 시스템의 생애주기 단계

3.2 트리 하우스 사고구조

포렌식 엔지니어가 조사 중에 기술 시스템의 가능한 잠재적 사고원인을 체계적으로 고려하는 데 도움을 주기 위해 그림 A-2와 같이 계층적 점검표가 개발되었다.

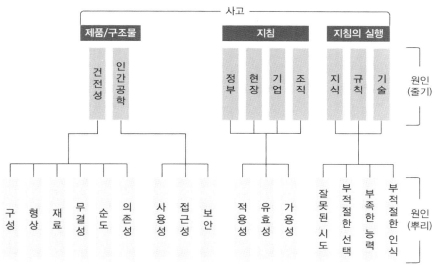

그림 A-2 트리 하우스 사고구조

그림 A-2는 제품, 지침 또는 이러한 지침의 실행과 관련된 잠재적 원인의 세 가지 주요 그룹이 있는 다이어그램을 보여준다. 사고조사는 제품의 결함을 찾아내는 것으로 시작할 수 있다. 이러한 결함은 건전성(Integrity) 또는 인체공학 (Ergonomics)의 인과관계 줄기들(그림 A-2의 두 번째 수준)과 관련되어 있을 수 있다. 건전성은 건설, 전기 시스템, 열전달, 화학적 또는 물리적 기능과 같은 기술 시스템의 물리적 건전성의 결함으로 발생하는 문제를 다룬다. 인체공학은 시스템의 사용을 어렵게 하는 기술 시스템의 설계로 인해 발생하는 문제를 다룬다.

기술 시스템의 건전성에 대한 결함은 다음에서 비롯될 수 있다.

- 구성(전체 시스템의 완전성 및 설정 관련)
- 형상(부품 모양 및 크기 관련)
- 재료(재료의 특성 및 열화 가능성과 관련)
- 온전성(탈착, 찢김, 파단, 마모 및 침식의 징후와 관련)
- 순도(purity 시스템에 있는 모든 불필요한 요소)
- 종속성(과도한 부하와 같은 시스템 주변과의 연결 또는 관계에서 발생하는 문제와 관련)

지침은 정부(예: 법률 및 규정), 분야(예: 표준 및 코드), 기술 시스템 제조업체(예: 설계 요구사항, 기술 도면, 사용자 설명서, 안전 및 유지관리 지침) 또는 기술 시스템이 사용되는 조직(예: 회사 내부 작업 지침)에 의해 발행될 수 있다. 지침에 결함이 있는 경우에는 적용 가능성, 유효성 또는 가용성 등에 대하여 확인해야 한다. 적용 가능성은 올바른 지침이 사용되었는지에 대한 것이다. 잘못된 지침은 목적에 적합하지 않은 지침이다. 가용성은 이러한 지침을 실행하는 그룹 또는 개인이 필요한 지침을 사용할 수 있는지에 대한 것이다.

마지막으로 사고 전달(failure carrier) 요소의 실행은 사고의 원인이 지침의 실행 및 제품을 개발, 생산 또는 사용하는 당사자의 행위와 관련될 수 있음을 보여준다. 실행과 관련된 원인은 지식 부족, 잘못된 규칙 적용 또는 기술 부족에서 비롯될 수 있으며, 작업 또는 루틴 수행에서 오류가 발생할 수 있다(Reason, 1990).

지식, 규칙 및 기술 기반 오류는 잘못된 시도, 부적절한 선택, 능력 부족 또는 는 인식 부족이 원인일 수 있다.

3.3 포렌식 엔지니어링 조사의 6단계

구조화된 포렌식 엔지니어링 조사를 위한 가능한 절차를 문헌에서 찾을 수 있다. 뵈르예 등(Borsje et al., 2014)은 정보수집, 사고원인에 대한 가설개발, 자료에 대한 각각의 가설검정 및 가장 가능성이 큰 사고원인 결정에 대한 과학적 접근방식을 권장한다. 유럽 안전 신뢰성 및 데이터 협회(ESReDA, 2009)도 조사 프로세스를 시작, 자료수집, 가설수립, 가설검정 및 결과의 공식화 단계로 구분하는 접근방식을 제시하였다. 포렌식 조사를 위한 델프트 접근법은 이러한 단계를 다음과 같이 정의하였다.

- 오리엔테이션
- 자료수집
- 가설수립
- 가설검정
- 결과보고
- 권고사항

오리엔테이션 중에 이해당사자, 조사 목적 및 범위를 결정한다. 목표와 자료 수집 전략을 달성하는 데 필요한 전문가 또한 이 조사를 수행할 자격이 있는지와 이해충돌이 있는지를 결정해야 한다.

자료를 수집하는 동안 사고정보는 현장조사 또는 실내조사를 통해 수집된다. 현장조사에서 기술 시스템은 있는 그대로(파괴된 상태에서 물리적 손상을 수반하지 않음) 관찰한다. 또한 증인 및 기타 관련자와 인터뷰를 수행할 수 있다. 필요한 경우, 추가 검증을 위해 샘플을 수집할 수 있으며 검사를 위해 기록을 수집할 수 있다. 유사한 이벤트, 데이터 로그, 보고서, 설계 및 시공도면이나 생산 지침이 내업 중에 조사된다.

가설을 수립하는 동안 조사자는 사고를 일으킨 원인에 대하여 가능한 설명

목록을 작성한다. 기술적 또는 절차적 원인은 무엇이었는가? 사고로 이어진 일련의 사건은 무엇이었는가? 궁극적으로 사고 발생(근본 원인)을 유발한 원인은 무엇인가? 관찰된 사고는 그 자체로 다른 사고의 결과이거나 후속 사고의 원인이 될 수 있다는 점에 유의해야 한다. 가능한 모든 원인을 체계적으로 고려하고 가설을 수립할 때 그럴듯한 원인을 간과하지 않기 위해 4단계의 사고 탐색 루틴을 제안하였다.

1. 각 생애주기 단계를 검토한다.
2. 각 단계 내의 세부 단계를 확대한다.
3. 세부 단계에 대하여 트리 하우스 다이어그램을 살펴본다.
   - 트리 하우스 다이어그램의 어떤 인과 줄기와 뿌리가 이 단계에 적용되는지 결정한다.
   - 식별된 각 적용 가능한 뿌리에 대하여 이 생애주기 단계에서 시작되었을 수 있고 (다른) 관찰된 사고를 유발할 수 있는 모든 사고원인을 생각해본다.
4. 필요한 경우 발견된 항목에 따라 생애주기를 한 번 또는 여러 번 앞뒤로 이동한다.

가설검정에서는 수집된 자료를 사용하여 관찰된 사고에 대하여 가설을 검정한다. 수집된 자료가 관찰된 사고에 대한 논리적 설명을 제공하는지 확인한다. 이는 추론을 통해 수행하거나 검정계산, 시뮬레이션 또는 실제 시험을 통하여 수행할 수 있다. 생성된 가설 목록이 주요 조사 질문에 만족스러운 답변을 제공하지 않거나 사용 가능한 자료가 모든 질문에 답하거나 특정 가설을 검정하기에 불충분한 경우 추가가설이나 데이터를 찾아야 하는 경우가 있다.

결과보고 단계에서 조사의 모든 단계는 잘 작성된 보고서에서 다루어어야 한다. 보고서는 궁극적으로 오리엔테이션 단계에서 명시된 목표를 달성해야 한다.

안전조사에서 권고사항은 향후 유사한 사고를 방지하기 위한 목적으로 조사를 종료한다(그림 A-3).

포렌식 엔지니어링 조사의 6단계, 트리 하우스 사고구조 및 생애주기 단계는 구조화되고 신뢰할 수 있는 포렌식 조사를 체계적으로 수행하기 위한 명확한 구조를 제공해야 한다.

그림 A-3 포렌식 조사의 6단계

3.4 신뢰의 고리

포렌식 조사는 사례연구로 간주할 수 있다. 사례연구는 특히 현상과 맥락 사이의 경계가 명확하지 않은 경우, 실제 상황 내에서 심층적으로 최근의 현상을 조사하는 경험적 탐구이다. 사례연구의 경우, 신뢰성과 유효성에 관한 몇 가지 요구사항이 적용된다(Yin, 2009). 일반적으로 조사방법의 신뢰성과 유효성은 '질문에 대한 조사방법의 적용 가능성과 의도된 목적에 대한 방법의 적합성'과 관련이 있다(Kardon et al., 2006). 신뢰성이란 동일한 조건에서 연구를 반복해도 동일한 결과를 얻을 수 있음을 의미한다. 신뢰성은 결과의 안정성을 나타낸다 (Whittemore et al., 2001). 타당성은 연구의 논리적 또는 사실적으로 건전한 수준이 포함된 것으로 결과의 진실성을 나타낸다(Whittemore et al., 2001). 유효성은 외부, 내부 및 구성의 유효성으로 구분할 수 있다.

일부 과학자들은 신뢰성과 타당성이 정량적 연구에서는 가치 있는 개념이지만 정성적 연구에서까지 항상 적용 가능한 것은 아니라고 주장하였다(Whittemore et al., 2001). 링컨(Lincoln)과 구바(Guba)는 1980년대 그들의 연구에서 정성적 연구의 신뢰성이 정량적 연구의 신뢰성 및 타당성과 동일하다고 하였다(Morse et al., 2002). 신뢰할 수 있는 것은 '정직하거나 진실한 것으로 믿을 수 있는'으로 정의할 수 있다. 따라서 결과의 정확성이 핵심이 되어야 한다.

포렌식 조사는 정성적 측면과 정량적 측면이 융합된 사례연구로 간주할 수 있다. 따라서 조사의 신뢰성에 대한 새로운 기준이 델프트 접근법에 의해 개발되었다.

링컨과 구바가 신뢰할 수 있는 연구를 위해 제안한 기준은 정성적 연구에서 '골드 스탠더드'로 간주되기 때문에 조사의 출발점으로 사용되었다(Whittemore et al., 2001).

- 신임도(credibility)는 발견과 현실의 일치를 보여준다(추상적인 용어인 내적 타당성보다 선호됨, Shenton, 2004).
- 양도 가능성(transferability)은 결과를 다른 설정에도 적용할 수 있음을 보여준다(외부 타당성/일반화 가능성에 대한 대안으로 적용, Shenton, 2004).
- 신뢰도(dependability)는 동일한 맥락에서 동일한 방법, 동일한 참여자로 연구가 반복되면 동일한 결과를 얻을 수 있음을 보여준다(신뢰성(reliability) 대신 사용, Shenton, 2004).
- 확인 가능성(confirmability)은 연구 결과가 연구자의 특성이나 선호도가 아닌 제보자의 경험과 아이디어, 주어진 데이터에 기초한 결과임을 보여준다(Shenton, 2004).

이러한 기준은 포렌식 조사에도 유용하지만 포렌식 조사에서 양도 가능성 (transferability) 자체가 목표는 아니기 때문에 양도 가능성은 포함하지 않기로 했다. 또한, 신임도(credibility)는 완벽성과 정확성으로, 신뢰도(dependability)는 반복 가능성과 검증 가능성으로, 확인 가능성(confirmability)은 객관성으로 변경하였다.

델프트 접근법에서 이러한 신뢰도 기준은 신뢰도 고리의 일부이며(그림 A-4), 다음과 같은 요소들로 구성된다.

- 객관성: 사실을 고려하고 표현할 때 감정이나 의견 또는 기타 편견(편향)에 영향을 받지 않는다.
- 반복 가능성: 보고서의 설명을 기반으로 실험 및 분석 결과를 완전히 재현할 수 있다.
- 검증 가능성: 제공된 모든 정보와 입수 방법이 사실이고 정확하거나 정당한지 확인하거나 입증할 수 있도록 투명한 방식으로 제공된다.
- 완벽성: 필요하거나 적절한 모든 것을 포함한다. 예를 들어 맥락, 정보, 접근방식 및 결정을 이해하는 데 필요한 정보가 누락되지 않는다.
- 정확성: 사실이나 진실을 따르고 오류가 없다.

그림 A-4 신뢰도 고리

이러한 기준은 보고서의 신뢰성을 평가하는 데 사용되어야 할 뿐만 아니라 조사의 모든 단계에서 통합되어 조사가 신뢰할 수 있는 결과를 가져올 수 있도록 해야 한다(Morse et al., 2002).

3.5 신뢰성 향상을 위한 조치

문헌에 정성적 연구의 신뢰성을 높이기 위한 몇 가지 제안이 제공되어 있다. 크레스웰과 밀러(Creswell & Miller, 2000)는 확인, 다양한 출처와 접근법 사용, '자세한' 설명, 동일 분야 전문가 평가, 확인되지 않는 증거를 포함한 외부 감사, 장기간의 현장조사, 조사자의 접근 및 가정에 대한 성찰 및 협업과 같이 신뢰성을 확보하기 위한 다양한 절차를 제시하였다. 매우 철저한 확인 또는 검토의 예는 반대 측 담당자가 상대방의 가정, 방법 및 결과에 대해 세심한 질문을 하는 영국 법률 시스템에서의 반대 심문이다. 이것이 포렌식 엔지니어의 진술 유효성을 확인하는 엄격한 방법이다.

셴턴(Shenton, 2004)은 신뢰성 측면을 보강하기 위해 자신의 연구에서 사용한 측정 목록을 제공하였다. 셴턴은 신뢰성을 높이기 위해 잘 정립된 연구방법, 삼각법, 부정적인 사례 분석, 연구 프로젝트에 대한 동료 조사, 반성적 논평, 배경, 조사자의 자격 및 경험, 수집된 데이터의 구성원 확인 및 해석, 연구 중인 현상에 대한 자세한 설명, 그리고 발견의 틀을 잡기 위한 선행연구 조사를 사용했다. 셴턴은 신뢰도를 높이기 위해 중복 방법의 사용과 반복 연구를 할 수 있는 심층적인 방법론적 설명을 선호하였다.

확인 가능성(confirmability)을 높이기 위해 연구 방법의 단점과 잠재적 효과를 인지하고 연구자의 신념과 가정에 대한 다양한 출처와 비판적 반영을 사용하여 연구자 편향을 줄였다.

부도울 등(Budowle et al., 2009)은 포렌식 과학에서 품질보증을 위한 몇 가지 사항을 제안하였다. 검증되고 문서화된 프로토콜 사용, 검증된 시약 사용, 교정

장비 사용, 적절한 대조 샘플 사용, 인정되고 상세하고 체계적인 문서 요구사항 적용과 독립적인 운영, 결과 및 해석의 검토. 또한 ISO 17025(ISO, 2017)는 신뢰할 수 있는 포렌식 테스트를 위한 실험실과 관련된 요구사항 목록을 제공한다.

조사의 신뢰성을 높이기 위해 나열된 권고사항에서 신뢰도 고리의 요소와 관련된 여러 권고사항이 도출되었다.

- 객관성 확보: 사실을 유지하고 사실과 의견을 혼용하지 않는다. 분석 및 결과에 대한 내부 또는 외부 검토를 포함하고 다양한 출처를 사용한다.
- 반복 가능성 확보: 체계적인 접근방식을 사용하고 사용된 방법에 대한 자세한 설명을 포함하고 사용된 방법의 모든 단계를 나열한다.
- 검증 가능성 확보: 구조화된 보고서를 작성하고 모든 결과에 대한 증거와 추론을 제공한다. 조사과정에서 관련 증거(잔해, 녹음 및 기록)를 안전하게 보관한다. '두터운' 설명을 사용한다(관련 세부 사항에 대한 주의와 함께 상세한 설명).
- 완벽성 확보: 체계적인 접근방식을 사용한다. 거리를 두고 데이터나 관련 가설이 누락되었는지 고려한다. 반대 사실 증거를 포함하고 상대측 설명을 처리한다.
- 정확성 확보: 논리의 규칙을 따르고, 검증된 검정방법을 사용하며, 네 개의 눈 원칙(Four-eye principle, 내부 또는 외부 확인)을 사용한다.

4. 결론 및 권고사항

포렌식 엔지니어링 조사를 위해 제안된 델프트 접근법은 인간공학, 항공우주공학 및 토목공학 영역의 포렌식 조사에 대한 실제 경험과 융합되고 확립된 이론을 기반으로 만들어졌기 때문에 다른 영역에도 적용될 수 있다고 생각한다. 델프트 접근법은 기술 시스템 생애주기의 중요성을 다루었다. 사고의 트리 하우스와 결합하여 여러 가지 가능한 원인을 체계적으로 탐색할 수 있는 귀중한 구조를 제공한다. 포렌식 엔지니어링 조사에 접근하기 위해 제안된 6단계는 조사 프로세스를 구성할 수 있으며, 신뢰도 고리는 조사와 조사 결과의 신뢰성을 높이는 방법을 제공한다.

A.10 민사소송에서 전문가 의뢰를 위한 안내서[13]

민사법위원회(Civil Justice Council)는 영국의 비정부 공공기관으로 사법부, 법무부 등에 대한 민사 사법 및 민사 절차 등의 현대화를 감독하고 조정하는 역할을 하며, 본 안내서는 의뢰인들과 전문가들의 민사소송 준비와 진행을 돕기 위한 것이다.

□ 서론

1. 이 안내서의 목적은 민사소송규칙(CPR, Civil Procedure Rules) 제35편 및 법원 명령을 준수할 때 모범사례를 이해하도록 소송 당사자들, 전문가에게 의뢰하는 자들 그리고 전문가들을 돕는 데 있다. 전문가들과 전문가에게 의뢰하는 자들은 민사소송규칙 제35편 및 실무지침(PD, Practical Guidelines) 제35편을 숙지해야 한다. 이 안내서는 민사청구에 있어서 전문가 의뢰를 위한 규약 (2005년, 2009년 개정)의 개정판이다.

2. 전문가들에게 의뢰하는 자들과 전문가들은 다음과 같은 사전 조치 규약을 뒷받침하는 목표 역시 고려해야 한다.

   a. 예상되는 청구와 관련된 전문적인 쟁점에 대한 초기 및 전체 정보의 교환을 장려하기

   b. 소송을 시작하기 전에 전문적인 쟁점의 전체 또는 일부를 합의함으로써 당사자들이 소송을 회피하거나 소송범위를 축소할 수 있도록 하기

   c. 소송을 피할 수 없는 경우에는, 절차의 효율적인 관리를 지원하기

---

13   출처: http://www.ericjorden.com/blog

3. 또한 전문가와 전문가에게 의뢰하는 자들은 일부 사례들은 특정 사전조치 규약에 의해 규율되며, 일부 사례는 특정 규칙이 적용될 수 있는 '전문 절차(CPR 49)'에 의해 규율될 수 있다는 점을 인지하여야 한다.

□ 전문가 선정 및 고용

○ 전문가의 필요성

4. 민사소송의 목적을 위해 증거를 제공하거나 준비하도록 전문가에게 의뢰하는 자들은 CPR 제1편과 제35편에 명시된 원칙을 반영하여 전문가 증거가 필요한지 여부와 특히 '소송을 해결하는 데 필요한 것(CPR 35.1)'인지를 고려해야 한다.

5. 일반적으로 전문가에게 의뢰하기 위해서 법원의 허가가 필요하지는 않지만, 전문가가 작성한 보고서가 신뢰될 수 있도록 하거나, 구술증거를 제출하도록 전문가를 소환하기 전에는 법원의 허가가 필요하다(CPR 35.4).

6. 당사자가 소송에서 전문가 증언에 의지하지 않는 경우, 소송절차가 시작되기 전 전문가의 조언은 비밀일 가능성이 크다. 이때 이 경우 이 안내서는 적용되지 않는다. 소송절차가 시작된 후에도 오직 전문가의 조언(예: 단일 공동 전문가 보고서에 대한 논평)을 목적으로 하고 소송을 위한 증거는 준비하지 않는 경우에도 동일하다. 이 경우 전문가의 역할은 전문 조언자이다.

7. 그러나 이 안내서는 이전에 조언만 하도록 의뢰된 전문가가 나중에 전문가 증인으로 소송절차에서 증거를 준비하거나 제시하도록 의뢰되는 경우에는 적용된다.

8. 이 지침의 나머지 부분에서 언급된 전문가는 제35편이 적용되는 전문가 증인을 의미한다.

○ 전문가의 직무와 의무

9. 전문가는 자신에게 의뢰한 사람에 대해 합리적인 기술 및 주의의무를 다하고, 관련 직업 규범을 준수해야 할 의무가 항상 있다. 그러나 민사소송에 대한 증거를 제공하거나 준비하도록 의뢰되었을 때들은 자신의 전문지식 범위 내에서 법원을 도울 최우선적 의무가 있다(CPR 35.3). 이 의무는 전문가에게 의뢰하거나 비용을 지불하는 사람에 대한 의무보다 우선한다. 전문가는 자신들과 관련 있는 사람들의 독점적인 이익을 위해 봉사해서는 안 된다.

10. 전문가들은 법원이 사건을 공정하게 처리하고, 그들이 이 점에서 법원을 도울 의무가 있다는 최우선 목표를 인식하여야 한다. 이것은 사건들을 비례적이고(당사자들에 대한 사례의 가치와 중요성에 비례한 작업 및 비용 유지), 신속하고 공정하게 처리하는 것(CPR 1.1)이 포함한다.

11. 전문가들은 소송의 압력에도 불구하고 독립적인 의견을 제시해야 한다. 전문가의 '독립성'이란 만약 전문가가 다른 쪽으로부터 의뢰받는 경우라도 동일한 의견을 제시한다는 것을 의미한다. 전문가는 자신을 고용한 의뢰인의 관점을 홍보하거나 옹호자 또는 중재자의 역할을 해서는 안 된다.

12. 전문가들은 분쟁의 주요 사항에 대해서만 자신의 의견을 한정하고 자신의 전문성에 속하는 사항에 대해서만 의견을 제시해야 한다. 전문가는 특정 질문이나 문제가 자신의 전문지식을 벗어나는 경우에는 지체없이 명시해야 한다.

13. 전문가들은 그들 앞에 있는 중요한 사실들을 모두 고려해야 한다. 그들의 보고서에는 그러한 사실들과 그들의 의견을 형성하는 데 의존한 문헌이나 자료를 나타내야 한다. 그들은 의견이 잠정적인지, 조건적인지, 추가 정보가 필요하다고 생각하는지 또는 다른 이유로 그들의 의견이 무조건적이고 최종적으로 제시되는 것에 만족하지 않는지를 명시해야 한다.

14. 전문가는 중요한 사항에 대한 의견의 변경과 이에 대한 이유를 의뢰인에게

지체 없이 알려야 한다(64-66항 참조).

15. 전문가들은 규칙이나 법원 명령을 준수하지 않거나 그들에게 책임이 있는 과도한 지연이 있는 경우 의뢰인에게 비용상의 패널티가 발생하거나 전문가 증거의 효력이 없게 될 수 있다는 점을 인지하여야 한다(89-92항 참조).

□ 전문가의 임명

16. 전문가에게 의뢰하거나 지명된 전문가에 대한 법원의 임명 허가를 구하기 전에 전문가들이 다음 중 어느 하나에 해당하는지 확인해야 한다.

   a. 특정 의뢰를 위한 적절한 전문지식과 경험이 있는지 여부
   b. 전문가의 일반적인 의무에 대해 잘 알고 있는지 여부
   c. 합리적인 시간 내에, 그리고 이슈 사안들에 비례하는 비용으로 보고서를 작성하고, 질문을 다루며, 다른 전문가들과 토론을 할 수 있는지 여부
   d. 출석이 필요한 경우 재판에 출석할 수 있는지 여부. 그리고
   e. 잠재적인 이해충돌 가능성이 없는지 여부

17. 임명 조건은 처음부터 합의되어야 하며 일반적으로 다음을 포함해야 한다.

   a. 임명되는 전문가의 지위(예: 각 당사자가 임명한 전문가 또는 단일 공동 전문가)
   b. 전문가에게 요구되는 서비스(예: 전문가 보고서 제공, 서면 질문 답변, 회의 참석 및 법원 출석)
   c. 보고서 제출 시간
   d. 전문가 비용 기준(예: 일일 또는 시간당 요금, 소요시간 추정치 또는 서비스에 대한 고정 요금). 당사자들은 제안된 전문가 증거 비용과 절차의 각 단계별 비용 추정치를 법원에 제공해야 한다(CPR 35.4(2))

e. 출장 경비 및 지출

f. 취소 수수료

g. 법원 출석 비용

h. 전문가 비용 지불 시기

i. 수수료가 제3자에 의해 지불되는지 여부

j. 의뢰인이 공적 자금을 지원받는 경우, 전문가 비용이 평가 대상인지 여부

k. 전문가의 수수료와 비용이 법원에 의해 제한될 수 있다는 지침(소액 청구 트랙에서 회수 가능한 전문가의 수수료는 £750를 초과할 수 없음: PD 27 제7항 참조)

18. 필요한 경우, 법원이 내린 지시를 포함하여 전문가에 대한 질문 및 전문가 간의 토론을 처리할 수 있는 준비가 이루어져야 한다.

19. 전문가들은 자신들과 관련된 모든 문제의 마감일에 대한 정보를 계속 받아야 한다. 의뢰인들은 보고서 준비나 자신들의 의무에 관한 다른 사항들에 영향을 미칠 수 있는 모든 법원 명령과 지시사항들의 사본을 그들에게 즉시 보내야 한다.

☐ 의뢰

20. 전문가들에게 의뢰하는 자들은 다음 사항들을 포함한 명확한 의뢰서(그리고 관련 문서 첨부)를 제공해야 한다.

a. 이름, 주소, 전화번호, 사고날짜 및 관련 사건 참조 번호와 같은 기본정보

b. 요구되는 전문성의 특성

c. 자문 또는 보고서의 목적, 조사해야 할 사항에 대한 설명, 다루어야 할 문제 및 모든 당사자의 신원

d. 사건 진술서(있는 경우), 공개된 부분을 구성하는 문서들과 증인진술 그리고 조언이나 보고와 관련된 전문가 보고서들, 어떤 것이 제공되었고 어떤 것이 초안이며 후자가 제공될 가능성이 있는지 명확히 하기

e. 소송이 개시되지 않은 경우, 소송이 고려되는지 여부, 소송을 고려 중인 경우 전문가에게 조언만 요청하는지 여부

f. 전문가 작업의 각 단계별 완성과 이전을 위한, 성공적인 사례 관리와 전문가의 가용성에 부합하는 개략적인 계획

g. 소송절차가 시작된 경우, 청문 날짜(사건/비용 관리 회의 및/또는 사전 검토 포함), 법원이 정한 날짜 또는 전문가 보고서의 교환을 위해 당사자들 간에 합의된 날짜 및 기타 준수해야 할 마감일, 법원의 명칭, 사건번호, 소송이 배당된 사건처리 트랙과 전문가 수수료에 대한 특정 예산이 있는지 여부

21. 전문가에게 의뢰하는 자들은 가능한 경우 전문가를 위한 의뢰서 그리고 전문가가 동일한 사실 자료를 받는 것에 대한 동의를 구해야 한다.

□ 의뢰서의 수락

22. 전문가는 의뢰인의 의뢰에 대한 수락 여부를 지체없이 확정해야 한다.

23. 다음과 같은 경우, 전문가들은 의뢰인에게(초기 의뢰서이든 이후 단계에서든) 지체없이 알려야 한다.

a. 예를 들어, 전문지식을 벗어나거나 비현실적인 마감일을 부과하거나 명확하지 않은 과업을 요구하는 의뢰는 받아들일 수 없는 경우. 의뢰서가 명확하지 않은 경우, 전문가는 명확하게 해 줄 것을 요구해야 하며, 명확한 의뢰서를 받기 전까지는 과업을 위한 준비를 할 수 없음을 알릴 수 있다.

b. 그들은 의뢰서가 과업을 완료하기에 충분하지 않다고 생각하는 경우

c. 그들이 계약조건을 이행하지 못할 수도 있음을 인지하게 된 경우

d. 의뢰서 그리고/또는 과업이 어떤 이유로든 전문가의 의무와 충돌하게 된 경우. 전문가 조언자가 전문가 증인으로 활동하도록 요청받은 경우, 그들은 전문가 증인 지위를 받아들일 수 있는지 신중하게 고려해야 한다.

e. 주어진 지시사항을 따를 수 있다는 것에 확신이 없는 경우

24. 전문가는 자신의 전문 분야 범위를 벗어난 부분에 대해 의견을 표명하거나, 의뢰서를 수용하여서는 안 된다.

25. 전문가는 자신에게 주어진 의뢰서의 근거가 다른 전문가의 것과 다르다는 것을 알게 된 경우에는 자신의 의뢰인에게 알려야 한다.

26. 전문가는 의뢰인으로부터 받게 될 보수조건에 동의해야 한다. 전문가들은 법원에 추정비용을 제공해야 하며 법원이 예산 비용(CPR 35.4(2)와 (4) 및 3.15)의 명령 일부로 지급받을 보수액을 제한할 수 있다는 것을 인지하여야 한다.

□ 전문가 철회/사임

27. 전문가의 의뢰가 불완전성 때문에 직무와 양립할 수 없는 경우, 법원에 대한 의무와 의뢰서 사이에 충돌이 있는 경우, 또는 그 밖의 사유를 이유로, 전문가는 소송에서 사임하는 것을 고려할 수 있다. 그러나 전문가는 먼저 자신들의 의뢰인과 입장을 논의하지 않고서는 그렇게 하여서는 안 되고, 또한 법원으로부터의 지시를 서면으로 요청하는 것이 더 적절한지 여부를 고려해야 한다. 만약 전문가가 사임하는 경우, 의뢰인에게 공식적인 서면 통지를 해야 한다.

□ 법원에 지시를 요청할 수 있는 전문가의 권리

28. 전문가는 필요한 정보를 제공받지 못했다고 판단하는 경우, 법원에 전문가의 기능수행을 지원하기 위해 지시사항을 요청할 수 있다(CPR 35.14). 전문가는 보통은 법원에 요청하기 전에 자신들의 의뢰인과 이에 대해 논의해야한다. 법원이 달리 명령하지 않는 한, 제안된 지시 요청은 의뢰인에게는 법원에 요청서를 제출하기 최소 7일 전에, 다른 모든 당사자에게는 제출하기 최소 4일 전에 보내야 한다.

29. 법원에 지시를 요청하려면 다음을 포함하는 '전문가의 지시 요청'이라고 명확하게 표시된 서한으로 작성해야 한다.

    a. 청구의 제목
    b. 청구번호
    c. 전문가의 이름
    d. 지시를 요청하는 이유
    e. 관련 문서의 사본

□ 당사자들이 보유한 정보에 대한 전문가의 접근

30. 전문가는 당사자들이 보유한 모든 관련 정보에 접근하고, 동일한 정보가 동일한 분야의 각 전문가에게 공개되도록 노력해야 한다. 전문가는 의뢰를 수락한 후 즉시 이를 확정하기 위해 노력해야 하며, 누락된 사항이 있으면 의뢰하는 변호사에게 통지해야 한다.

31. 변호사가 보고서가 확정되기 전에 추가 문서를 전문가에게 보내는 경우, 변호사는 증인 진술이나 전문가 보고서가 이전에 전송된 내용의 업데이트된 버전인지, 제출 및 송달되었는지 여부를 전문가에게 알려야 한다.

32. 전문가는 CPR 35.9에 대해 특히 인지하고 있어야 한다. 이것은 한 당사자가

상대방은 쉽게 이용할 수 없는 정보에 접근할 수 있는 경우, 법원은 정보에 접근할 수 있는 당사자로 하여금 정보를 기록한 문서를 상대방에게 준비, 제출 및 복사해주도록 지시할 수 있다. 공개되지 않은 정보를 전문가가 필요로 하는 경우에는 지체없이 의뢰인과 상의하여 그 정보를 요구할 수 있고, 그렇지 않은 경우 법원에 신청할 수 있다.

33. 한 당사자의 전문가에 의한 상대방에의 추가 정보 요청은 해당 전문가의 의뢰인에게 보내는 서신으로 작성해야 하며, 해당 정보가 필요한 이유와 해당 사례의 전문가 쟁점과 관련된 중요성을 명시해야 한다.

□ 단일 공동 전문가

34. CPR 35.7-8 및 PD 35 7항은 당사자와 법원의 권한에 의한 공동 전문가의 의뢰와 사용을 다룬다. CPR은 공동 전문가의 사용을 권장한다. 가능한 한 공동보고서가 입수되어야 한다. 소액사건 트랙과 신속처리 트랙에 배당된 경우 단일 공동 전문가를 지정하는 것이 일반적이다.

35. 분쟁의 초기 단계에서 조사, 시험, 현장조사, 사진, 계획 또는 기타 유사한 예비 전문가 작업이 필요할 때, 특히 그러한 문제가 논쟁의 대상이 될 것으로 예상되지 않는 경우 단일 공동 전문가에의 의뢰를 고려해야 한다. 그 목적은 대상에 대하여 합의하거나 쟁점을 좁히는 것이어야 한다.

36. 이전에 한쪽 당사자에게 자문한 전문가(동일 사례이든 그렇지 않은 경우를 불문하고)는 다른 당사자에게 이전에 관여한 모든 관련 정보가 제공된 경우에만 단일 공동 전문가로 제안되어야 한다.

37. 단일 공동 전문가를 임명한다고 해서 의뢰인이 그들 자신의 전문가에게 따로 자문을 의뢰하는 것이 금지되지는 않는다(그러나 그러한 전문가 자문 비용은 다른 의뢰인으로부터 받을 수 없음).

□ 공동 의뢰(joint instructions)

38. 의뢰인들은 단일 공동 전문가들에게 대한 공동 의뢰에 동의하도록 노력해야 하지만, 합의가 이루어지지 않을 경우 각 의뢰인들이 따로 의뢰할 수 있다. 특히, 모든 의뢰인은 의뢰에 어떤 문서가 포함되어야 하고 단일 공동 전문가가 어떤 가정을 해야 하는지에 대해 합의하도록 노력해야 한다.

39. 의뢰인들이 공동 의뢰에 합의하지 못한 경우, 의견 불일치의 부분이 어디에 있는지 합의하도록 노력해야 하며 의뢰서에 이러한 불일치 관련 내용이 분명히 나타나도록 해야 한다. 별도의 의뢰가 된 경우, 그들은 다른 당사자에게 의뢰서를 복사해주어야 한다.

40. 전문가가 둘 이상의 의뢰인들로부터 의뢰받는 경우, 법원이 달리 지시하거나 의뢰인들이 달리 합의하지 않는 한 임명 조건은 다음을 포함해야 한다.

   a. 모든 의뢰인은 공동으로 그리고 개별적으로 전문가 비용을 지불할 책임이 있으며 그에 따라 전문가 비용 청구서는 모든 의뢰인 또는 그들의 변호사(적절한 경우)들에게 동시에 발송되어야 한다는 내용의 진술

   b. 전문가 수수료 및 비용을 제한하는 명령의 사본(CPR 35.8(4)(a))

41. 전문가가 한 명 또는 그 이상의 의뢰인으로부터 의뢰서를 받지 못한 경우, 전문가는 수령 마감 기한을 통지해야 한다(일반적으로 최소 7일). 기한 내에 의뢰서가 접수되지 않으면 전문가는 과업을 시작할 수 있다. 마감일 이후이고 보고서가 완료되기 전에 의뢰서를 받은 경우, 전문가는 보고서 마감 일정에 악영향을 미치지 않고, 비용을 크게 늘리거나 법원에서 승인한 예산을 초과하지 않고 준수할 수 있는지 여부를 고려해야 한다. 마감일 이후에 받은 의뢰인의 의뢰사항을 고려하지 않고 보고서를 제출하기로 결정한 전문가는 의뢰인들에게 알려야 하며, 의뢰인은 법원에 지시를 신청할 수 있

다. 어느 경우든 보고서는 전문가가 마감일 내에 의뢰서를 받지 못했거나, 경우에 따라서는 전혀 받지 않았음을 명확하게 보여야 한다.

□ 단일 공동 전문가의 수행

42. 단일 공동 전문가는, 예를 들어, 모든 의뢰인에게 보내는 모든 서면을 복사해 주는 것같이, 그들이 취할 수 있는 중요한 단계에 대한 정보를 모든 의뢰인에게 계속해서 주어야 한다.

43. 단일 공동 전문가는 제35편의 전문가이므로 법원에 대한 최우선적 의무가 있다. 그들은 의뢰인들이 임명한 전문가이므로 모든 의뢰인에게 동등한 의무가 있다. 그들은 항상 독립성, 공정성 및 투명성을 유지해야 한다.

44. 모든 의뢰인이 서면으로 동의하거나 법원이 그러한 회의를 개최할 수 있다고 지시하지 않는 한, 단일 공동 전문가는 공동 회의가 아닌 회의에 참석해서는 안 된다. 또한 회의를 위한 전문가 비용을 누가 부담할 것인지에 대해서도 합의가 필요하다.

45. 단일 공동 전문가는 법원에 지시를 요청할 수 있다(28-29항 참조).

46. 단일 공동 전문가는 모든 의뢰인에게 동시에 보고서를 제공해야 한다. 그들은 다툼이 있는 의뢰를 받았더라도 단일 보고서를 제출해야 한다. 만약 상충되는 의뢰로 인해 다른 의견이 나오는 경우(예: 의뢰가 전문가로 하여금 사실관계에 대해 서로 다른 가정을 하도록 하는 경우)에는 보고서에 어떤 문제에 대하여 둘 이상의 의견을 포함할 수 있다. 이때 사실관계를 판단하는 것은 법원이다.

□ 단일 공동 전문가의 반대 심문

47. 단일 공동 전문가는 일반적으로 재판에서 구두 증거를 제공하지 않지만, 만약 그렇게 할 경우 모든 당사자들은 질문할 수 있다. 일반적으로 단일 공동

전문가들에게 반대 심문을 목적으로 법원에 출석하도록 요청하기 전에 서면질문서(CPR 35.6)가 그들에게 제출되어야 한다.

□ 전문가 보고서

48. 전문가 보고서의 내용은 의뢰서 및 일반 의무, 법원 지시, CPR 35 및 PD 35, 그리고 법원에 대한 전문가의 최우선 의무에 따라 규율되어야 한다.

49. 보고서 작성 시 전문가는 항상 전문적인 객관성과 공정성을 유지해야 한다.

50. PD 35, 3.1항은 전문가 보고서가 법원에 제출되어야 한다고 규정하고 있으며, 형식과 내용에 대한 자세한 지침을 제공한다. 모든 전문가와 의뢰인들은 이러한 요구사항에 대하여 잘 알고 있어야 한다.

51. 전문가 보고서 견본은 전문가 학회 및 전문가 증인 연구소와 같은 기관으로부터 구할 수 있고, 의료 보고서용 템플릿은 법무부에서 만든 것이 있다.

52. 전문가 보고서에는 다음과 같은 진술이 포함되어야 한다.

   a. 우리는 법원에 대한 자신의 의무를 이해하고 준수했으며 앞으로도 계속 준수할 것이다

   b. 우리는 CPR 35 및 PD 35의 요구사항과 이 안내서를 인지하고 준수하였다.

53. 전문가 보고서는 진실의 진술로 검증되어야 한다. 진실 진술의 형식은 다음과 같다. "나는 이 보고서에서 언급된 사실과 문제가 내 지식 범위 내에 있음과 그렇지 않음을 분명히 했다는 것을 확인한다. 나의 지식 범위 내에서 나는 그것이 사실임을 확인한다. 내가 표명한 의견들은 그것들이 언급하는 문제에 대한 나의 진실하고 완전한 전문적인 의견을 나타낸다."

54. 보고서의 전문가 자격에 대한 세부 사항은 사건의 성격과 복잡성에 상응해야 한다. 그것은 학문적, 전문적인 자격을 진술하는 것으로 충분할 수도 있

다. 그러나 고도로 전문화된 전문지식이 요구되는 경우, 전문가는 그들에게 전문화된 증거를 제공할 수 있도록 자격을 부여하는 특정 훈련이나 경험 등의 세부 사항을 포함해야 한다.

55. 모든 중요한 의뢰의 내용에 대한 의무적 진술이 불완전하거나 오도되어서는 안 된다. 필수적인 것은 투명성이다. '의뢰'라는 용어에는 변호사가 전문가에게 보내는 모든 자료가 포함된다. 의뢰는 보고서나 부록에 날짜와 함께 나열되어야 한다. '비공식' 구두 의뢰 서술에서의 누락은 허용되지 않는다. 법원은 서술이 부정확하거나 불완전할 수 있다고 볼 합리적인 근거가 있는 경우 의뢰에 대하여 반대 신문을 허용할 수 있다.

56. 과학적 또는 기술적 성격의 시험이 수행된 경우, 전문가는 다음을 명시해야 한다.

a. 사용된 방법

b. 각자의 자격과 경험을 요약하면서, 시험이 누구에 의해 그리고 누구의 감독하에 수행되었는지

57. 전문가는 사실과 의견의 문제를 다룰 때 이 두 가지를 분리해야 한다. 전문가는 자신의 의견이 근거하는 사실(가정하든 그렇지 않든)을 명시해야 한다. 전문가는 의뢰사항을 우선적으로 고려해야 한다(위 20-25항). 전문가들은 그들이 진실이라고 알고 있는 사실과 그들이 가정하는 사실을 명확하게 구별해야 한다.

58. 논쟁 중인 중요한 사실들이 있는 경우, 전문가들은 각 가설에 대하여 별도의 의견을 제시하여야 한다. 그들은 특정 전문지식과 경험의 결과로, 한 세트의 사실들이 비현실이거나 가능성이 낮다고 생각하지 않는 한, 하나의 또는 다른 논쟁 있는 견해를 지지하는 의견을 표시해서는 안 된다. 다만 한

세트의 사실들이 비현실이거나 가능성이 작다고 생각하는 경우에는 전문가들은 그들의 견해를 표현할 수 있고, 이 경우 그 이유를 제시해야 한다.

59. 의견의 범위에 대한 필수적인 요약이 공개된 참고문헌에 기초하는 경우, 전문가들은 참고문헌을 설명해야 한다, 그리고 적절한 경우, 특히 그러한 의견이 학계의 주류의견과 다를 경우, 그 의견의 원래 창안자의 자격에 대하여 진술하여야 한다.

60. 의견 범위에 대한 이용 가능한 참고문헌이 없는 경우, 전문가들은 다른 전문가들이 질문을 받을 경우 도달할 범위에 대해 자신이 믿는 것에 대한 의견을 표명해야 할 수도 있다. 이러한 상황에서 전문가들은 그들이 요약하는 범위가 자신의 판단에 근거한 것임을 분명히 하고 그 판단의 근거를 설명해야 한다.

□ 보고서 송달 전

61. 전문가 보고서를 제출하고 송달하기 전에 변호사는 증인 진술과 전문가에 의해 인정받은 다른 전문가의 보고서가 최종 송달된 버전인지 확인해야 한다.

□ 보고서의 결론

62. 결론의 요약은 필수 사항이다. 일반적으로 요약은 논리전개 후 보고서 끝에 있어야 한다. 그러나 재판부가 처음에 짧은 요약 내용을 제시하고 끝에는 완전한 결론을 내리는 것이 도움이 된다고 판단하는 경우가 있을 수 있다. 예를 들어, 재판부의 일반적인 지식을 벗어나는 매우 복잡한 문제와 관련된 사건의 경우, 보고서가 논리의 근거를 처음에 설명하는 경우, 판사는 사실의 이해와 분석에 도움을 받을 수 있다.

□ 전문가 보고서 순차적 교환

63. 보고서를 순차적으로 교환해야 하는 경우, 피고의 전문가 보고서는 일반적으로 청구인의 보고서에 대응하여 작성된다. 피고의 보고서는 다음과 같이 작성되어야 한다.

   a. 피고인의 보고서는 청구인의 전문가 보고서에 명시된 배경에 동의하는지 여부를 확인하고, 피고인의 전문가가 보기에 수정이 필요한 부분을 식별하여 필요한 수정사항을 제시해야 한다. 피고인의 전문가는 청구인의 전문가 보고서에서 적절하게 처리된 정보를 반복할 필요는 없다.

   b. 청구인의 전문가 의견과 다른 중요한 영역에만 집중해야 한다. 피고인의 보고서는 청구인 전문가의 합리적인(그리고 동의되는) 의견과 그렇지 않은 의견을 구별해야 한다.

   c. 특히 전문가가 청구 범주 중 재무적 가치(예: 치료 비용 또는 이익 손실)를 다루고 있는 경우, 피고인의 보고서에는 청구자의 전문가 손실 평가와 피고인의 손실 평가 사이의 조정이 포함되어야 하며, 각각의 가정에 대해 청구권자의 비용에 대한 다른 결론을 구별해야 한다.

□ 보고서 수정

64. 전문가는 다음과 같은 경우에 보고서를 수정하는 것이 필요할 수 있다.

   a. 질문과 답변을 교환한 결과로
   b. 전문가 간 회의에서 합의가 도출된 경우
   c. 추가 증거 또는 문서가 공개된 경우

65. 전문가는 그들의 진정한 견해를 왜곡하도록 보고서 일부분을 수정, 확대 또는 변경하도록 하는 요청을 받아서는 안 되지만, 정확성, 명확성, 내부 일관

성, 완전성 및 문제와의 관련성을 보장하기 위해서는 그렇게 하도록 요청될 수 있다. 전문가들은 일반적으로 보고서 형태와 관련하여서 변호사의 권고를 따라야 하지만, 보고서의 의견과 내용에 대해서는 독자적인 견해를 형성해야 하며, 그들의 견해와 일치하지 않는 어떠한 제안도 포함해서는 안 된다.

66. 전문가들이 전문가 회의를 거쳐 의견을 변경하는 경우, 그 효력은 전문가들의 서명 및 날짜를 기입하는 것으로 충분하다. 새로운 증거나 다른 이유로 인해 전문가들이 의견을 심대하게 변경하는 경우, 의뢰인들에게 알리고 보고서를 수정해야 한다. 의뢰인들은 다른 당사자들에게도 가능한 한 빨리 의견의 변경을 알려야 한다.

□ 전문가에 대한 서면 질문

67. 전문가는 질문에 적절하게 답변할 의무가 있다. 이를 이행하지 않을 경우, 법원은 전문가에게 의뢰한 의뢰인 측에 제재를 가할 수 있으며, 불이행이 계속될 경우 의뢰인 측이 보고서를 이용하는 것을 금지할 수 있다. 전문가는 질문에 대한 답변의 사본을 의뢰인에게 제출해야 한다.

68. 질문에 대한 전문가의 답변은 보고서의 일부가 된다. 그 답변은 진실의 진술이 행해져야 하고 전문가 증거의 일부를 형성한다.

69. 전문가는 질문이 보고서의 명확화로 연결되지 않거나, 질문에 답할 시간이 부족하다고 판단되는 경우, 의뢰인 그리고 적절한 경우 질문을 하는 측과 논의해야 한다. 법원에 지시를 신청할 필요 없이 이러한 문제를 해결하기 위한 시도가 이루어져야 하지만, 당사자 또는 당사자의 동의나 지시 신청이 없는 경우 전문가 스스로 법원에 지시를 위한 서면 요청을 할 수 있다(28~29항 참조).

□ 전문가 간 토론

70. 법원은 규칙(CPR 35.12)에 명시된 목적을 위해 전문가 간의 토론을 지시할 권한이 있다. 당사자들은 또한 어느 단계에서든 전문가들 간에 토론이 이루어진다는 것에 동의할 수 있다. 법원의 명령이 없으면 토론은 의무사항이 아니다.

71. 전문가 간의 토론 목적은 가능한 한 다음과 같아야 한다.

   a. 소송 절차에서 쟁점을 식별하고 토론하기
   b. 해당 쟁점에 대해 합의된 의견을 도출하고, 그것이 가능하지 않은 경우에는 쟁점을 좁히기
   c. 그들이 동의하거나 동의하지 않는 쟁점을 구별하고, 해당 문제에 대하여 동의하지 않는 이유를 요약하기
   d. 당사자 간의 미해결 쟁점을 해결하기 위해 취할 수 있는 조치를 확인하기

□ 그들은 절차를 해결하려고 하지 않는다

72. 단일 공동 전문가에게 의뢰되었지만, 의뢰인들이 법원의 허가를 받아 추가로 제35편 전문가를 지시한 경우, 법원이 명령하거나 당사자들이 동의하는 경우, 단일 공동 전문가와 제35편 전문가 간에 토론이 있을 수 있다. 그러한 토론은 추가된 제35편 전문가의 소관 내 또는 법원에서 명령한 문제에 국한되어야 한다.

73. 위 안내서 63항에 따라 작성된 피고인의 전문가 보고서와 함께 순차적으로 전문가 보고서를 교환하는 경우 공동진술은, 청구인의 전문가가 피고인의 전문가 보고서에 포함된 자료, 정보 및 논평에 대해 고려하고 대응할 필요가 있는 경우를 제외하고, 의견 불일치 영역에 초점을 맞춰야 한다.

74. 전문가들 간의 논의를 위한 준비는 사건의 가치에 비례해야 한다. 소규모

소송이나 신속 트랙 사례에서는 전문가 간의 대면 회의가 일반적이지 않다. 이런 경우는 전화 토론이나 서신 교환으로 충분하다. 다중트랙 사례에서는 대면 회의를 할 수 있지만, 실용성 또는 비례성의 원칙에 따라 전화 또는 화상 회의를 통한 논의를 할 수 있다.

75. 다중트랙 사건의 경우, 의제 준비에 대한 일차적 책임은 일반적으로 당사자의 변호사에게 있지만, 당사자와 변호사 및 전문가는 전문가 간의 토론을 위한 의제를 만들어내기 위해 협력해야 한다.

76. 의제는 합의된 사항을 명시하고 분쟁 중인 사안을 간결하게 요약해야 한다. 전문가가 답변할 질문을 포함하는 것이 종종 도움이 된다. 신속하게 합의에 도달할 수 없거나 당사자가 대리인이 없는 경우에는 법원은 의제 작성을 지시할 수 있다. 의제는 전문가와 의뢰인들이 토론을 준비할 수 있는 충분한 시간을 가질 수 있도록 그들에게 사전에 회람되어야 한다.

77. 전문가에게 의뢰하는 사람들은 전문가들에게 전문가의 권한 내에 있는 어떤 문제에 대해서도 합의에 도달하는 것을 피하도록(또는 그렇게 하는 것을 보류하도록) 지시해서는 안 된다. 전문가들이 그러한 지시를 수락하는 것은 허용되지 않는다.

78. 당사자들이 동의하지 않는 한(CPR 35.12(4)) 전문가들 간의 토론 내용은 재판에서 언급해서는 안 된다. 그러한 합의는 서면으로 하는 것이 좋다.

79. 전문가 간의 토론이 끝나면 다음과 같은 내용의 공동 진술서를 작성해야 한다.

a. 합의된 쟁점 및 해당 합의의 근거
b. 합의되지 않은 쟁점 및 불일치의 근거
c. 원래 논의 의제에 포함되지 않은 추가 쟁점
d. 전문가 간의 추가 논의를 포함하여 취해야 할 추가 조치 또는 권고사항에 대한 기록

80. 공동 진술서에는 전문가가 자신의 의무를 인식하고 있음을 간략하게 다시 진술하는 내용(또는 각 보고서의 관련 진술에 대한 상호 참조)이 포함되어야 한다. 공동 진술서에는 전문가들이 전문가 권한 내의 문제에 대해 합의에 도달하는 것을 피하도록(또는 그렇지 않다면 그렇게 하는 것을 보류하도록) 지시받지 않았다는 명시적 진술도 포함되어야 한다.

81. 공동 진술서는 가능한 한 빨리 논의의 모든 당사자가 동의하고 서명해야 한다.

82. 논의 중 전문가 간의 합의는 당사자가 명시적으로 구속력이 있다고 동의하지 않는 한(CPR 35.12(5)) 당사자들에 대한 구속력이 없다. 그러나 당사자는 그러한 합의에 동의하지 않기 전에 신중하게 고려하고 비용 문제와 관련이 있는 경우, 동의하지 않는 이유를 설명할 수 있어야 한다.

83. 2013년 4월 이래로 법원은 재판에서 어느 단계에서든 같은 분야의 전문가들에게 그들의 증거를, 지금까지의 관례와 같이 순차적이 아니라 의뢰인들의 증거와 같이 그들의 증거를 동시에 제공하도록 명령할 수 있는 권한을 가지고 있다(PD 311.1~11.4항, 종종 '핫-튜빙'으로 알려져 있음, 참조). 그 경우 전문가들이 함께 질문을 받게 되는데, 먼저 공동 진술서의 의견 불일치를 근거로 판사에 의해, 그리고 나서 당사자들의 변호사들에 의해 질문을 받게 된다. 동시에 제출된 증거를 통해 시간과 비용을 절약할 수 있으며, 전문가 간의 견해 차이를 평가하는 데 있어 판사에게 도움을 줄 수 있다. 재판부가 동시증거 명령을 내렸다면 재판 전에 전문가에게 알려야 한다.

□ 전문가의 재판 출석

84. 전문가에게 의뢰하는 사람은 재판 날짜가 확정되기 전에 전문가의 출석 가능성을 확인해야 한다. 전문가의 최신 일정(전문가 참석 날짜 및 시간 포함), 법원 위치 및 법원 명령을 최신 상태로 유지해야 한다. 적절한 경우 전

문가가 비디오 링크를 통해 증거를 제공할 수 있는지를 고려해야 한다. 그리고 재판 날짜가 취소되거나 연기되면 즉시 전문가에게 알려야 한다.

85. 전문가는 법정에 출두할 의무가 있으며, 그들에게 의뢰하는 사람으로 하여금 피해야 할 날짜를 알도록 하고, 그들이 가능한 모든 합리적인 조치를 취하도록 해야 한다.

86. 전문가들은 일반적으로 증인 소환 절차 없이 법정에 출석해야 하지만, 때때로 출석을 요구하기 위해 소환장이 송달될 수도 있다(CPR 34). 증인 소환장의 사용은 전문가 비용을 지불하는 당사자들의 계약 또는 다른 의무에 영향을 미치지 않는다. 사건이 화해나 판결에 의해 결론이 나면, 변호사는 그들이 의뢰한 전문가들에게 알려야 한다.

□ 전문가 그리고 조건부 및 성공 수수료

87. 전문가 증거의 성격이나 사건의 결과에 따라 전문가 비용을 지불하는 것은 매우 권장되지 않는다. "ex parte[14] Factortame[15](No 8)[2003] QB 381" 재판의 사건 판결문에서는 "법원이 성공 수수료 합의에 따라 의뢰를 받는 전문가의 의견에 동의하는 것은 정말 드문 경우이다."라고 판시한 바 있다.

□ 제재

88. 변호사와 전문가는 CPR 35, PD 또는 법원 명령을 준수하지 않을 경우 제재가 적용될 수 있음을 인지해야 한다.

89. 재판 절차가 시작되었는지 여부에 관계없이, 전문가에게 의뢰하는 전문가

---

14 소송이나 분쟁의 당사자 중 일방 또는 부분(ex parte)의 출석이나 의견 청취만을 거친 후 내려지는 결정(또는 판결)을 뜻하는 라틴어 법률용어이다.
15 EU 회원국의 하나인 스페인 국적 어업회사로 영국에 선박 등록을 하고 영국 바다에서 어업 행위를 하여 논쟁을 일으킴, 영국의 위헌법률심사(factortanme case).

또는 전문가는 해당 전문가 기관/규제 기관에 의해 위법 행위에 대한 제재를 받을 수 있다.

90. 절차가 시작된 경우 법원은 CPR 44에 따라 다음과 같이 제재를 가할 수 있다.

    a. 전문가에게 의뢰한 자(낭비된 수수료 지급 명령 포함) 또는 전문가(전문가 수수료의 불허 또는 인하 등)에 대한 비용 벌칙(CPR 35.4(4) 및 CPR 44)

    b. 전문가의 보고서/증거가 채택될 수 없음

91. 전문가들은 다른 가능한 제재도 인지하고 있어야 한다.

    a. 더 극단적인 경우에서, 전문가가 허위로 보고하여 법원의 판결이 잘못된 경우에는 법원 모독죄에 대한 일반 권한을 발동할 수 있다. 그러면 법원은 범죄자에게 벌금을 부과하거나 투옥할 권한을 갖게 된다.

    b. 전문가가 위증을 저지른 경우, 형사처벌을 받을 수 있다.

    c. 전문가가 과실이 있는 경우 전문 손해보험에서의 청구가 있을 수 있다.

A.11 소송에서의 포렌식 엔지니어링 전문가 증거[16]

소송에서 법관은 당사자가 입증하는 증거를 통해서 사실을 확인하고 법적인 판단을 내리기 때문에 소송의 승패를 좌우하는 결정력은 증거의 확보에 있다고 볼 수 있다. 이러한 증거에는 서증(document of evidence)과 증인(witness)의 사실관계(목격)에 대한 증언, 그리고 전문가 증거(expert evidence)가 있다. 특히 건설소송은 건설기술과 관련한 전문성을 필요로 하기 때문에 전문가가 제시하는 의견에 대한 의존도가 높다고 할 수 있다. 전문가 증거는 기술적 또는 과학적 성질의 문제에 관한 증거이며 일반적으로 전문가의 의견을 포함하는 것을 말하며,[17] 이러한 소송에서는 전문가 증거를 제시하는 전문가를 일컬어 전문가 증인(expert witness)이라고 부른다.

국가별로는 전문가 증거를 허용하지 않는 대상의 차이가 있지만,[18] 공통적으로 규범적 요소에 대한 판단은 법관의 고유권한으로 보고 전문가 증거를 허용하지 않는 것으로 보인다. 결국 이같이 보면, 전문가 증거를 평가하거나 채택하는 원칙이나 기준이 중요한바, 이에는 자유심증주의와 법정증거주의가 있다. 한국 법원은 변론 전체의 취지와 증거조사의 결과를 참작하여 자유로운 심증으로 사회정의와 형평의 이념에 입각하여 논리와 경험의 법칙에 따라 사실주장이 진실한지 아닌지를 판단하고,[19] 반면에 법률로 일정한 기준을 정할 수도 있다.[20]

---

16   본 글은 국제거래법학회에서 발간하는 「국제거래법연구」 제27집 제2권에 게재된 최성규, '국제건설중재에서의 전문가 증거의 법적 쟁점' 중 일부를 본 역서의 취지에 맞게 각색한 것이다.
17   영국 기술건설법원(TCC, Technology and Construction Court) guide, section 13.1.1.
18   예컨대, 영국의 경우는 법령 등 공익 사안에 관한 사법심사청구 사건은 전문가 증거가 허용되지 않고, 미국의 경우는 상식적 수준에서 판단이 가능한 경우, 법규에 대한 것, 전문가로서의 주의의무 위반 여부가 사건의 쟁점이 아닌 경우에는 전문가의 증거를 허용하지 않는다. 법원행정처, 「외국사법제도연구(16)-각국의 전문가 감정 및 증언 등의 운영실무-」, 법원행정처(2014), 73-74면, 211면 참조.
19   한국 민사소송법 제202조.
20   영국 1972년 증거법(Civil Evidence Act 1972) 섹션 3; 미국 연방증거규칙(2018) 제702조.

예컨대 미국에서는 1993년의 연방증거규칙(Federal Rules of Evidence)[21] 및 다우버트(Daubert) 사건[22]을 통해 성립된 다우버트 기준[23]과 전통적인 프라이(Frye) 기준[24]을 적용하는데, 이는 과학적 또는 기술적 증거를 어디까지 허용할 것인지의 문제를 다루고 있다.[25]

그런데 이러한 증거의 허용 역시 원칙적으로 법관이 사실판단을 하는 데 있어서 조력하기 위한 것이지만, 건설 분쟁은 특수하게도 과학적, 기술적 사실 판단과 함께 책임 범위의 확정을 위해 규범적 요소에 대한 판단을 요하는 경우가 있다. 예를 들어, 건축물이 붕괴되었다고 할 경우, 붕괴의 결과가 정확하게 누구의 귀책을 원인으로 하여 발생한 것인지 인과관계를 확인하기가 어려운 문제도 발생한다. 이와 관련하여 다음의 세 가지 유형의 경우를 고려해 볼 수 있겠다.

첫째는 법관이 전문가에게 규범적 요소에 대한 판단도 명시적으로 지시한 경우이다. 건설 분쟁에서 종종 법관이 전문가 증인에게 규범적 요소에 대한 해석을 명시적으로 위탁할 때가 있다. 사고의 영향(결과)을 분석하는 것은 사실 확인의 영역이라고 볼 수 있겠지만, 사고의 원인이 누구의 책임인지를 가리는

---

21 사실판단자인 판사 또는 배심원에게 증거를 이해시키거나 사실을 판단하는 데 도움을 주기 위해 전문가들은 법정에서 증언을 하게 된다. 미국 연방증거규칙 제702조는 전문가의 증언(testimony by expert)을 "사실판단자가 증거를 이해하거나 쟁점에 대하여 무엇이 사실인가를 판단하는 데 도움이 되는 경우 지식, 기술, 경험, 훈련 또는 교육에 의해 전문가의 자격이 인정된 증인이 과학적, 기술적, 혹은 기타 특수한 지식에 대한 의견 또는 기타 형태로 해당 사안에 대해 증언할 수 있다."라고 규정하고 있다.

22 Daubert vs. Merrell Dow Pharmaceuticals, Inc., 43 F. 3d 1311, 1316-1317 (9th Cir.1994).

23 연방대법원은 하급심 법원이 gatekeeper로서 고려해야 할 사항으로, ① 이론과 기술이 신뢰할 수 있는 방법으로 검증되거나 검증될 수 있을 것 ② 이론과 기술이 동료의 검토와 발간이 되었는지, ③ 기술이 알려져 있는지와 잠재적인 오류율, ④ 기술을 조작하는 데 통제기준이 있는지와 그 기준이 잘 유지되고 있는지, ⑤ 기술과 검증이 일반적으로 승인되었는지, ⑥ 소송에서 독립된 전문가에 의해 검증된 작업에 사용된 기술인지를 들고 있다. 권영법, "과학적 증거의 허용성-전문인 증인의 허용성 문제와 관련 쟁점의 검토를 중심으로", 「법조」 통권 제667호(2012.4.), 91-92면.

24 과학적 증거는 일반적 승인(general acceptance)이 확립되어야 함을 강조하였다. 이원복, "미국 전문가 증언 허용에 관한 Daubert 기준의 재고찰", 「법학논고」 제58집, 경북대학교 법학연구원, 2017.5, 277-303면 참조.

25 관련하여 이원복, (주38), 277-303면 참조.

것은 규범적 판단이 선행될 수 있다.

둘째는 법관이 전문가에게 규범적 요소에 대한 판단은 명시적으로 배제한 경우이다. 이와 같이 전문가 보고의 범위에 계약조건이나 법리에 대한 의견을 명시적으로 배제하였음에도 불구하고 전문가가 이러한 규범적 요소에 대한 의견을 나타냈다면 이러한 증거는 허용되지 않겠으나, 그 채택여부는 종국적으로 법관의 재량에 달려 있다고 본다.

셋째는 전문가의 규범적 요소에 대한 판단에 대하여 법관이 별다른 명시적 지시를 하지 않았던 경우이다. 이 경우 전문가는 규범적 요소에 대한 판단을 해야 할 의무까지 부담한다고 볼 수는 없으나, 법관이 별다른 명시적 지시를 하지 않았다면 이를 배제하고 있는 것으로 해석하는 것도 무리이다. 따라서 이러한 전문가의 판단을 증거로 허용할지 아니면 판결에 참고 정도로만 허용할지는 법관의 재량사항으로 귀결된다.

결국 어느 유형에 상관없이 법관이 전문가 증거를 어디까지 허용할 것인지는 재량으로 결정할 여지가 큰바, 법관의 전문성의 한계로 전문가 증거를 채택하였는데, 다시 이를 허용할 것인지의 여부를 두고 법관이 자유심증주의 원칙에 따라 전문적인 사실을 판단한다는 것은 일종의 제약이 있으며,[26-27] 이 과정에서 법관이 사실심의 판단을 전문가 증거에 더 의존하게 되는 문제가 발생한다. 따라서 소송에 있어서 증거채택의 허용여부를 위해 객관화된 허용기준을 정립하고 필요에 따라 법관이 전문가 증인에게 규범적 요소에 대한 의견을 명시하여 포렌식 엔지니어링 전문가 증거 보고서를 작성하도록 구체적으로 지시하는 것이 바람직한 방안이 되겠다.

---

26 한국 법원의 자유심증주의 원칙의 한계 및 극복방안에 대해서는 정선주, "민사소송절차에서 감정인의 지위와 임무",「민사소송」제6권(2002), 93-98면에 상세히 소개하고 있다.

27 이런 측면에서 미국의 경우 전문가 증거에 대한 프라이 기준(일반적 승인설), 다우버트 기준, 연방증거규칙(Federal Rules of Evidence)과 같은 구체적이고 엄격한 허용기준을 적용하고 있는 점을 참조할 수 있겠다. 이원복, (주9), 277-303면 참조.

다음으로 전문가의 의무를 간략히 살펴본다. 소송에서 증거의 한 유형으로 전문가는 자신의 경험과 전문지식을 바탕으로 하여 전문 의견을 제출하고 법관을 조력하는 것을 기본적인 의무로 하는데, 이러한 의무는 당사자 또는 법원이 전문가를 선임하는 계약[28]에 따라 부담하는 계약상 의무가 있겠고,[29] 그러한 계약상 규정된 준거법에 따라 부담하는 법률상 의무가 있을 것인바, 대륙법계 국가는 물론[30] 영미법계 국가인 영국, 캐나다, 호주에서도 전문가가 법원에 조력할 의무를 규정하고 있다는 점에서, 전문가 보고서를 제출하고 법관에게 조력할 기본적인 의무는 유사할 것이다. 이러한 의무를 준수하기 위해서 전문가는 선임 시 사건의 당사자와 이해관계가 없는 독립적이고 중립적인 자격을 갖춘 자임을 고지할 의무가 있겠고,[31] 공정하고 객관적으로 정확하게 주의를 다하여 의견을 보고할 의무가 있으며, 불가피한 경우를 제외하고는 타인에게 전체 또는 부분을 재위임하지 않고 직접 의견을 작성해야 하고(위임금지),[32] 적절한 방법을 택하여 불필요한 비용과 시간을 줄이고, 계약의 이행기를 준수할 의무가 있겠다. 국가별로 차이가 있으나, 선서의무,[33] 출석의무,[34] 비밀준수 의무,[35] 자

---

28 이러한 전문가선임계약의 법적 성질에 대하여 연구된 바는 없으나, 중재인과 당사자 간 중재인선임계약의 성질을 보면, 고용계약, 위임계약 등 다양한 견해 중에서 위임에 유사한 특수계약으로 보는 견해가 있다(목영준·최승재, 『상사중재법』 개정판, 박영사(2018), pp. 159-160). 전문가와 당사자 간 전문가선임계약이 중재인선임계약과는 동일하다고 보기는 어려우나, 당사자가 전문가에게 사실조사를 의뢰하는 계약이므로 위임계약과 유사하면서도 유상이 원칙이고, 전문가 기피를 인정하는 등 다른 부분도 있기에, 중재인선임계약과 같이 그 법적 성질을 위임에 유사한 특수계약으로 보기로 한다.
29 전문가가 이러한 의무를 이행할 시에는 일반적으로 보수청구권, 비용청구권 등이 가능할 것이다.
30 독일 민사소송법 제407조, 일본 민사소송법 제212조, 한국 민사소송법 제334조.
31 참고로 한국 중재법(2016)에 제27조(감정인) 제3항에서는 제13조(중재인에 대한 기피사유)를 준용하고 있어서, 감정인 기피사유 고지의무를 규정하고 있다고 해석할 수 있다.
32 독일 민사소송법 제407조a 제2항, 한국 민사소송법 제335조의2 제2항.
33 위증죄 관련 문제가 될 수 있다. 참고로 한국 민사소송법 제319조~제321조에서 증인은 선서의무가 있고, 위증죄가 적용되지만, 전문가(감정인)는 제321조 제2항 위증죄는 적용되지 않는다.
34 프랑스 민사소송법 제245조, 한국 민사소송법 제311조.
35 한국 민사소송법 제315조 제1항 제1호~제2호에 따라 해당자는 증언거부권이 있다. 참고로 한국 민사소송법 제164조의7에 따라, 전문심리위원에게는 비밀누설죄가 적용된다.

기억량 고지의무[36]가 있기도 하다.[37]

특히 전문가는 주의의무(duty of due care)가 요구되는바, 이를 해태하는 경우 전문가 과실책임이 인정될 수 있다. 즉, 전문가의 경우, 자신을 선임한 당사자에게 전문가는 자문을 제공하고, 중간보고서 또는 최종보고서로 의견을 제출하고, 심리에서 증거를 제시하거나 심문을 진행하면서 답변을 하는 경우, 그리고 상대방이 선임한 전문가 증인과 논의하거나 제시한 증거에 대한 답변 및 상대방과 합의 또는 의견의 불일치를 도출하는 과정에서도 합리적인 기술과 주의(reasonable skill and care)를 가지고 행위할 의무가 있다.[38] 그 기준은 계약 및 불법행위에 있어서 주의의무에 대한 적합한 전문가 기준의 위반에 대해서 권고할 수 있는 범위의 의무와 전문가 스스로 수행해야 하는 의무의 정도 및 주의기준이다.[39]

전문가 의무위반의 효과는 그 책임이 인정되어 손해배상을 받거나 당사자에 의하여 기피될 수 있겠으나, 반대로 전문가가 의무를 위반해도 면책이 될 수 있다.[40],[41] 한편으로 앞서 영미법계 국가의 입장에 비추어보면, 당사자가 선

---

36 한국 민사소송법 제335조의2 제1항. "감정인은 감정사항이 자신의 전문 분야에 속하지 아니하는 경우 또는 그에 속하더라도 다른 감정인과 함께 감정을 하여야 하는 경우에는 곧바로 법원에 감정인의 지정 취소 또는 추가 지정을 요구하여야 한다."

37 이시윤, 『신민사소송법』 제12판, 박영사(2018), 503면 참조. ; 독일 민사소송법에 의하면, 이 외에도 실행가능성에 대한 검토 의무, 위임의 내용에 대하여 확인할 의무, 예견하지 못한 높은 비용에 대하여 지적할 의무, 기록 등을 반환할 의무 등을 규정하고 있는 점이 특이하다. 법원행정처, (주32), 361-366면 참조.

38 Michael P. Reynolds. The Expert Witness in Construction Disputes, 3rd edition. (John Wiley & Sons, Incorporated, 2008), 311-313면 참조.

39 Ibid., p.41. ; 과실의 정도로 보면, 대륙법계에서는 중과실(gross negligence)에 기인한 정도가 되어야 면책되지 않는다.

40 영국 중재법 제29조 제1항에 의하면, 중재인의 경우는 해의(bad faith)에 기한 것이 아니면, 직무수행 중의 행위나 해태로 인한 책임에서 면제된다.

41 한국 민사소송법은 감정에 대한 의무위반의 경우에는 일부 사항을 제외하고, 증인의무위반의 제재규정이 준용된다고 하므로(동법 제333조), 전문가(감정인)가 정당한 사유 없이 법원에 출석하지 아니하면 과태료가 부과되고(동법 제311조), 전문가(감정인)의 감치, 구인, 위증죄는 적용받지 않는다.

임한 전문가는 당사자를 옹호한다는 입장에서 법관을 조력할 의무와 충돌하는 것은 아닌지 하는 논란이 가능하다. 이와 관련하여 영국 이카리안 리퍼(Ikarian Reefer) 사건[42]에서 크레스웰(Cresswell) 법관은 민사 사건에서 전문가 증인의 의무와 책임을 개략적으로 다음과 같이 설명하고 있어서[43] 참고할 만한 기준이 된다.

a) 법원에 제출된 전문가 증거는 소송의 긴급사태로 인한 형식이나 내용에 대해 영향을 받지 않은 전문가의 독립적인 결과물이어야 하며, 또한 공개되어야 한다.

b) 전문가 증인은 전문지식 내의 문제와 관련하여 객관적인 편견 없는 의견을 통해 법원에 독립적 지원을 제공해야 한다.

c) 전문가 증인은 자신의 의견에 근거하는 사실이나 가정을 증언해야 한다. 그들은 결론을 내린 의견을 훼손할 수 있는 중요한 사실을 고려하지 말아야 한다.

d) 전문가 증인은 특정 질문이나 문제가 자신의 전문지식을 벗어난 경우 이를 명확히 해야 한다.

e) 불충분한 데이터를 이용할 수 있다고 판단하여 전문가의 의견을 적절하게 연구하지 못한 경우, 이는 해당 의견이 임시 의견일 뿐이라는 징후와 함께 명시되어야 한다.

f) 보고서를 교환한 후, 전문가 증인이 다른 이유로 상대방의 전문적 보고서를 읽은 자료에 대한 견해를 변경할 경우, 해당 의견 변경은 (법률 대리인을 통해) 법원에 바로 적절하게 전달되어야 한다.

---

42 National Justice Compania Naviera SA vs. Prudential Assurance Co. Ltd. ("the Ikarian Reefer"), [1993] 2 Lloyd's Rep 68.

43 Robert Horne & John Mullen, The Expert Witness in Construction, (John Wiley & Sons, 2013), pp. 16-17.

g) 전문증거가 사진, 계획, 계산, 분석, 측정조사 보고서 또는 기타 유사한 문서를 참조하는 경우, 해당 자료를 보고서 교환과 동시에 상대방에게 제공해야 한다.

영미법계 국가 중에서 영국,[44] 캐나다,[45] 호주[46] 등은 관련 규범에 전문가의 의무를 규정하고 있다. 미국에서도 전문가는 자신의 전문지식에 포함되는 사안에 대해 법원을 지원할 일차적인 의무가 있으며, 전문가를 선임하고 비용을 지불하는 당사자에게 구속되지 않는다고 보는 견해가 있다.[47] 다만 미국은 연방 민사소송규칙 26(a)(2)에서는 개괄적인 전문가 증언의 개시에 관한 규정은 있으나, 공식적으로 정의된 전문가의 의무에 관한 규정은 없다.[48] 미국에서 이처럼

---

44 영국 민사소송규칙(Civil Procedure Rule : 이하 'CPR'이라 한다) 35.3에 따르면 전문가는 법원에 조력할 의무를 자신을 선임하거나 비용을 지불하는 사람에 대한 의무보다 우선하고 있으며, 영국의 왕립공인측량사학회(The Royal Institution of Charted Surveyors, RICS) 규정에서도 전문가 증인의 최우선 과제는 독립적이고 공정하며 편향되지 않은 증거를 법원이나 판정부에 제공하는 것이라는 동일한 입장을 보이고 있다.

45 캐나다에서는 전문가가 행동 규범(code of conduct)을 준수해야 한다. 동 규범 제52.2조 전문가 증인을 위한 행동 규범에서 "증거로 사용하기 위해 보고서를 제공하거나 증언하기 위해 지명된 전문가 증인은 재판에서 자신의 전문 분야와 관련된 문제에 대해 법원을 공정하게 지원할 최우선 의무가 있다. 이 의무는 전문가 증인을 보유한 사람을 포함하여 절차의 당사자에 대한 모든 의무에 우선한다. 전문가는 독립적이며 객관적이어야 한다. 전문가는 당사자에 대한 변호인이 아니다."라고 한다. Erik Arnold & Errol Soriano, The Recent Evolution of Expert Evidence in Selected Common Law Jurisdictions Around the World, (The Canadian Institute of Chartered Business Valuators, 2014), Appendix C-2 The Expert's Duty 참조.

46 호주에서는 호주연방법원 사무처리지침(Practice Note) CM7 가이드라인 제1.1절 내지 제1.3절은 전문가의 일반적 의무에 대해 "전문가 증인은 전문가의 전문 분야와 관련된 문제에 대해 법원을 돕는 최우선 의무가 있다. 전문가 증인은 당사자의 변호인이 아니다. 전문가 증인의 의무는 법원에 대한 것이지 당사자에 대한 것이 아니다."고 규정한다. 동 지침은 1998년에 처음으로 전문가의 의무를 공식적으로 정의를 소개했는데, 초안은 영국 이카리안 리퍼(Ikarian Reefer) 사건뿐만 아니라, 영국에서 1996년 출간된 울프 경의 "정의로의 접근(Access to Justice)" 보고서를 참조했다고 한다. Federal Court of Australia Practice Note CM 7 Expert Witness in Proceedings in the Federal Court of Australia Guideline 1.1~1.3.

47 Charles O'Neil, "The Duties and Responsibilities of Expert Witnesses", JAMS GLOBAL CONSTRUCTION SOLUTIONS, (SPRING 2017), pp. 7-8.

48 Arnold & Soriano, supra note 59, Appendix C-2 The Expert's Duty 참조.

전문가(증인)에게 법원을 조력할 의무를 부과하지 않는 것은 당사자에 대한 의무와의 충돌을 우려한 것으로 보인다.

이와 같이 볼 때, 당사자에 의한 전문가 선임을 인정하는 영미법계 국가에서도 선임된 전문가 증인의 당사자에 대한 의무와 법원에 대한 의무가 충돌할 때, 대체적으로 법원에 대해 조력하는 의무를 우선시하고 있음을 확인할 수 있다.

A.12 중대재해 처벌 등에 관한 법률 요약(2021. 1. 26. 공포)[49]

1. 중대재해처벌법

사업주 또는 경영책임자가 안전 및 보건 확보 의무를 위반하여 1명 이상 사망하는 '중대산업 재해'가 발생하는 경우, 사업주 또는 경영책임자에게 사망에 대하여는 '1년 이상의 징역 또는 10억 원 이하의 벌금', 부상 및 질병에 대하여는 '7년 이하의 징역 또는 1억 원 이하의 벌금' 부과한다. 또한, 안전 및 보건 확보 의무를 위반한 법인이나 기관은 사망사고의 경우 '50억 원 이하의 벌금형'으로, 부상 및 질병의 경우 '10억 원 이하의 벌금형'으로 처벌한다.

징벌적 손해배상제도도 도입하여, 사업주와 법인 등이 고의 또는 중대한 과실로 안전 및 보건 확보 의무를 위반하여 중대재해 발생 및 손해를 입힌 경우 손해액의 5배까지 배상책임한다. 중대재해처벌법 적용대상에서 상시근로자 5인 미만의 사업장은 제외되며, 상시근로자 50인 미만의 사업장은 3년의 적용 유예기간을 갖는다.

처벌 대상 및 내용	• 사업주 및 경영책임자 등 －사망자 발생한 경우 : '1년 이상의 징역 또는 10억 원 이하의 벌금' －부상 및 질병 발생한 경우 : '7년 이하의 징역 또는 1억 원 이하의 벌금' • 안전 및 보건 확보 의무를 위반한 법인이나 기관 －사망자 발생한 경우 : 50억 원 이하의 벌금형 －부상 및 질병 발생한 경우 : 10억 원 이하의 벌금형
손해배상	사업주 또는 경영책임자 등이 고의 또는 중대한 과실로 안전 및 보건 의무를 위반하여 중대재해를 발생하게 한 경우, 손해액의 5배를 넘지 않는 범위 내에서 배상 책임
적용범위	상시근로자 5인 이상의 사업(사업장)의 사업주 또는 경영책임자 등
시행시기	• 상시근로자 50인 이상 사업장 : 공포 후 1년이 경과한 날부터 시행 • 상시근로자 50인 미만 사업장 : 공포 후 3년이 경과한 날부터 시행

49　출처: 고용노동부

이번 중대재해처벌법에는 공중이용시설 또는 공중교통수단 등에서 발생하는 사고의 처벌을 위해 '중대시민재해' 개념을 도입하고, '중대시민재해'로 인한 사업자나 법인 등에 대한 처벌 내용은 '중대산업재해'와 동일하게 적용한다. 다만, 상시근로자 10인 미만의 소상공인, 초·중·고등학교를 포함한 교육시설, 시내버스 등 일부는 적용 대상에서 제외한다.

2. 중대재해 [제2조(정의)]

중대재해란 중대산업재해와 중대시민재해를 말한다. 중대산업재해란 「산업안전보건법」 제2조 제1호에 따른 산업재해 중 다음 각 목의 어느 하나에 해당하는 결과를 야기한 재해를 말한다.

1. 사망자가 1명 이상 발생
2. 동일한 사고로 6개월 이상 치료가 필요한 부상자가 2명 이상 발생
3. 동일한 유해 요인으로 급성중독 등 대통령령으로 정하는 직업성질병자가 1년 이내에 3명 이상 발생

중대시민재해란 특정원료 또는 제조물, 공중이용시설 또는 공중교통수단의 설계, 제조, 설치, 관리상의 결함을 원인으로 하여 발생한 재해로서 다음 각 목의 어느 하나에 해당하는 결과를 야기한 재해를 말한다.

1. 사망자가 1명 이상 발생
2. 동일한 사고로 2개월 이상 치료가 필요한 부상자가 10명 이상 발생
3. 동일한 원인으로 3개월 이상 치료가 필요한 질병자가 10명 이상 발생

3. 안전·보건 확보 의무 대상 [제2조(정의)]

중대재해처벌법에서는 "사업주 및 경영책임자 등"에 안전 및 보건 확보의무를 부과한다. "사업주"는 자신의 사업을 영위하는 자, 타인의 노무를 제공받아 사업을 하는 자를 말하고, "경영책임자 등"은 사업을 대표하고 사업을 총괄하는 권한과 책임이 있는 사람 또는 이에 준하여 안전 보건에 관한 업무를 담당하는 사람이다. 또한 중앙행정기관, 지방자치단체, 지방공기업, 공공기관의 장도 해당된다.

4. 안전 및 보건의무사항 [제4조(사업주와 경영책임자 등의 안전 및 보건 확보 의무)]

사업주 또는 경영책임자 등은 사업주나 법인 또는 기관이 실질적으로 지배·운영·관리하는 사업 또는 사업장에서 종사자의 안전·보건상 유해 또는 위험을 방지하기 위하여 그 사업 또는 사업장의 특성 및 규모 등을 고려하여 다음 각 호에 따른 조치를 하여야 한다.

1. 재해예방에 필요한 인력 및 예산 등 안전보건관리체계의 구축 및 그 이행에 관한 조치
2. 재해 발생 시 재발방지 대책의 수립 및 그 이행에 관한 조치
3. 중앙행정기관·지방자치단체가 관계 법령에 따라 개선, 시정 등을 명한 사항의 이행에 관한 조치
4. 안전·보건 관계 법령에 따른 의무이행에 필요한 관리상의 조치

5. 도급, 용역, 위탁 등 관계에서의 안전 및 보건 의무 [제5조(도급, 용역, 위탁 등 관계에서의 안전 및 보건 확보 의무)]

사업주 또는 경영책임자 등은 사업주나 법인 또는 기관이 제3자에게 도급, 용역, 위탁 등을 행한 경우에는 도급업체의 종사자에게 중대산업재해가 발생하지 않도록 안전·보건 관계 법령에 따른 의무이행에 필요한 관리상 조치를 해야 한다. 다만 사업주나 법인 또는 기관이 그 시설, 장비, 장소 등에 대하여 실질적으로 지배·운영·관리하는 책임이 있는 경우에 한정한다.

6. 처벌내용 [제6조(중대산업재해 사업주와 경영책임자 등의 처벌)]

사업주 또는 경영책임자 등이 안전 및 보건 확보 의무를 위반하여 산업재해로 인해 사망자가 1명 이상 발생한 경우 1년 이상의 징역 또는 10억 원 이하의 벌금에 처한다. 동일한 사고로 6개월 이상 치료가 필요한 부상자가 2명 이상 발생하거나, 동일한 유해요인으로 급성중독 등 대통령령으로 정하는 직업성질병자가 1년 이내에 3명 이상 발생한 경우에는 7년 이하의 징역 또는 1억 원 이하의 벌금에 처한다.

처벌 대상 및 내용	• 사망자 발생한 경우 '1년 이상의 징역 또는 10억 원 이하의 벌금' • 부상 및 질병 발생한 경우 : '7년 이하의 징역 또는 1억 원 이하의 벌금'

7. [제7조(중대산업재해의 양벌규정)]

법인 또는 기관의 경영책임자 등을 벌하는 외에 그 법인 또는 기관에게 사망자가 1명 이상 발생한 경우 50억 원 이하의 벌금을, 동일한 사고로 6개월 이상 치료가 필요한 부상자가 2명 이상 발생하거나, 동일한 유해요인으로 급성중독 등 대통령령으로 정하는 직업성질병자가 1년 이내에 3명 이상 발생한 경우에는 10억 원 이하의 벌금형을 과한다. 다만, 법인 또는 기관이 안전 및 보건의무 위반행위를 방지하기 위해 해당 업무에 관하여 상당한 주의와 감독을 게을리하지 않은 경우에는 그렇지 않다.

벌금형	• 사망자 발생한 경우 : 50억 원 이하의 벌금형 • 부상 및 질병 발생한 경우 : 10억 원 이하의 벌금형 감독 의무를 위반한 법인이나 기관

8. 손해배상의 책임 [제15조(손해배상의 책임)]

사업주 또는 경영책임자 등이 고의 또는 중대한 과실로 안전 및 보건 의무를 위반하여 중대재해를 발생하게 한 경우, 해당 사업주, 법인 또는 기관이 중대재해로 손해를 입은 사람에 대하여 그 손해액의 5배를 넘지 않는 범위에서 배상책임을 진다. 다만, 법인 또는 기관이 해당 업무에 관하여 상당한 주의와 감독을 게을리하지 아니한 경우에는 그러하지 아니하다.

9. 적용범위와 시행시기 [제3조(적용범위), 부칙 제1조(시행일)]

상시 근로자가 5명 미만인 사업 또는 사업장의 사업주 또는 경영책임자 등에게는 이 법을 적용하지 않는다. 이 법은 공포 후 1년이 경과한 날부터 시행한다. 다만, 이 법 시행 당시 개인사업자 또는 상시 근로자가 50명 미만인 사업 또는 사업장(건설업의 경우에는 공사금액 50억 원 미만의 공사)에 대해서는 공포 후 3년이 경과한 날부터 시행한다(2021. 1. 26. 공포).

A.13 국토교통부 건설사고조사위원회 운영규정[국토교통부고시 제 2019-71호]

건설사고조사위원회 운영규정

2019. 2. 8. 제정

제1장 총칙

제1조(목적)

이 규정은 「건설기술 진흥법」 제67조 및 같은 법 시행령 제105조의 규정에 의한 중대건설공사현장의 사고조사를 위한 건설사고조사위원회의 구성·운영 등에 필요한 사항을 정함을 목적으로 한다.

제2조(용어 정의) 이 규정에서 사용하는 용어의 정의는 다음과 같다.

① "건설사고조사"란 사고와 관련된 정보 및 자료 등을 수집·분석하여 사고의 원인규명, 보고서 작성, 유사사고의 방지 대책을 관계기관에게 권고 또는 건의하는 일체의 과정을 말한다.

② "발주청 등"이라 함은 「건설기술 진흥법」(이하 "건진법"이라 한다) 제2조 제6호에 따른 발주청(「사회기반시설에 대한 민간투자법」에 의한 민간투자사업인 경우에는 동법 제2조 제4호에 따른 주무관청을 말한다)과 건설공사의 허가·인가·승인 등을 한 행정기관의 장을 말한다.

③ "건설사고조사 보고서"란 사고발생 원인과 분석, 결론 및 권고 등이 포함된 최종적인 보고서를 말한다.

④ "운영위탁기관"이란 건진법 시행령 제117조 제1항 제13호에 따라 국토교통부장관으로부터 건설사고조사위원회의 운영에 관한 사무 업무를 위탁받은 기관을 말한다.

제3조(적용범위) 건설사고조사위원회 구성·운영에 관한 규정은 다음 각 호의 1에 해당하는 경우에 적용한다.

1. 건진법 시행령 제105조 제3항에 규정한 중대건설현장사고
2. 국토교통부장관 및 발주청 등이 제1호의 중대건설현장사고에 대하여 건설사

고조사위원회를 구성하여 건설사고조사를 수행하는 경우

3. 발주청 등이 사고원인을 직접 조사할 경우에도 조사절차 및 조사방법을 건설사고조사위원회운영 규정을 준용할 수 있음

제2장 건설사고조사위원회 설치

제4조(건설사고조사위원회의 구성) 국토교통부장관 및 발주청 등은 건설사고조사위원(이하 이 장에서는 '위원'이라 한다)의 선정 시 다음 사항을 고려하여 선정한다.

① 건설사고조사위원회(이하 이 장에서는 "위원회"라 한다)는 건설사고조사위원장(이하 이 장에서는 "위원장"이라 한다) 1인을 포함하여 12인 이내의 위원으로 구성하며, 위원을 선정할 때는 건설사고발생현황보고서 등을 참고하여 선정한다.

② 위원장은 국토교통부장관 또는 발주청 등이 임명한다.

③ 위원은 공정성과 형평성 등을 위하여 전문분야별 출신학교, 직업, 시민단체, 연령 등이 어느 한쪽에 편중되지 아니 하도록 한다.

④ 건설 사고조사 중 전문분야의 변경 등 위원교체가 필요할 때에는 위원장의 요구에 의하여 국토교통부장관, 발주청 등이 교체할 수 있다.

제5조(건설사고조사위원의 자격) 위원회는 다음 각 호에 해당하는 자격을 가진 자 중에서 선정하여 구성한다.

1. 건설기술 업무와 관련된 공무원
2. 건설기술 업무와 관련된 단체 및 연구기관 등의 임직원
3. 건설기술 업무에 관한 학식과 경험이 풍부한 사람
4. 건설기술 관련 업체(건설업자, 건설기술용역업자 등을 말한다)에서 10년 이상 근무한 사람
5. 그 밖에 국토교통부장관 또는 발주청 등이 조사의 공정성과 전문성을 확보하기 위하여 사고조사에 필요하다고 인정하는 사람

제6조(건설사고조사위원단의 구성)

① 국토교통부장관 및 발주청 등은 신속한 위원회 구성을 위하여 사전에 건설사고조사위원단(이하 이 장에서는 "위원단"이라 한다)을 구성할 수 있다.

② 위원단은 전문분야별로 구성하여 국토교통부장관 또는 발주청 등이 임명 또는 위촉한다.

③ 위원단은 제5조의 자격을 갖춘 자로 구성한다.

제7조(제척, 기피 및 회피)

① 국토교통부장관 및 발주청 등은 위원의 선정 시, 다음 각 호의 어느 하나에 해당하는 경우 제척하여야 한다.

    1. 위원 또는 그 배우자나 배우자였던 사람이 사건의 당사자이거나 당사자와 공동권리자, 공동의무자 또는 상환의무자의 관계에 있는 경우

    2. 위원이 당사자와 친족, 가족 관계가 있거나 그러한 관계가 있었을 경우

    3. 위원이 당사자가 되는 법인에 소속된 경우

    4. 위원이 사고현장과 관련하여 공사, 용역, 자문, 연구 등을 수행하였거나 그 업무를 수행한 법인에 소속되었거나 소속된 적이 있는 경우

② 조사대상 당사자는 위원이 불공정한 조사를 할 우려가 있다고 인정할 만한 상당한 이유가 있는 때에는 그 사실을 서면으로 소명하고 기피신청을 할 수 있다.

③ 위원은 제1항 각 호의 어느 하나에 해당하는 사유 또는 제2항의 규정에 따라 기피신청을 할 수 있는 사유에 해당하는 경우에는 위원장의 허가를 받아 스스로 조사를 회피할 수 있다.

④ 위원장은 건설사고조사에 참여하는 위원 및 사고조사에 참여하는 사고조사기관의 직원으로부터 별지 제5호 서식에 따른 서약서를 제출하게 하여야 한다.

제8조(건설사고조사위원장의 임무) 위원장은 건설현장사고조사가 명확하고 공정한 조사하게 이루어지도록 하여야 하며, 이를 위해 위원회의 운영과 의사결정이 적정하게 이루어지도록 하여야 한다.

제9조(건설사고조사위원의 임무)

① 위원은 위원장의 지시에 따라 성실하게 조사업무를 수행하여야 한다.

② 위원은 조사계획 및 조사업무 수행과 관련하여 알게 된 사실을 누설하여서는 아니 되며 일체의 금품수수, 향응 등을 받아서는 아니 된다.

③ 위원이 제1항 또는 제2항의 규정을 위반한 때에는 해촉한다.

제10조(건설사고조사위원회의 업무범위) 위원회는 중대건설현장사고에 대해서 다음의 업무를 수행한다.

① 사고 관련 정보의 수집 및 정리

② 건설사고의 경위 및 원인조사

③ 건설 사고조사 보고서의 작성 및 결과보고

④ 건설사고 재발방지에 관한 권고 또는 건의

제11조(건설사고조사위원의 증표)
① 국토교통부장관 및 발주청 등은 사고조사를 위원회에게 통보한 때에 별지서식 1호에 의한 증표를 발급하여야 한다.
② 위원의 위촉은 상기의 증표로 갈음하며, 조사 완료, 해촉 또는 사임하고자 할 경우에는 이 증표를 반납하여야 한다.

제12조(현장에서의 건강과 안전일반) 위원은 현장안전담당자로부터 현장의 위험과 잠재적인 장애요소에 관하여 청취하여 그에 대한 대비책을 고려해야 한다.

제13조(사고 현장의 협조의무) 사고가 발생한 현장의 관계자는 자료제출, 의견청취, 현장출입 등의 위원회의 업무수행에 적극 협조하여야 한다.

제14조(각종 의결)
① 위원회는 재적의원 과반수 출석으로 개최하고, 출석의원 과반수 찬성으로 의결한다.
② 다만, 회의개최 전에 서면으로 의견을 제출한 위원은 위원회의 동의를 받아 출석위원의 의결로 간주할 수 있다.

제15조(회의록 작성)
① 위원회는 회의록을 작성하여야 한다.
② 제1항의 회의록은 공개한다. 다만, 영업비밀의 보호 등 특별한 사정이 있는 경우에는 위원회의 의결로써 공개하지 아니할 수 있다.

제16조(예산집행)
① 위원회의 건설 사고조사 활동에 필요한 여비 또는 수당은 예산의 범위 안에서 지급한다.
② 공인시험, 분석 등에 소요된 비용은 실비로 청구할 수 있다.

제17조(정보의 공개 범위) 위원회는 건설사고조사 정보의 공개 시, 그러한 정보가 공개됨으로써 당해 또는 장래의 정확한 건설사고조사에 영향을 줄 수 있거나, 국가의 안전보장 및 개인의 사생활이 침해될 우려가 있는 경우에는 이를 공개하지 아니할 수 있다. (공공기관의 정보공개에 관한 법률 제9조(비공개대상정보)준용)

제3장 건설사고조사위원회 사무국의 설치
제18조(사무국 설치 및 운영)
① 운영위탁기관은 위원회 운영에 필요한 업무를 위하여 사무국을 설치할 수 있다.
② 제1항에 따라 설치된 사무국은 다음 각 호를 업무를 수행하되, 사무국 운영에

필요한 세부적인 사항은 국토교통부장관의 승인을 받아 운영위탁기관이 정할 수 있다.

1. 위원단 구성 및 관리
2. 건설사고 발생 모니터링
3. 개략적인 사고원인, 피해규모 파악 및 위원회의 설치 필요성 검토를 위한 초기현장조사
4. 건설사고 조사계획 수립 지원
5. 건설사고의 정보수집, 경위 및 원인조사 지원
6. 현장조사, 회의 등 위원회 활동의 지원
7. 위원회 운영비용의 지출 및 정산
8. 건설사고 예방을 위한 점검 및 교육 등 예방활동
9. 건설사고 통계의 작성 및 관리
10. 기타 국토교통부 장관이 위원회 운영에 필요하다고 인정하는 업무

③ 국토교통부장관은 사무국직원이 현장조사를 할 수 있도록 별지 제1호서식에 따른 증표를 발급하여야 한다.

제4장 현장조사 및 보고서 작성

제19조(건설사고현장 초기조치와 현장보존) 발주청 등의 담당자는 해당 사고현장에서 사고보고를 접수한 즉시 현장에 대한 보존조치를 해야 한다. 단, 추가적인 피해의 확산을 방지하기 위하여 응급복구나 잔해의 이동이 필요할 경우에는 그 사유와 과정을 문서와 영상 등으로 기록하여 사고원인 조사 시 추적이 가능하도록 하여야 한다.

제20조(보고체계) 건설현장사고의 발생보고와 건설사고조사의 완료보고는 다음의 체계를 따른다.

① 사고현장에서 해당 공사, 건설사업관리 또는 감리의 책임자는 발주청 등의 담당자에게 사고상황과 응급조치내용 등을 보고하고, 해당 유관기관(시·군·구, 경찰서, 소방서, 군부대 등)에 사고발생 현황을 즉시 통보하여 긴급구난, 사고현장 질서유지 등 필요한 사항을 협조 요청하여야 한다.

② 발주청 등의 건설사고현장의 담당책임자는 다음 내용에 따라 보고를 수행한다.

1. 국토교통부 소관 건설현장사고의 경우 사고보고 접수 즉시 국토교통부 담당과에 사고상황과 조사방법 등을 보고(별지 서식 2 참조), 담당과는 건설안전과에 통보

2. 1호 이외의 건설현장사고의 경우 국토교통부 건설안전과에 사고상황과 조사 방법 등을 보고(별지서식 2 참조)

3. 사고지역을 관할하는 시·도, 경찰청 등 공조기관에 사고 등의 개황을 통보하고, 필요한 협조사항을 요청

③ 건설사고조사가 완료된 때에는 지체없이 건설 사고조사 보고서를 작성하여 국토교통부장관에게 완료보고를 하여야 한다(별지서식 4 참조).

제21조(기한) 현장조사는 조사계획 수립 후 그에 따라 체계적으로 시행하는 것을 원칙으로 하며, 사고 발생 후 1주일 이내 착수하여 1개월 이내 종료를 원칙으로 하며 필요시 연장이 가능하다.

제22조(초기현장답사)

① 초기현장답사는 사고 범위와 상태를 평가하고 현장조사를 실시하여 보고서를 작성하기 위한 작업으로 다음을 요구할 수 있다

1. 사고현장의 보존

2. 현장 및 시험실 시험절차

3. 건설사고조사위원회의 조사 준비를 위한 요구사항

② 초기현장답사는 위원회의 현장조사로 대체할 수 있다.

제23조(사고조사계획 수립) 위원장은 건설사고조사에 앞서 체계적인 조사계획을 수립해야 한다. 조사계획에는 사고상황과 현장상태를 반영한 검사시험사항, 면담자 선정, 문서수집목록, 일정계획, 예산편성 등이 포함되어야 한다.

제24조(안전대책) 현장책임자는 위원이 건설현장사고조사가 진행 중에 작업원 또는 위원 등 인명의 안전을 우선해야 하며, 필요한 경우 안전전문가를 배치하여 위원의 안전이 확보되도록 구조물의 추가적인 붕괴방지나 안전보호대책을 수립할 수 있다.

제25조(현장조사) 위원회는 사고현장에서 다음의 내용을 조사하여야 한다.

1. 사고현장에 대한 육안 관찰

2. 잔해처리 및 필요 잔해 보관

3. 시편채집 및 공인시험의 실시

4. 영상자료의 기록

5. 목격자 확보 및 구두진술(별지제3호 서식)

6. 현장 업무절차 확인

7. 문서조사

8. 기타 위원회가 필요하다고 인정하는 사항

제26조(원인분석)

① 위원회는 정확한 사고의 원인을 규명하기 위하여 현장조사, 시험자료와 관련서류, 설계도서 등을 평가 분석하여 가능한 다양한 가설을 수립해야 한다.

② 가설을 전개, 정리하면서 조사의 초점을 너무 조기에 좁혀서는 안 되며, 특정한 사고원인에 대해서만 국한해서도 안 된다.

③ 가능성 있는 사고원인 목록을 수립하여 확실한 증거에 의해 배제될 때까지 다양한 가능성을 열어놓아야 하며, 조사 각 단계에서 새로운 가설에 대해서도 개방된 사고로 접근해야 한다.

④ 복잡한 사고는 종종 복합적으로 작용하는 여러 가지 요인들로 이루어지므로 위원장은 "가장 가능성 있는" 원인을 판단할 수 있어야 하고 위원들 사이에 발생한 의견 차이를 합리적으로 좁혀나갈 수 있어야 한다.

⑤ 세워진 가설의 증명을 위하여 시험결과와 현장조사 자료를 토대로 가설의 적용가능성과 적정성 여부를 공학적으로 증명하여야 하며 이론적 배경을 설명할 수 있어야 한다.

제27조(사고조사 보고서의 작성) 사고조사 보고서는 다음의 사항을 포함한다(별지 제4호 서식).

1. 개요(목적, 피해상황, 현장정보 등)
2. 현장조사내용
3. 시험결과
4. 사고원인분석
5. 결론
6. 권고사항 및 향후조치
7. 부록

제28조(재검토기한) 국토교통부장관은 「훈령·예규 등의 발령 및 관리에 관한 규정」(대통령 훈령 334호)에 따라 이 고시에 대하여 2019년 7월 1일 기준으로 매 3년이 되는 시점(매 3년째의 6월 30일까지를 말한다)마다 그 타당성을 검토하여 개선 등의 조치를 하여야 한다.

부칙 〈제2019-71호, 2019. 2. 8.〉
이 고시는 발령한 날부터 시행한다.

[별지 제1호 서식] 건설사고조사반원증(가로 12cm, 세로 11cm)

<table>
<tr><td>사진</td><td>○　○

건설사고조사반원증</td><td>제　호</td></tr>
</table>

○ 조사명 :

소속 :
직급 :
성명 :

위 사람은 건설기술 진흥법 제68조 및 동법 시행령 제106조에 의한
건설사고조사반(위원장,원)임을 증명합니다.

20 년 월 일

임명기관장　　　　　　　　　　　인

[별지 제2호 서식] 건설사고 발생현황 보고 양식

건설사고 발생현황 보고				
수 신		보고일시		
발신기관		발신(보고자)	○○○　　(인)	
제목				
사고일시	20 년 월 일 시 분 경		기상 상태	
공사명				
시공사		책임자 및 연락처		
감리자		책임자 및 연락처		
설계자		책임자 및 연락처		
현장 주소				
사고 종류				
인적 피해		장비 손실		
구조물 손실		피해 금액		
공기지연				
사고발생 경위 (발생원인)				
조치상황				
사고조사 방법	1. 직접조사 2. 사고조사위원회조사 3. 노동부 재해조사 시 합동조사			
비 고				

※ 사고사진, 개략도 별첨

[별지 제3호 서식] 건설사고관계인 진술서 양식

건설사고관계인 진술서			
일 반 사 항			
진술일시		진술장소	
성 명		주민등록번호	
주 소			
연 락 처		핸 드 폰	
근 무 지		전화번호	
근무지 주소			
사고 관련성			
진 술 내 용			
사고인지 장소		시간	
사고 당시 목격한 것, 들은 것 또는 행동한 것과 사고 발생 시 일어난 모든 사실을 6하 원칙에 의거하여 정확히 기입할 것. 가능하다면 사고원인에 대한 의견표식도 가능함			
성명 : ○ ○ ○ (인)			

○○○ 공사 ○○○ 사고
건 설 사 고 조 사 보 고 서

20   .   .

○○발주처

목   차

1. 개 요

2. 현장조사내용

3. 시험결과

4. 사고원인 분석

5. 결 론

6. 현장조치결과, 권고 및 향후조치

7. 부 록

1. 개요

1) 목적
2) 현장정보
- 계약 주체
- 계약 내용
- 현장관계자 정보
- 공사 추진 상황
3) 사고정보
- 사고의 유형
- 사고의 전개

4) 피해상황
- 인적 피해
- 구조물 손실
- 공기지연
- 장비손실
- 피해금액

2. 현장조사 내용
1) 조사관 정보
2) 조사방법
3) 조사활동 현황
4) 현장의 관리체계
5) 문서의 점검
6) 현장점검사황

3. 시험결과
위원회가 필요시 요청한 시험결과에 대한 결과 수록

4. 사고원인 분석
- 가설의 수립
- 가설의 증명 및 사고원인 분석

5. 결론
- 설계과정
- 시공과정

6. 현장조치결과, 권고 및 향후 조치

7. 부록

A.14 경기도 지하사고 조사위원회 구성 및 운영 조례안[시행 2018. 4. 10.] [경기도조례 제5860호, 2018. 3. 20., 제정]

제1조(목적) 이 조례는 「지하안전관리에 관한 특별법」 제46조 제4항에 따라 경기도 내에서 발생한 지하사고의 경위 및 원인 등을 조사하기 위하여 경기도 지하사고 조사위원회의 구성 및 운영 등에 관한 사항을 규정함을 목적으로 한다.

제2조(정의) 이 조례에서 사용하는 용어의 뜻은 다음과 같다.

1. "지하"란 개발·이용·관리의 대상이 되는 지표면 아래를 말한다.
2. "지반침하"란 지하개발 또는 지하시설물의 이용·관리 중에 주변 지반이 내려 앉는 현상을 말한다.
3. "지하개발사업자"란 지하를 안전하게 개발·이용·관리하기 위하여 지하안전 영향평가 또는 소규모 지하안전영향평가 대상사업을 시행하는 자를 말한다.
4. "지하시설물관리자"란 관계 법령에 따라 지하시설물의 관리자로 규정된 자나 해 당 지하시설물의 소유자를 말한다. 이 경우 해당 지하시설물의 소유자와의 관 리계약 등에 따라 지하시설물의 관리책임을 진 자는 지하시설물관리자로 본다.
5. "사고조사"란 지반침하 등 지하사고와 관련된 정보 및 자료 등을 수집·분석 을 통한 사고의 원인규명, 사고조사 보고서 작성, 유사사고의 방지 대책을 관 계기관에게 권고 또는 건의하는 일체의 과정을 말한다.
6. "사고조사 보고서"란 사고발생 원인과 분석, 결론 및 권고 등이 포함된 사고 조사의 최종적인 보고서를 말한다.

제3조(적용범위) 이 조례는 다음 각 호의 어느 하나에 해당하는 지반침하 등 지하 사고에 대하여 적용한다. 다만, 중앙지하사고조사위원회가 구성되었거나 경기도 (이하 "도"라 한다)가 이해당사자인 경우에는 적용하지 아니한다.

1. 면적 4제곱미터 또는 깊이가 2미터 이상의 지반침하가 발생한 경우
2. 지반침하로 인하여 사망자·실종자 또는 부상자가 3명 이상 발생한 경우
3. 둘 이상의 시·군의 걸친 사고로서 관할 시장·군수가 단독 또는 공동으로 경 기도지사(이하 "도지사"라 한다)에게 조사를 요청한 사고
4. 둘 이상의 지하개발사업자 또는 지하시설물관리자가 단독 또는 공동으로 도 지사에게 조사를 요청한 사고
5. 그 밖에 도지사가 피해의 정도가 중대하여 전문적인 조사가 필요하다고 인정 하는 경우

제4조(경기도 지하사고 조사위원단 구성)

① 도지사는 신속한 경기도 지하사고 조사위원회 구성을 위하여 사전에 경기도 지하사고 조사위원단(이하 "위원단"이라 한다)을 구성한다.

② 위원단은 다음 각 호의 어느 하나에 해당하는 자격을 갖춘 자로 구성하며 전문분야별로 도지사가 50명 이내로 임명 또는 위촉한다.

   1. 도의회 건설교통위원회 소속의원 : 2명 이내

   2. 변호사 자격을 취득한 후 10년 이상의 실무경험이 있는 사람 : 5명 이내

   3. 대학에서 토질·지질 또는 안전관리 분야 과목을 가르치는 부교수 이상으로 5년 이상 재직하거나 재직하였던 사람 : 15명 이내

   4. 박사학위를 취득한 후 토질·지질 또는 안전관리 분야 전문기관에서 10년 이상 근무한 사람 : 15명 이내

   5. 지하안전영향평가 전문기관·단체에서 10년 이상 근무한 경력이 있는 사람으로서 위촉일 현재 그 기관에서 퇴직한 후 3년 이상 경과한 사람 : 5명 이내

   6. 지하개발 관련 기관·단체에서 10년 이상 근무한 사람으로서 위촉일 현재 그 기관에서 퇴직한 후 3년 이상 경과한 사람 : 5명 이내

   7. 그 밖에 도지사가 조사의 공정성과 전문성을 확보하기 위하여 사고조사에 필요하다고 인정하는 사람 : 3명 이내

③ 위원단의 임기는 2년으로 하되 연임할 수 있다. 다만, 보궐 위원단의 임기는 전임자의 남은 임기로 한다.

제5조(경기도 지하사고 조사위원회의 구성 등)

① 도지사는 도내에서 발생한 지하사고의 경위 및 원인 등을 조사하기 위하여 「지하안전관리에 관한 특별법」(이하 "법"이라 한다) 제46조 제4항에 따라 경기도 지하사고 조사위원회(이하 "위원회"라 한다)를 구성하며, 위원회 위원은 제4조에 따라 구성된 위원단 중에서 선정하되 다음 각 호의 사항을 고려하여 도지사가 임명 또는 위촉하고, 위원장은 위원 중에서 호선한다.

1. 사고가 발생한 지하시설물의 종류 및 피해 내용 등 지하사고 유형에 따른 전문분야를 참고하여 선정한다.

2. 공정성과 형평성 등을 위하여 전문분야별 출신학교, 직업, 시민단체, 연령 등이 어느 한쪽에 편중되지 않도록 한다.

② 도지사는 위원에게 「지하안전관리 업무지침」 별지 제17호 서식에 따른 서약서를 제출하게 하여야 한다.

③ 사고조사 중 전문분야의 변경 등 위원의 교체가 필요한 경우에는 위원장의 요구에 따라 도지사가 위원을 교체할 수 있다.

④ 위원회의 업무를 보조하기 위하여 간사와 서기 각각 1명을 둔다.

⑤ 간사는 위원회의 업무담당 사무관이 되고, 서기는 위원회 업무담당 주무관이 된다.

⑥ 제1항에 따른 위원의 임기는 제21조 제2항에 따른 사고조사보고서를 제출한 날까지로 한다.

제6조(위원장의 임무) 위원장은 사고조사가 명확하고 공정한 조사가 이루어지도록 하여야 하며, 이를 위해 위원회의 조사와 의사결정이 적정하게 이루어지도록 하여야 한다.

제7조(위원의 임무)

① 위원은 위원장의 지시에 따라 성실하게 조사업무를 수행하여야 한다.

② 위원은 조사계획 및 조사업무 수행과 관련하여 알게 된 사실을 누설하여서는 아니 되며, 일체의 금품수수, 향응 등을 받아서는 아니 된다.

③ 위원이 제1항 또는 제2항을 위반한 때에는 위원장의 요청에 따라 도지사는 해촉한다.

제8조(위원회의 업무범위) 위원회는 사고조사에 관하여 다음 각 호의 업무를 수행한다.

1. 사고관련 정보의 수집 및 정리
2. 지하사고의 경위 및 원인조사
3. 지하사고 조사보고서의 작성 및 결과보고
4. 지하사고 재발방지를 위한 권고 또는 건의
5. 그 밖에 사고조사와 관련하여 도지사가 의결에 부치는 사항

제9조(위원의 결격사유) 다음 각 호의 어느 하나에 해당하는 자는 위원회의 위원이 될 수 없다.

1. 피성년후견인·피한정후견인 또는 파산자로서 복권되지 아니한 자
2. 금고 이상의 실형을 선고 받고 그 집행이 종료(집행이 종료된 것으로 보는 경우를 포함한다)되거나 집행이 면제된 날부터 3년이 경과되지 아니한 자
3. 금고 이상의 형의 집행유예선고를 받고 그 유예기간 중에 있는 자
4. 법원의 판결 또는 법률에 의하여 자격이 상실 또는 정지된 자
5. 지하개발자, 지하시설물 관련 시공자 및 그 밖에 지하개발 관련 사업을 운영하는 자 또는 그 임직원

제10조(위원의 해촉) 도지사는 위원회 위원이 다음 각 호의 어느 하나에 해당되는 경우에는 해당 위원을 해촉할 수 있다.

1. 심신장애로 인하여 직무를 수행할 수 없게 된 경우
2. 직무와 관련된 비위사실이 있는 경우
3. 직무태만, 품위손상이나 그 밖의 사유로 인하여 위원으로 적합하지 아니하다고 인정되는 경우
4. 위원 스스로 직무를 수행하는 것이 곤란하다고 의사를 밝히는 경우

제11조(제척, 기피 및 회피)

① 도지사는 위원의 선정 시 다음 각 호의 어느 하나에 해당하는 경우 제척하여야 한다.

1. 위원 또는 그 배우자나 배우자였던 사람이 해당 안건의 당사자가 되거나 그 안건의 당사자와 공동권리자 또는 공동의무자인 경우
2. 위원이 해당 안건의 당사자와 친족이거나 친족이었던 경우
3. 위원이 해당 심의 대상인 안건의 시행으로 이해당사자(대리관계를 포함한다)가 되는 경우
4. 위원이나 위원이 속한 법인·단체 등이 해당 안건의 당사자의 대리인이거나 대리인이었던 경우
5. 위원이 최근 3년 이내에 해당 심의 대상 업체에 임원 또는 직원으로 재직한 경우
6. 위원이 해당 안건에 대하여 자문, 연구, 용역(하도급을 포함한다. 이하 이 항에서 같다), 감정(鑑定) 또는 조사를 한 경우
7. 위원이 임원 또는 직원으로 재직하고 있거나 최근 3년 내에 재직하였던 기업 등이 해당 안건에 관하여 자문, 연구, 용역, 감정 또는 조사를 한 경우
8. 위원이 최근 2년 이내에 해당 심의 대상 업체와 관련된 자문, 연구, 용역, 감정 또는 조사를 한 경우

② 조사대상 당사자는 위원이 불공정한 조사를 할 우려가 있다고 인정할 만한 상당한 이유가 있는 때에는 그 사실을 서면으로 소명하고 기피신청을 할 수 있다.

③ 위원은 제1항 각호의 어느 하나에 해당하는 사유 또는 제2항의 규정에 따라 기피신청을 할 수 있는 사유에 해당하는 경우에는 위원장의 허가를 받아 스스로 조사를 회피할 수 있다.

제12조(위원의 증표)

① 도지사는 위원을 임명 또는 위촉한 때에는 「지하안전관리 업무지침 」 별지 제
18호 서식에 따른 증표를 발급할 수 있다.

② 위원은 임기가 만료되거나 해촉된 경우 및 위원을 사임하는 경우에는 제1항에
따른 증표를 반납하여야 한다.

제13조(의결) 위원회는 재적위원 과반수 출석으로 개의하고 출석위원 과반수의 찬
성으로 의결한다. 다만, 회의개의 전에 서면으로 의견을 제출한 위원은 위원회의
동의를 받아 출석위원의 의결로 간주할 수 있다.

제14조(회의록 작성) 위원회는 회의록을 작성하여야 하며, 공개하는 것을 원칙으
로 한다. 다만, 영업비밀의 보호 등 특별한 사정이 있는 경우에는 위원회의 의결로
써 공개하지 아니할 수 있다.

제15조(예산집행)

① 위원회 사고조사에 출석하거나 사고조사에 참여하는 위원에게는 예산의 범위
에서 「경기도위원회실비변상조례」에 따라 수당과 여비 등을 지급할 수 있다.
다만, 공무원인 위원이 소관 업무와 직접적으로 관련되어 출석하는 경우에는
그러하지 아니하다.

② 시험, 분석 등에 소요된 비용은 실비로 지급한다.

제16조(정보의 공개 범위) 위원회는 정보의 공개로 인하여 당해 또는 장래의 정확
한 사고조사에 영향을 줄 수 있거나, 국가의 안전보장 및 개인의 사생활이 침해될
우려가 있는 경우에는 이를 공개하지 아니할 수 있다.

제17조(초기 현장조사)

① 초기 현장조사는 사고 범위와 상태를 평가하여 위원회 구성 여부를 판단하기
위한 자료를 수집하고, 사고조사 준비를 수행함을 목적으로 한다.

② 초기 현장조사를 위한 조사단은 위원단, 지하안전담당공무원(지반침하 발생지역
시·군 공무원 포함)으로 구성하며, 필요한 경우 관계 전문가를 포함할 수 있다.

③ 초기 현장조사를 수행하는 조사단은 사고 현장관계자 등에게 다음 각 호의 사
항을 요구할 수 있다.

1. 사고현장의 보존
2. 현장시험 및 실내시험을 위한 자료의 제출
3. 그 밖에 위원회 조사 준비를 위하여 필요한 사항

④ 초기 현장조사는 위원회의 현장조사로 대체할 수 있다.

제18조(사고조사계획 수립) 위원장은 사고조사에 앞서 조사계획을 수립하여야 하며, 조사계획에는 사고 상황과 현장상태를 반영한 검사·시험 사항, 면담자 선정, 문서수집 목록, 일정계획, 예산편성 등이 포함되어야 한다.

제19조(현장조사)

① 위원회는 사고현장에서 다음의 내용을 조사하여야 한다.

　　1. 사고현장에 대한 관찰조사

　　2. 잔해처리 및 필요 잔해 보관

　　3. 시편채집 및 공인시험의 실시

　　4. 영상자료의 기록

　　5. 목격자 확보 및 사고관계인 구두진술

　　6. 현장 업무절차 확인

　　7. 문서조사

　　8. 그 밖에 위원회가 필요하다고 인정하는 사항

② 제1항 제5호에 따른 사고관계인의 진술을 조사하는 경우에는 사고관계인으로부터 「지하안전관리 업무지침」 별지 제21호 서식에 따른 진술서를 제출받을 수 있다.

제20조(원인분석) 사고원인에 대한 분석은 다음 각 호에 따라 수행하여야 한다.

　　1. 정확한 사고의 원인을 규명하기 위하여 현장조사, 시험자료와 관련서류, 설계도서 등을 평가 분석하여 사고원인에 대한 다양한 가설을 수립해야 한다.

　　2. 가설을 전개, 정리하면서 조사의 초점을 너무 조기에 좁혀서는 안 되며, 특정한 사고원인에 대해서만 국한하지 않아야 한다.

　　3. 가능성 있는 사고원인 목록을 수립하여 확실한 증거에 의해 배제될 때까지 다양한 가능성을 열어놓아야 하며, 조사 각 단계에서 새로운 가설에 대해서도 개방된 사고로 접근해야 한다.

　　4. 세워진 가설의 증명을 위하여 시험결과와 현장조사 자료를 토대로 가설의 적용가능성과 적정성 여부를 공학적으로 증명하여야 하며 이론적 배경을 설명할 수 있어야 한다.

제21조(사고조사보고서)

① 위원회는 구성을 마친 날부터 6개월 이내에 활동을 완료하여야 한다. 다만, 이 기간 내에 활동을 완료하기 어려운 경우에는 위원회의 의결로 한 차례만 활동기간을 3개월의 범위에서 연장할 수 있다.

② 위원회는 제1항에 따라 활동을 완료한 날부터 30일 이내에 사고조사보고서는 「지하안전관리 업무지침」 별지 제22호 서식에 따라 작성하여 도지사에게 제출하여야 한다.

제22조(시행규칙) 이 조례의 시행에 필요한 사항은 규칙으로 정할 수 있다.

부칙

이 조례는 공포한 날부터 시행한다.

참고문헌

A-1/

[1] Association of Soil and Foundation Engineers. 1985. *Expert: A Guide to Forensic Engineering and Service as an Expert Witness.*

[2] Cooper, Chris E. 2008. *Forensic Science.* Dorling Kindersley.

[3] Suprenant, Bruce A., ed. 1987. *Forensic Engineering* 1, no. 1. Pergamon Press.

[4] American Society of Civil Engineers (ASCE). 1989. *Guidelines for Failure Investigation.*

[5] Lewis, Gary L., ed. 2003. *Guidelines for Forensic Engineering Practice.* American Society of Civil Engineers (ASCE).

A-6/

[1] Jorden, Eric E. 2020. "What's in '⋯ the built environment' and how many ways can it fail?" Originally posted July 8, 2020 and updated September 29, 2020. http://www.ericjorden.com/blog/page/7/.

[2] Petroski, Henry. 1992. *To Engineer is Human: The Role of Failure in Successful Design.* Vintage Books.

A-7/

[1] Jorden, Eric E. 2019. "A Bundle of Blogs: Aerial video of insurance and forensic sites taken with cameras mounted on drones," October 31, 2019. http://www.ericjorden.com/blog/2019/10/

[2] Jorden, Eric E. 2020. "The scientific method in action determining the cause of a mini-flood," April 30, 2020. http://www.ericjorden.com/blog/2020/04/

[1] Bea, R. G. 1994. *The Role of Human Error in Design, Construction and Reliability of Marine Structures*. University of California, Berkeley, CA.

[2] Borsje, H., Renier, B., and Burggraaf, H. 2014. "Collapse of the roof of a football stadium." In *37th IABSE Symposium*, edited by M. D. G. Pulido, 1055-1062. Madrid, Spain.

[3] Brady, S. P. 2012. "Role of the forensic process in investigating structural failure." *Journal of Performance of Constructed Facilities* 26, no. 1: 2-6.

[4] Budowle, B., Bottrell, M. C., Bunch, S. G., et al. 2009. "A perspective on errors, bias and interpretation in the forensic sciences and direction for continuing advancement." *Journal of Forensic Science* 54, no. 4: 798-809.

[5] Byrd, J. S. 2006. "Confirmation bias, ethics and mistakes in forensics." *Journal of Forensic Identification* 56, no. 6: 877-884.

[6] Christensen, A. M., Crowder, C. M., Ousley, S. D., et al. 2014. "Error and its meaning in forensic science." *Journal of Forensic Sciences* 59, no. 1: 123-126.

[7] Creswell, J.W., and Miller, D. 2000. "Determining validity in qualitative inquiry." *Theory into Practice* 39, no. 3: 124-130.

[8] Dror, I. E., Wertheim, K., Fraser-Mackenzie, P., and Walajtys, J. 2012. "The impact of human-technology cooperation and distributed cognition in forensic science: biasing effects of AFIS contextual information on human experts." *Journal of Forensic Sciences* 57, no. 2: 343-352.

[9] ESReDA. 2009. *Guidelines for Safety Investigations of Accidents*. European Safety Reliability and Data Association, Kaunas, Lithuania.

[10] Everdij, M. H. C., and Blom, H. A. P. 2016. *Safety Methods Database, version 1.1*. Netherlands Aerospace Centre, Amsterdam, the Netherlands.

[11] ISO. 2017. ISO:17025 *General requirements for the competence of testing and calibration laboratories*. International Organization for Standardization, Geneva, Switzerland.

[12] Kahneman, D. 2011. *Thinking Fast and Slow*. Penguin Books, London, UK.

[13] Kardon, J. B., Bea, R. G., and Williamson, R. B. 2006. "Validity and reliability of forensic engineering methods and processes." In Forensic Engineering – *Proceedings of the Fourth Congress*, edited by P. A. Bosela and N. J. Delatte, 1-11. American Society of Civil Engineers, Reston, VA, USA.

[14] Kletz, T. 2001. *An Engineer's View of Human Error*. Taylor & Francis, London, UK.

[15] Morse, J. M., Barett, M., Mayan, M., et al. 2002. "Verification strategies for establishing reliability and validity in qualitative research." *International Journal of Qualitative Methods* 1, no. 2: 13-22.

[16] Noon, R. K. 2001. *Forensic Engineering Investigation.* CRC Press, Boca Raton, FL, USA.

[17] Ratay, R. T. 2009. "Forensic structural engineering practice in the USA." *Proceedings of the Institution of Civil Engineers – Civil Engineering* 162, no. 5: 52-56. https://doi.org/10.1680/cien.2009.162.5.52.

[18] Reason, J. 1990. *Human Error.* Cambridge University Press, New York, NY, USA.

[19] Shenton, A. K. 2004. "Strategies for ensuring trustworthiness in qualitative research projects." *Education for Information* 22, no. 2: 63-75.

[20] Swain, A. D., and Guttman, H. E. 1983. *Handbook of Human Reliability Analysis with Emphasis on Nuclear Power Plant Applications.* Sandia National Laboratories, Albuquerque, NM, USA.

[21] Terwel, K. C. 2014. *Structural Safety: Study into Critical Factors in the Design and Construction Process.* PhD thesis, Delft University of Technology, the Netherlands.

APPENDIX
B
미국토목학회 엔지니어 윤리강령[1]

2018년 6월 기준 ASCE 윤리강령은 다음과 같다. 최신 버전은 http://www.asce.org/code-of-ethics에 공개되어 있다.

기본 원칙

엔지니어는 다음 사항을 통하여 엔지니어링 직업의 청렴성, 명예 및 품위를 유지하고 발전시킨다.

1. 인류의 복지와 환경 증진을 위해 자신의 지식과 기술을 활용한다.
2. 정직하고 공정하며 고용주와 의뢰인에게 충실하게 봉사한다.
3. 엔지니어링 직업의 능력과 명성을 높이기 위해 노력한다.
4. 해당 분야의 전문학회나 협회를 지원한다.

기본 규범

1. 엔지니어는 공공의 안전, 보건 및 복지를 최우선으로 생각하고 전문적인 직무를 수행하면서 지속 가능한 개발 원칙을 준수하기 위해 노력해야 한다.

---

1   The Society's Code of Ethics was adopted on September 2, 1914 and was most recently amended on July 29, 2017. Pursuant to the Society's Bylaws, it is the duty of every Society member to report promptly to the Committee on Professional Conduct any observed violation of the Code of Ethics. 학회의 윤리강령은 1914년 9월 2일에 채택되었으며 가장 최근에 2017년 7월 29일에 개정되었다. 인지된 윤리강령 위반사항을 학회의 내규에 따라 전문실행위원회에 즉시 보고하는 것은 모든 학회 회원의 의무이다.

2. 엔지니어는 자신의 능력 영역에서만 서비스를 수행해야 한다.

3. 엔지니어는 객관적이고 진실된 방식으로만 공개 성명을 발표해야 한다.

4. 엔지니어는 충실한 대리인 또는 수탁자로서 각 사용자 또는 의뢰인을 위해 전문적인 문제에 대하여 행동하고 이해충돌을 피해야 한다.

5. 엔지니어는 업무의 강점을 바탕으로 직업적 명성을 쌓아야 하며, 타인과 부당한 경쟁을 하여서는 안 된다.

6. 엔지니어는 엔지니어링 직업의 명예, 청렴성 및 품위를 유지하고 향상시키는 방식으로 행동해야 하며 뇌물, 사기 및 부패에 대해 무관용으로 행동해야 한다.

7. 엔지니어는 경력 전반에 걸쳐 전문성 개발을 계속해야 하며, 관리·감독하에서 해당 엔지니어의 전문성 개발 기회를 제공해야 한다.

8. 엔지니어는 직업과 관련된 모든 문제에서 성별 또는 성 정체성, 인종, 출신 국가, 민족, 종교, 연령, 성적 취향, 장애, 정치적 성향 또는 가족, 결혼 또는 경제적 지위와 관계없이 모든 사람을 공정하게 대우하고 공평한 참여를 장려해야 한다.

윤리 기본 규범에 따른 실천 지침[2]

규범 1.

엔지니어는 공공의 안전, 보건 및 복지를 최우선으로 생각하고 전문적인 임무를 수행하면서 지속 가능한 개발 원칙을 준수하기 위해 노력해야 한다.

a. 엔지니어는 공공 전반의 생명, 안전, 보건 및 복지가 구조, 기계, 제품, 프로세스 및 장치에 통합된 공학적 판단, 결정 및 실행에 달려 있음을 인식해야 한다.

b. 엔지니어는 승인된 엔지니어링 표준에 따라 공공의 보건 및 복지에 있어서 안전하다고 결정된 설계문서만 승인하거나 봉인해야 한다.

c. 공공의 안전, 보건 및 복지가 위험에 처하거나 지속 가능한 개발 원칙이 무시되는 상황에서 전문적인 판단이 묵살된 엔지니어는 의뢰인이나 고용주에게 가능한 결과를 알려야 한다.

d. 다른 사람이나 회사가 규범 1의 조항을 위반할 수 있다고 여겨질 만한 지식이나 사유가 있는 엔지니어는 해당 정보를 해당 기관에 서면으로 제출하고 다음과 같은 추가 정보 또는 필요할 수 있는 지원을 제공하는 데 있어 해당 기관과 협력해야 한다.

---

2   Guidelines to Practice Under the Fundamental Canons of Ethics

e. 엔지니어는 시민 문제에서 건설적인 봉사의 기회를 찾고 지속 가능한 개발의 실천을 통해 지역 사회의 안전, 보건 및 복지 향상과 환경 보호를 위해 노력해야 한다.

f. 엔지니어는 공공 전반의 삶의 질을 향상시키기 위해 지속 가능한 개발 원칙을 준수하여 환경 개선에 전념해야 한다.

규범 2.

엔지니어는 자신의 능력 영역에서만 서비스를 수행해야 한다.

a. 엔지니어는 관련 엔지니어링 기술 분야의 교육 또는 경험을 통해 자격을 갖춘 경우에만 엔지니어링 과업을 수행해야 한다.

b. 엔지니어는 자신의 서비스가 자격을 갖춘 프로젝트 단계로 제한되는 경우 자신의 역량 분야 이외의 교육이나 경험이 필요한 작업을 수락할 수 있다. 그러한 프로젝트의 다른 모든 단계는 자격을 갖춘 동료, 컨설턴트 또는 직원이 수행해야 한다.

c. 엔지니어는 교육이나 경험만으로 자신의 능력을 벗어나는 주제를 다루는 엔지니어링 계획이나 문서 또는 감독 통제하에 검토되거나 준비되지 않은 계획이나 문서에 서명이나 날인해서는 안 된다.

규범 3.

엔지니어는 객관적이고 진실된 방식으로 공개성명을 발표해야 한다.

a. 엔지니어는 엔지니어링 및 지속 가능한 개발에 대한 공공의 지식을 확장하기 위해 노력해야 하며, 엔지니어링에 관한 사실이 아니거나 부당하거나 과장된 진술의 유포에 참여해서는 안 된다.

b. 엔지니어는 전문적인 보고서, 진술 또는 증언에서 객관적이고 진실해야 한다. 이러한 보고서, 진술 또는 증언에는 모든 관련 정보가 포함되어야 한다.

c. 엔지니어는 전문가 증인으로 활동할 때 사실에 대한 적절한 지식, 기술적 능력의 배경 및 정직한 신념에 기초한 경우에만 엔지니어링 의견을 표현해야 한다.

d. 엔지니어는 진술이 누구를 대리하여 작성되었는지 표시하지 않는 한 이해당사자에게 영감을 주거나 비용을 지급한 공학적 문제에 대해 진술, 비판 또는 주장해서는 안 된다.

e. 엔지니어는 자신의 작업과 공로를 설명할 때 품위 있고 겸손해야 하며, 직업의 성실성, 명예 및 품위를 실추시키면서까지 자신의 이익을 증진하는 행동을 피해야 한다.

규범 4.

엔지니어는 충실한 대리인 또는 수탁자로서 각 고용주 또는 의뢰인을 위해 전문적인 문제에 관해 행동해야 하며 이해충돌을 피해야 한다.

a. 엔지니어는 고용주 또는 의뢰인과의 모든 알려진 또는 잠재적인 이해충돌을 피해야 하며, 그들의 판단이나 서비스의 품질에 영향을 미칠 수 있는 사업 관련 이해관계 또는 상황을 고용주 또는 의뢰인에게 즉시 알려야 한다.

b. 엔지니어는 모든 이해당사자에게 상황이 완벽히 공개되고 동의하지 않는 한 동일한 프로젝트의 서비스 또는 그와 관련된 서비스에 대해 둘 이상의 당사자로부터 보상받지 않아야 한다.

c. 엔지니어는 계약자, 그들의 대리인 또는 그들이 책임지고 있는 과업과 관련하여 의뢰인이나 고용주와 거래하는 기타 당사자에게 직간접적으로 사례금을 요청하거나 받아서는 안 된다.

d. 정부 기관 또는 부서의 구성원, 고문 또는 직원으로서 공공 서비스 엔지니어는 민간이나 공공 엔지니어링 실무에서 자신 또는 해당 조직이 요청하거나 제공하는 서비스와 관련된 고려사항이나 조치에 참여해서는 안 된다.

e. 엔지니어는 검토 결과 프로젝트가 성공하지 못할 것이라고 예상되는 경우, 고용주나 의뢰인에게 알려야 한다.

f. 엔지니어는 업무 수행 중에 알게 된 기밀 정보를 의뢰인, 고용주 또는 공공의 이익에 반하는 경우 개인적인 이익을 창출하는 수단으로 사용해서는 안 된다.

g. 엔지니어는 고용주 모르게 정규 업무 또는 관심 분야 이외의 전문적인 고용을 수락해서는 안 된다.

규범 5.

엔지니어는 포렌식 서비스의 강점을 기반으로 직업적 명성을 쌓아야 하며 다른 사람과 부당하게 경쟁하지 않아야 한다.

a. 엔지니어는 취업 알선을 통한 급여 확보를 제외하고는 취업을 위한 정치적 기

부, 사례금 또는 부당한 대가를 직간접적으로 제공, 권유 또는 수수해서는 아니
된다.

b. 엔지니어는 필요한 전문서비스 유형에 대해 입증된 능력과 자격을 기반으로 전
문 서비스 계약을 공정하게 협상해야 한다.

c. 엔지니어는 전문가적 판단이 훼손되지 않는 상황에서만 조건부로 전문적인 수
수료를 요구, 제안 또는 수락할 수 있다.

d. 엔지니어는 학문적 또는 전문적 자격이나 경험을 위조하거나 허위 진술을 허용
해서는 아니 된다.

e. 엔지니어는 건설 과업에 대해 적절한 공로를 인정해야 하며, 타인의 재산적 이
익을 인정해야 한다. 그들은 어제든지 디자인, 발명, 저작물 또는 기타 성과물에
대한 책임자를 지명해야 한다.

f. 엔지니어는 오해의 소지가 있는 언어를 포함하지 않거나 다른 방식으로 전문서
비스의 품위를 훼손시키지 않는 방식으로 전문서비스를 광고할 수 있다. 허용되
는 광고의 예는 다음과 같다.

- 공인되고 권위 있는 간행물의 전문가 신분증, 책임 있는 조직에서 발행한 명
부 또는 명부의 목록. 단, 전문가 카드나 목록은 크기와 내용이 일관되고 간행
물의 섹션에 이러한 전문가 카드가 정기적으로 표시되어야 한다.

- 기술된 프로젝트에 대한 엔지니어의 참여와 관련하여 오해의 소지가 없는 경
우 경험, 시설, 인력 및 서비스 제공 능력을 사실적으로 설명하는 브로셔.

- 기술된 프로젝트에 대한 엔지니어의 참여 범위와 관련하여 사실이고 오해의
소지가 없는 경우, 공인되고 권위가 있는 비즈니스 및 전문 간행물에 광고를
게재

- 엔지니어의 이름 또는 회사 이름 및 서비스를 제공하는 프로젝트에 게시된 서
비스 유형에 대한 설명.

- 사실적이고 품위 있는 평판 또는 기술 출판물을 위한 설명문의 작성 또는 승
인. 그러한 조항은 설명된 프로젝트에 직접 참여하는 것 이상을 의미해서는
않는다.

- 기술된 프로젝트에 엔지니어의 참여를 인정하는 겸손하고 품위 있는 표기를
통해서만 계약자, 재료 공급업체 등에 의해 상업 광고에 사용되는 자신의 이
름에 대한 엔지니어의 허가를 받을 수 있다. 그러한 허가에는 독점 제품에 대
한 공개 보증이 포함되지 않는다.

g. 엔지니어는 악의적 또는 거짓으로 직간접적으로 다른 엔지니어의 직업적 명성, 전망, 업무 또는 고용을 훼손하거나 타인의 작업을 무차별적으로 비판해서는 아니 된다.

h. 엔지니어는 고용주의 동의가 없이 외부에서 개인 업무를 수행하기 위해 고용주의 장비, 비품, 연구실 또는 사무실 시설을 사용해서는 아니 된다.

규범 6.

엔지니어는 엔지니어링 직업의 명예, 청렴성 및 품위를 유지하고 향상하며 뇌물, 사기 및 부패에 대하여 무관용 하게 행동해야 한다.

a. 엔지니어는 사기, 부정직 또는 비윤리적 성격의 비즈니스나 직업적 관행에 고의로 관여해서는 아니 된다.

b. 엔지니어는 돈을 관리하고 지출하는 데 있어 철저하게 정직해야 하며, 대중, 고용주, 동료와 의뢰인에게 충실한 공개적이고 정직하며 공정한 서비스를 통해 자원의 효과적인 사용을 촉진해야 한다.

c. 엔지니어는 자신이 참여하는 모든 엔지니어링 또는 건설 활동에서 뇌물, 사기 및 부패를 용인하지 않고 행동해야 한다.

d. 엔지니어는 팁이나 뇌물 지급이 제도화된 관행인 경우, 적절한 윤리적 행동을 유지하기 위해 특히 주의를 기울여야 한다.

e. 엔지니어는 프로젝트 조달 및 실행의 투명성을 위해 노력해야 한다. 투명성에는 이름, 주소, 목적, 프로젝트를 촉진하는 모든 기관에 대해 지급한 수수료 또는 수수료의 공개가 포함된다.

f. 엔지니어는 모든 계약에서 뇌물, 사기 및 부패에 대한 무관용임을 명시하는 인증 사용을 권장해야 한다.

규범 7.

엔지니어는 경력 전반에 걸쳐 전문성 개발을 계속해야 하며, 관리·감독하에 해당 엔지니어의 전문성 개발 기회를 제공해야 한다.

a. 엔지니어는 전문 실습에 참여하고, 평생 교육 과정에 참여하고, 기술 문헌을 읽고, 전문 회의 및 세미나에 참석하여 자신의 전문 분야에서 최신정보를 유지해야 한다.

b. 엔지니어는 직원들에게 가능한 한 빨리 공식 명부에 등록하도록 독려해야 한다.

c. 엔지니어는 직원들에게 전문 및 학회 회의에 참석하여 논문을 발표하도록 권장해야 한다.

d. 엔지니어는 전문직급 설명, 급여 범위 및 복리후생을 포함한 고용 조건과 관련하여 고용주와 직원 간의 상호 만족스러운 관계의 원칙을 준수해야 한다.

규범 8.

엔지니어는 직업과 관련된 모든 문제에서 성별 또는 성 정체성, 인종, 출신 국가, 민족, 종교, 연령, 성적 취향, 장애, 정치적 성향 또는 가족, 결혼 여부, 혹은 경제적 지위와 관계없이 모든 사람을 공정하게 대우하고 평등한 참여를 장려해야 한다.

a. 엔지니어는 모든 사람이 존엄, 존중 및 공정하게 대우받는 방식으로 행동해야 한다.

b. 엔지니어는 직무와 관련하여 차별이나 괴롭힘을 해서는 아니 된다.

c. 엔지니어는 지역 사회의 다양성을 고려하고 전문서비스의 계획 및 수행에 다양한 관점을 포함하도록 성실하게 노력해야 한다.

- **고용 변호사**(retaining counsel): 서비스를 제공하기 위해 포렌식 엔지니어를 고용한 변호사 또는 법률 회사를 말한다.
- **과실**(negligence): 어떤 사람이 신중한 주의를 기울이지 못하고 그것이 상대방의 부주의와 관련되어 제3자에게 피해를 주는 결과를 초래했을 때 발생한다. 고의로 타인의 권리를 무시하는 행위를 제외하고, 부당한 피해 위험으로부터 타인을 보호하기 위해 설정된 법적 기준에 미치지 못하는 모든 행위를 말한다.
- **증거물의 관리**(chain of custody): 증거물의 소유, 위치, 보관, 이동, 분석 등 증거의 모든 절차와 활동을 기록하고 추적하는 관리 과정을 일컫는다.
- **비밀유지 계약**(confidentiality agreement): 특정 정보를 수령한 사람이 계약서에 명시한 당사자 외에는 누구와도 해당 정보를 공유하지 않을 것을 약속하는 법적 계약. 비밀유지 대상 정보에는 기업과 기업, 고용주와 고용인, 기업과 고객 간의 정보가 포함될 수 있다.
- **대위변제**(subrogation): 제3자 또는 공동채무자(연대채무자·보증인·불가분채무자 등)의 한 사람이 채무자를 위하여 변제를 하면 그 변제자는 채무자 또는 다른 공동채무자에 대하여 구상권(求償權)을 취득하게 되고, 그 구상권의 범위 내에서 종래 채권자가 가지고 있었던 채권에 관한 제 권리(諸 權利)가 법률상 당연히 변제자에게 이전하는데, 이것을 변제자의 대위(代位) 또는 대위변제라고 한다.
- **다우버트 테스트**(Daubert test): 연방 지방법원이 연방증거규칙 702에 따라 전문가 증언이 허용되는지를 결정하기 위해 사용하는 방법. 일반적으로 전문가 증언

은 증거의 이해 또는 문제의 사실을 판단하는 데 도움이 되는 과학적, 기술적 또는
기타 전문지식으로 구성되어야 한다(Daubert vs. Merrell Dow 제약사 소송 건,
1993).

- 변론서(pleading): 변론을 서면으로 작성한 것이다. 변론이란 민사소송법상 좁은
  뜻으로는 수소법원(court of a lawsuit, 受訴法院)의 변론기일에 당사자가 구술로써
  신청 및 공격방어방법에 대하여 진술하는 것을 말한다.

- 사실심리관(trier of fact): 재판에서 사실적 문제를 결정할 책임이 있는 판사 또는
  배심원. 행정심리에서 행정법 판사, 위원회 또는 심판은 사실심리관(사실 확인
  자)이 될 수 있다.

- 상대측 변호인(opposing counsel): 포렌식 엔지니어를 고용하여 서비스를 제공
  한 변호사 또는 법률 회사의 상대측 변호사 또는 법률 회사를 말한다.

- 소환장 발부(subpoena duces tecum): 일반인이 피고인에게 유리한 증언이나
  증거를 가지고 있다면, 해당 일반인을 공판 기일에 출석하도록 하는 소환장을 발
  부할 수 있다. 정확히는 변호인이 법원에 요청하면 법원이 해당 증인에게 출석 명
  령서를 정식으로 발부하는 형식이다.

- 원고(plaintiff): 민사소송에서 법원에 자신이 가진 재판권을 행사하여 판결이나
  집행을 요구하는 사람을 말한다.

- 원도급자(general contractor): 건설에서 원도급자는 프로젝트에 대한 주요 책임
  을 지는 계약자이며 프로젝트의 주요 건설계약을 체결하는 당사자이다. 원 도급
  자는 모든 작업을 스스로 수행할 수도 있고 하도급업자와 계약하여 수행하게 할
  수도 있다.

- 인과관계(chain of causation): 어떤 행위와 그 후에 발생한 사실 사이에 원인과
  결과의 관계가 있는 일. 행위자(行爲者)에게 민법상, 형사상의 책임을 지게 하는
  근거가 된다.

- 전문가(expert): 교육이나 경험을 통해 특정 주제에 관한 기술이나 지식을 발전시
  켜 사실심리관에게 도움이 되는 의견을 작성할 수 있는 사람을 말한다.

- 제3자 원고(third-party plaintiff): 제3자를 소송에 끌어들이기 위해 항소를 제기하는 피고를 말한다.
- 조정(mediation): 분쟁 당사자들이 상호 간 합의할 수 있는 해결조건을 제시함으로써 분쟁의 해결을 도모하는 제도. 당사자 간에 합의에 도달하도록 노력하는 한 명 이상의 중립적인 제3자가 참여하는 구속력이 없는 분쟁해결 방법이다.
- 주의기준(standard of care): 과실 여부를 판단하기 위한 법적인 판단기준이다. 합리적인 사람이 발휘해야 할 신중함의 정도. 엔지니어의 경우, 주의기준은 같거나 유사한 상황에서 엔지니어가 제공하는 전문기술에 관한 서비스는 같아야 한다는 것이다.
- 중재(arbitration): 분쟁 당사자의 합의에 따라 분쟁에 관한 판단을 법원이 아닌 제3자(중재인 또는 중재기관)에게 맡겨 그 판단에 승복함으로써 분쟁을 해결하는 방법이다.
- 증거개시(discovery): 당사자의 요청에 따라 소송과 관련된 정보를 강제로 공개하는 것. 주요 발견 장치는 심문, 증언, 입장 요청 및 생산 요청이다.
- 증거배제신청(motion in limine hearing): 일반적으로 상대방이 제출한 증거에 대하여 이를 증거로 채택하면 예단이나 편견이 발생하여 사실판단자의 합리적인 사실 판단을 방해할 우려가 있는 경우에 소송 초기인 재판 전 단계에서 애초에 증거를 배제하여 줄 것을 신청하는 절차(Daubert의 도전)이다.
- 증거인멸(spoliation): 증거가 될 만한 것을 모조리 감추거나 없애 버리는 일. 일반적으로 문서로 이루어진 증거의 의도적인 파괴, 훼손, 조작 또는 은폐를 말한다.
- 증언 녹취록(deposition): 향후 법정에서 사용하거나 증거개시 목적으로 사용하기 위해 서면(보통 법원 속기사)으로 작성되는 법정 밖에서 증인의 증언을 말한다.
- 컨설팅 전문가(consulting expert): 의뢰인이 위임하더라도 재판에서 증인으로 소환되지 않으리라고 예상되며 일반적으로 증거개시 범위에서 제외되는 전문가를 말한다.
- 탄핵증거(impeachment evidence): 증인의 신빙성을 훼손하는 데 사용되는 증거이다.

- 프라이 테스트(Frye test): 법원은 전문가의 증언을 인정하기 위해 두 가지 요소를 고려하도록 요구한다. 첫째, 법원은 전문가 증언을 인정하기 전에 증인의 전문성을 확인해야 한다. 둘째, 법원은 전문가의 방법, 이론 및 결론이 "일반적인 수용" 기준을 충족하는지를 결정해야 한다. 전문가 증인의 증거능력은 해당 분야의 보편적 승인을 얻어야 한다(Frye 판결).
- 피고(defendant): 소송사건에서 원고의 상대방으로서 재판권의 행사를 요구받는 사람. 민사소송 등에서 원고의 상대방으로서 원고가 낸 소를 받는 당사자가 피고이다.
- 하도급자(subcontractor): 청부받은 일의 전체 또는 부분을 다시 청부받는 제3자를 지칭. 원도급자로부터 전체 또는 부분을 전문적으로 도급받은 도급자. 하도급을 받아 공사나 용역을 직접 시행하는 사람이다.

주석: 일부 정의는 다음 문헌을 참조하라.

[1] Garner, B. A., ed. (2001). *Black's law dictionary*, 2nd Ed. St. Paul, MN: West Group.

[2] Matson, J. V., S. F. Daou, and J. G. Soper. 2004. *Effective expert witnessing: practice for the 21st century*, 4th Ed. Boca Raton, FL: CRC Press.

붕괴사고 사례

성수대교 붕괴사고

- 사고일시 : 1994년 10월 21일 7시 38분경
- 사고경위 : 제10번 및 11번 교각 사이 상부 트러스 약 50m가 붕괴
- 피해현황 : 사망 32명, 부상 17명

삼풍백화점 붕괴사고

- 사고일시 : 1995년 6월 29일 17시 57분경
- 사고경위 : 무리한 용도변경으로 백화점 건물에 붕괴사고 발생
- 피해현황 : 사망 502명, 부상 937명, 실종 6명 등 총 1445명의 사상자 발생

우면산 토석류 산사태

- 사고일시 : 2011년 7월 27일
- 사고경위 : 중부권 폭우로 대규모 산사태 발생
- 피해현황 : 사망 17명, 부상 50명, 60여 가구 고립

○○아파트 외벽 붕괴사고

- 사고일시 : 2022년 1월 11일
- 사고경위 : 콘크리트 타설 작업 중 구조물 붕괴
- 피해현황 : 사망 6명, 부상 1명

흙막이 구조물 붕괴사고

- 사고일시 : 2021년 1월
- 사고경위 : 공사 중인 가시설 구조물 붕괴
- 피해현황 : 조기대피로 인명 피해는 없음

바닥 슬래브 붕괴사고

- 사고일시 : 2011년 10월 11일
- 사고경위 : 공사 중인 건물의 3층 바닥 슬래브 붕괴
- 피해현황 : 부상 2명(출처 : Prof. Azlan Ab. Rahman in UTM)

슈퍼마켓 리모델링 위한 철거 공사 중 붕괴사고

- 사고일시 : 2009년 5월 28일
- 사고경위 : 리모델링 위한 철거 작업 중 건물 붕괴
- 피해현황 : 사망 7명, 중상 3명(출처 : Prof. Azlan Ab. Rahman in UTM)

앵커와 숏크리트로 보강된 대절토 급경사 사면붕괴

- 사고일시 : 2012년 12월 28일
- 사고경위 : 높이 43m의 앵커보강 급경사 사면 붕괴
- 피해현황 : 방갈로 30개, 상점 18개, 58개 주택거주자 대피, 인명피해 없음(출처 : Prof. Azlan Ab. Rahman in UTM)

커먼웰스 애비뉴 빌딩 붕괴

- 사고일시 : 1971년 1월 25일
- 사고경위 : 보스턴 커먼웰스 애비뉴 2000번지에 건설 중이던 17층 콘크리트 고층 건물의 붕괴 발생
- 피해현황 : 사망 4명, 부상 30명(출처 : Prof. Azlan Ab. Rahman in UTM)

라오스 댐 붕괴사고

- 사고일시 : 2018년 7월 23일
- 사고경위 : 라오스 남동부 앗타푸주에 위치한 세피안−세남노이 수력발전용댐의 보조댐 붕괴
- 피해현황 : 사망 최소 70명, 실종 200여 명, 이재민 6,600명 이상 발생

○○대교 시공 중 붕괴사고

- 사고일시 : 2016년 7월 8일 10시 57분경
- 사고경위 : 도로건설공사 현장에서 세그먼트 콘크리트 타설 중 교량 상부 박스거더가 전도
- 피해현황 : 중상 1명, 경상 5명(출처 : 한국시설안전공단, 2016)

○○대교 시공 중 붕괴사고

- 사고일시 : 2017년 8월 26일
- 사고경위 : 도로건설공사 현장에서 ILM공법으로 교량 상판을 가설(假設) 중 교각 및 4개의 상판이 붕괴
- 피해현황 : 인명피해 없음, 1년 이상 개통 지연

○○동 철거건물 붕괴사고

- 사고일시 : 2021년 6월 9일 16시 23분
- 사고경위 : 재개발을 위해 철거 중인 빌딩이 도로로 붕괴되어 정류장에 정차 중인 시내버스 매몰
- 피해현황 : 사망 9명, 중상 8명

○○산업 채석장 붕괴 매몰사고

- 사고일시 : 2022년 1월 29일
- 사고경위 : 골재 채취 폭파작업을 위한 천공 작업 중 토사가 붕괴되어 작업자 매몰
- 피해현황 : 사망 3명

○○대교 ○○연결도로 붕괴사고

- 사고일시 : 2013년 12월 19일 16시 15분경
- 사고경위 : 고가도로 상판에서 공사를 하던 중 철골 구조물이 붕괴되어 인부 4명이 18m 아래로 추락사
- 피해현황 : 사망 4명

서울 ○○동 철거건물 붕괴사고

- 사고일시 : 2019년 7월 4일 14시 23분경
- 사고경위 : 철거 작업 중이던 건물의 지지대가 파손되어, 외벽 30여 톤가량이 공사 구역 바깥쪽으로 쓰러지면서 사고 발생
- 피해현황 : 사망 1명, 부상 3명, 차량파손 4대

서울 ○○유치원 붕괴사고

- 사고일시 : 2018년 9월 6일 23시경
- 사고경위 : 인근 다세대 주택 굴착현장의 문제로 유치원 건물 주위의 지반이 침하하고 토사가 붕괴하면서 유치원 건물의 절반가량이 심하게 기울어진 사고
- 피해현황 : 인명피해 없음, 유치원 전면 철거

경주 ○○○리조트 붕괴사고

- 사고일시 : 2014년 2월 17일 21시 11분경
- 사고경위 : 리조트 강당 건물이 폭설로 무너져내려 새내기 오리엔테이션을 진행 중이던 대학생들이 매몰
- 피해현황 : 사망 10명, 부상 204명

판교○○○밸리 축제 환풍구 붕괴사고

- 사고일시 : 2014년 10월 17일 17시 50분경
- 사고경위 : 지하주차장과 연결된 환풍구 위에 올라가 공연을 관람하다가 환풍구가 붕괴되며 지하 18.7m로 전원 추락
- 피해현황 : 사망 16명, 부상 11명

○○오피스텔 붕괴사고

- 사고일시 : 2014년 5월 12일
- 사고경위 : 신축 중이던 쌍둥이 오피스텔 건물 중 한 동이 13° 기울어진 사고
- 피해현황 : 인명피해 없음

APPENDIX E

권장 도서 목록

포렌식(Forensics)

ACI (American Concrete Institute). 2007. *ACI manual of concrete inspection.* ACI 311.1R–07. Farmington Hills, MI: ACI.

ASCE. 2000. *Guideline for the condition assessment of the existing buildings.* ASCE/SEI 11–99. Reston, VA: ASCE.

ASCE. 2014a. *Engineering investigations of hurricane damage: Wind versus water.* Reston, VA: ASCE.

ASCE. 2014b. *Guideline for the condition assessment of the building envelope.* ASCE/SEI 30–14. Reston, VA: ASCE.

ASCE. 2014c. *Guide to professional engineering licensure for the construction engineer.* Reston, VA: ASCE.

ASM(American Society for Metals) International. 1978. *Prevention of structural failures: The role of NDT, fracture mechanics and failure analysis.* Metals Park, OH: ASM.

Bosela, P. A., P. A. Brady, N. J. Delatte, and M. K. Parfitt, eds. 2012. *Failure case studies in civil engineering, structures, foundations and the geoenvironment.* Reston, VA: ASCE.

Brown, S., ed. 1995. *Forensic engineering. Part I: The investigation, analysis, reconstruction, causality, prevention, risk, and consequence of the failure of engineered products.* Humble, TX: Isi Publications.

Carper, K., ed. 2000. *Forensic engineering.* 2nd ed. Boca Raton, FL: CRC Press.

Cauldwell, R. 2001. *Inspecting a house.* Newtown, CT: Taunton Press.

Delatte, N. J. 2009. *Beyond failure: Forensic case studies for civil engineers.* Reston, VA: ASCE.

Dörner, D. 1989. *The logic of failure: recognizing and avoiding error in complex situations.* New York: Merloyd Lawrence.

Feld, J., and K. Carper. 1997. *Construction failure.* 2nd ed. New York: Wiley.

Franck, H., and D. Franck. 2013. *Forensic engineering fundamentals*. Boca Raton, FL: CRC Press.

Janney, J. R. 1986. *Guide to investigation of structural failures*. Reston, VA: ASCE.

Kaminetzky, D. 1991. *Design and construction failures: Lessons from forensic investigation*. New York: McGraw–Hill.

Kardon, J. B., ed. 2012. *Guidelines for forensic engineering practice*. Reston, VA: ASCE.

Levy, M., and M. Salvadori. 2002. *Why buildings fall down: How buildings fail–Updated and expanded*. New York: Norton.

Mangraviti, J., S. Babitsky, and N. Nassar Donovan. 2014. *How to write an expert witness report*. Cape Cod, MA: SEAK. 85

McKaig, T. H. 1962. *Building failures: Case studies in construction and design*. New York: McGraw–Hill.

Neale, B. S., ed. 1999. *Forensic engineering: A professional approach to investigation*. London: Thomas Telford.

Petroski, H. 1992. *To engineer is human: The role of failure in successful design*. New York: Vintage Books.

Petty, S. E. 2013. *Forensic engineering: Damage assessments for residential and commercial structures*. Boca Raton, FL: CRC Press.

Ransom, W. H. 1987. *Building failures: Diagnosis and avoidance*. 2nd ed. London: E. & F. N. Spon.

Ratay, R. 2009. *Forensic structural engineering handbook*. New York: McGraw-Hill.

Ross, S. S., et al. 1984. *Construction disasters: Design failures, causes, and prevention: Engineering News-Record series*. New York: McGraw–Hill.

Shuirman, G., and J. E. Slosson. 1992. *Forensic engineering: Environmental case histories for civil engineers and geologists*. New York: Academic Press.

구조 및 지반공학(Structural and Geotechnical)

Breyer, D. E., K. E. Cobeen, K. J. Fridley, and D. G. Pollock. 2015. *Design of wood structures ɓ ASD/LRFD*. 7th ed. New York: McGraw–Hill.

Farny, J. A., J. M. Melander, and W. C. Panarese. 2008. *Concrete masonry handbook for architects, engineers, builders*. Skokie, IL: Portland Cement Association.

Ferguson, P. M., J. E. Breen, and J. O. Jirsa. 1988. *Reinforced concrete fundamentals*. 5th ed. New York: Wiley.

Fisher, J. M., M. A. West, and J. P. Van de Pas. 1991. *Designing with steel joists, joist girders*, steel deck. Washington, DC: Nucor Corp.

Griffis, L. G. 1993. "Serviceability limit states under wind load." *Eng. J.* **30** (1): 1–16.

Kosmatka, S. H., and M. L. Wilson. 2016. *Design and control of concrete mixtures, EB001.* 16th ed. Skokie, IL: Portland Cement Association.

Lin, T. Y., and N. H. Burns. 1981. *Design of prestressed concrete structures.* 3rd ed. New York: Wiley.

Liu, C., and J. B. Evett. 2014. *Soils and foundations.* 8th ed. Upper Saddle River, NJ: Pearson Education.

Mamlouck, M. S., and J. P. Zaniewski. 2018. *Materials for civil and construction engineers.* 4th ed. Upper Saddle River, NJ: Pearson Education.

Nicastro, D. H., ed. 1997. *Failure mechanisms in building construction.* Reston, VA: ASCE.

Peck, R. B., W. E. Hanson, and T. H. Thornburn. 1974. *Foundation engineering.* 2nd ed. New York: Wiley.

Salmon, C. G., and J. E. Johnson. 2009. *Steel structures: Design and behavior.* 5th ed. New York: Harper and Row.

SJI (Steel Joist Institute). 2012. *Technical digest No. 6: Design of steel joist roofs to resist uplift loads.* Myrtle Beach, SC: Steel Joist Institute.

SJI. 2018. Technical digest *No. 3: Structural design of steel joist roofs to resist ponding loads.* Myrtle Beach, SC: Steel Joist Institute.

Wang, C.-K., and C. G. Salmon. 1985. *Reinforced concrete design.* 6th ed. New York: Wiley.

지붕 및 마감재(Roofing and Finishes)

Griffin, C. W., and R. I. Fricklas. 2006. *Manual of low-slope roof systems.* New York: McGraw-Hill.

Guertin, M. 2002. *Roofing with asphalt shingles.* Newtown, CT: Taunton Press.

Haughton, L. L., and C. R. Murphy. 2007. "Qualitative sampling of the building envelope for water leakage." *J. ASTM Int.*, 4(9), 1–10.

Lstiburek, J., and J. Carmody. 1994. *Moisture control handbook: Principles and practices for residential and small commercial buildings.* New York: Wiley.

Melander, J. M., J. A. Farny, and A. W. Isberner Jr. 2003. *Portland cement plaster/stucco manual.* 5th ed. Skokie, IL: Portland Cement Association.

NRCA (National Roofing Contractors Association). 2011. *The NRCA roofing manual: membrane roof systems.* Rosemont, IL: NRCA.

Patterson, S., and M. Mehta. 2001. *Roofing design and practice.* Upper Saddle River, NY: Prentice Hall.

Patterson, S., and M. Mehta. 2013. *Wind pressures on low-slope roofs: RCIF Publication No. 01.01.* Raleigh, NC: Roof Consultants Institute Foundation.

Patterson, S., M. Mehta, and J. R. Wagner. 2003. *Roof drainage: RCIF Publication No. 02.03.* Raleigh, NC: Roof Consultants Institute Foundation.

Searls, C. L., and T. N. Stubblefield. 2013. "Investigating large scale building envelope leakage: Ten practical tips for litigation projects." In *Forensic Engineering 2012: Gateway to a Safer Tomorrow,* 190–200.

TCNA (Tile Council of North America). 2016. *TCNA handbook for ceramic, glass, and stone tile installation.* Anderson, SC: TCNA.

규약 및 규준(Codes and Standards)

ACI (American Concrete Institute). 2011. *Guide to evaluation of strength test results of concrete.* ACI 214.R–11. Farmington Hills, MI: ACI.

ACI. 2013. *In-place methods to estimate concrete strength.* ACI 228.1R–03. Farmington Hills, MI: ACI.

ACI. 2014. *Building code requirements for structural concrete and commentary.* ACI 318–14. Farmington Hills, MI: ACI.

AISC (American Institute of Steel Construction). 2017. *Steel construction manual.* 15th ed. Chicago, IL: AISC.

ASCE. 2016. *Minimum design loads for buildings and other structures.* ASCE/SEI 7–16. Reston, VA: ASCE.

ASTM. 2011a. *Standard guide to forensic engineering.* ASTM E2713–11. West Conshohocken, PA: ASTM.

ASTM. 2011b. *Standard practice for examining and preparing items that are or may become involved in criminal or civil litigation.* ASTM E860. West Conshohocken, PA: ASTM.

ASTM. 2012. *Standard guide for evaluating water leakage of building walls.* ASTM E2128–12. West Conshohocken, PA: ASTM.

ASTM. 2013. *Standard practice for evaluation of scientific or technical data.* ASTM E678. West Conshohocken, PA: ASTM.

ASTM. 2017a. *Standard practice for calculating sample size to estimate, with specified precision, the average for a characteristic of a lot or process.* ASTM E122–17. West Conshohocken, PA: ASTM.

ASTM. 2017b. *Standard test methods for small clear specimens of timber.* ASTM D143–14. West Conshohocken, PA: ASTM.

ASTM. 2018. *Standard practice for petrographic examination of hardened concrete.* ASTM C856. West Conshohocken, PA: ASTM.

AWC (American Wood Council). 2015. *National design specification (NDS) for wood construction.* Leesburg, VA: AWC.

TMS (The Masonry Society). 2016. *Building code requirements and specification for masonry structures.* TMS 402/602. Longmont, CO: The Masonry Society.

윤리학(Ethics)

ASCE. 2017. Accessed December 7, 2017. https://www.asce.org/code-of-ethics/.

Dixon, E. J. 1992. "The NSPE code of ethics applied to forensic engineering." Accessed January 11, 2018. http://www.nafe.org.

NSPE (National Society of Professional Engineers). 2006. Accessed January 14, 2018. https://www.nspe.org (NSPE Position Statement No. 1748 – NSPE-NAFE Joint Position on Forensic Engineering, adopted April 2006).

NSPE. 2017. "Competing values." *PE Magazine.*

NSPE. 2018. Accessed January 14, 2018. https://www.nspe.org/resourcs/code-ethics.

법률(Legal)

Bockrath, J. T. 1986. *Dunham's and Young's contracts, specifications, and law for engineers.* 4th ed. New York: McGraw-Hill.

Garner, B. A., ed. 2014. *Black's law dictionary.* 10th ed. St. Paul, MN: West Group.

Kanazawa, S. K., and S. A. Helton. 2006. "Simply positive: Preparing witnesses for deposition." *For the Defense, DRI,* July.

Matson, J. V. 2013. *Effective expert witnessing: practices for the 21st century.* 5th ed. Boca Raton, FL: CRC Press.

National Academy of Sciences and the Federal Judicial Center. 2011. *Reference manual on scientific evidence.* 3rd ed. Washington, DC: National Academies Press.

Poynter, D. 2012. *The expert witness handbook: Tips and techniques for the litigation consultant.* 3rd ed. Santa Barbara, CA: Para Publishing.

찾아보기

참여자 목록

장별 집필 저자

Ronald W. Anthony, Aff. M.ASCE

Richard S. Barrow, P.E., S.I., M.ASCE

Kimball J. Beasley, P.E., F.ASCE

Randall Bernhardt, P.E., S.E., SECB, F.ASCE

James S. Cohen, P.E., M.ASCE

Benjamin M. Cornelius, P.E., S.E., B.AE., M.ASCE

Danielle Kleinhans, Ph.D, P.E., M.ASCE

Jeffrey A. Travis, P.E., S.E., M.ASCE

Stewart M. Verhulst, P.E., M.ASCE

자료제공 및 감수자

Chase Anderson, P.E., M.ASCE

Ken Carper, M.ASCE

Shen-en Chen, Ph.D, P.E., M.ASCE

Julie Mark Cohen, Ph.D, P.E., SECB

James Cohen, P.E., M.ASCE

Alicia E. Diaz de Leon, P.E., S.E., AIA, M.ASCE

Howard Greenspan, P.E., L.S., F.ASCE

Roberto J. Marte, P.E., M.ASCE

Paul Mlakar, Ph.D, P.E., M.ASCE

Leonard J. Morse-Fortier, Ph.D, P.E., M.ASCE

Navid Nastar, Ph.D, P.E., S.E., F.ASCE

David Peraza, P.E., M.ASCE

Clemens J. Rossell, P.E., M.ASCE

Ziad Salameh, Ph.D, P.E., S.E., F.ASCE

Joshua Summers, P.E., S.E., M.ASCE

편저자 및 역자 소개

편저자

리처드 배로(Richard S. Barrow) / 로널드 앤서니(Ronald W. Anthony) /
킴볼 비슬리(Kimball J. Beasley) / 스튜어트 버헐스트(Stewart M. Verhulst)

역자

신동훈

- 한국수자원공사 K-water연구원 연구위원
- 국토교통부 중앙시설물사고조사 위원회 위원
- 국제대댐회(ICOLD) 댐안전기술위원회 위원
- 워싱턴대학교 방문연구원
- 홍익대학교 토목공학과 공학박사

김홍연

- 삼부토건 기술연구실 책임연구원
- 한국토질및기초기술사회 편집위원회 이사
- 한국VE연구원 자문위원(시공VE)
- 한국해양연구원 박사후 연구원
- 인하대학교 토목공학과 공학박사

이규환

- 건양대학교 재난안전소방학과 교수
- 홍콩시립대학교 건설환경공학과 선임연구원
- 앨버타주립대학교 건설환경공학과 박사후 연구원
- 서울시립대학교 토목공학과 공학박사

감수

안승룡

- 한국수자원공사 법무실 전문위원(변호사)
- 서울대학교 법학전문대학원 전문박사 과정 수료
- KAIST 기술경영전문대학원 공학석사
- 제45회 사법시험 합격

최성규

- 법원 특수 분야 전문가/감정인
- 대한상사중재원 위촉 중재인/감정인(건설 분야)
- 한국건설관리학회 리스크관리위원회 부위원장
- 한국건설감정사회 총무분과 부위원장
- 성균관대학교 법학과 법학박사

감사의 글

미국토목학회(ASCE)의 포렌식 엔지니어링 분과(전 포렌식 엔지니어링 기술위원회)는 1989년 ASCE에서 처음 출간한 『사고조사 지침』의 개정 책임을 맡았다. 2016년에는 제2판을 발행하기 위하여 소위원회를 구성하였다. 소위원회 일동은 포렌식 엔지니어링 분과의 포렌식 조사위원회 위원들과 초판의 저자들에게 감사를 표한다. 또한, 포렌식 조사위원회 위원들과 초판 작업에 참여하신 저자들에게도 진심으로 감사드린다. 마지막으로, 포렌식 엔지니어링 분과 집행위원회와 미국토목학회 직원들의 적극적인 지원에도 감사의 뜻을 전한다.

포렌식 건설사고조사 가이드라인

Guidelines for Failure Investigation

초판 발행 2023년 4월 20일
지은이 ASCE
옮긴이 신동훈, 김홍연, 이규환
펴낸이 김성배

책임편집 최장미
디자인 문정민
제작 김문갑

발행처 도서출판 씨아이알
출판등록 제2-3285호(2001년 3월 19일)
주소 (04626) 서울특별시 중구 필동로8길 43(예장동 1-151)
전화 (02) 2275-8603(대표) | **팩스** (02) 2265-9394
홈페이지 www.circom.co.kr

ISBN 979-11-6856-132-8 (93100)